زندگی خوب و زیبا

ISBN 978-1-912699-16-2
90000
9 781912 699162

در بر کردنِ
شخصیت مسیح

زندگی خوب و زیبا

جیمز برایان اسمیت

مترجم: رامین بسطامی
ویراستار: نادر فرد
طرح جلد: اندی ساوتون

انتشارات پارس ۲۰۲۳
کلیهٔ حقوق برای ناشر محفوظ است

شابک: ۲-۱۶-۹۱۲۶۹۹-۱-۹۷۸

The Good
And
Beautiful Life

James Bryan Smith

Originally published by InterVarsity Press as The Good and Beautiful Life
by James Bryan Smith. ©2010
Translated and printed by permission of InterVarsity Press, P.O. Box 1400,
Downers Grove, IL 60515, USA. www.ivpress.com.

Persian translation © 2018 Pars Publications

Reprint: 2023

All rights reserved

Translated into Persian by: Ramin Bastami
Edited by: Nader Fard
Cover: Andy Southan

Persian Translation Published by:
Multimedia Theological Training Limited
P. O. Box 66099, London, W4 9FE, UK

publications@parstheology.com
www.parsonlineshop.com

ISBN 978-1-912699-16-2

«مفهوم زندگی ما در این جهان،
برخلاف آنچه اغلب پنداشته‌ایم،
نه در کامیابی ...،
که در تحول روح و جان آدمی است.»

الکساندر سولژنیتسین

فهرست مطالب

پیش‌گفتار ۹
چگونه از این کتاب بیشترین بهره را ببریم ۱۷

فصل یکم: زندگی خوب و زیبا ۲۱

فصل دوم: انجیلی که خیلی‌ها آن را نشنیده‌اند ۴۵

فصل سوم: دعوت بزرگ ۶۳

فصل چهارم: چگونه بدون خشم زندگی کنیم ۸۷

فصل پنجم: چگونه به‌دور از شهوت زندگی کنیم ۱۰۷

فصل ششم: چگونه بدون دروغ گفتن زندگی کنیم ۱۲۷

فصل هفتم: چگونه برای نفرین‌کنندگان برکت بطلبیم ۱۴۹

فصل هشتم: چگونه فارغ از خودستایی زندگی کنیم ۱۷۱

فصل نهم: چگونه فارغ از آزمندی زندگی کنیم ۱۹۱

فصل دهم: چگونه بدون نگرانی زندگی کنیم ۲۱۳

فصل یازدهم: چگونه بدون داوری کردن دیگران زندگی کنیم ۲۳۳

فصل دوازدهم: روز به روز زندگی کردن در پادشاهی خدا ۲۵۹

راهنمای بحث در گروه‌های کوچک ۲۷۹

پیش‌گفتار

یک‌بار مردی که گرفتار بی‌ایمانی شده بود پیش جان وسلی (۱۷۰۳-۱۷۹۱)، واعظ بزرگ و بنیان‌گذار جنبش متدیست رفت و گفت: «همه چیز تیره و تار است؛ من در بهت فرو رفته‌ام، اما می‌شنوم که تو هر صبح و شب برای شمار زیادی از مردم موعظه می‌کنی. خواهش می‌کنم به من بگو، می‌خواهی با آنها چه کنی؟ می‌خواهی آنان را به کجا هدایت کنی؟ چه دینی را موعظه می‌کنی؟ این دین به چه دردی می‌خورد؟» وسلی به پرسش‌های آن مرد چنین پاسخ گفت:

می‌خواهم با آنها چه کنم؟ من از آنها افرادی پارسا و خوشحال می‌سازم. اشخاصی که با خودشان راحت کنار می‌آیند و برای دیگران مفیدند. می‌خواهم آنان را به کجا هدایت کنم؟ به آسمان، به پیشگاه خدای داور، عاشق همگان، و به عیسی میانجی عهدِ جدید. چه دینی را موعظه می‌کنم؟ دین محبت را. این انجیل بود که قانون مهربانی را آشکار نمود. به چه دردی می‌خورد؟ باعث می‌شود همهٔ کسانی که آن را دریافت می‌کنند از خدا و خودشان تمتع ببرند، آنها را شبیه خدا

می‌کند، عاشق همگان، قانع در زندگی، و افرادی که به هنگام مرگ با اطمینان و آرامش قلبی فریاد برمی‌آورند: «ای گور، پیروزی تو کجاست؟ سپاس خدای را که به‌واسطهٔ خداوندم عیسای مسیح به من پیروزی می‌بخشد.»

پاسخ او توصیفی است زیبا و مختصر از زندگی خوب و زیبا.

اما امروزه شما از این قبیل پاسخ‌ها نمی‌شنوید. ما این روزها به‌ندرت دربارهٔ پرهیزکاری حرف می‌زنیم، ولی وسلی می‌دانست که پرهیزکاری در پیش‌برد زندگیِ پرطراوت و شادمان، نقشی محوری دارد. چگونه مردم پرهیزکار می‌شوند؟ وسلی می‌دانست که انجیل مسیح شالودهٔ اصلی زندگی‌ای است که ما مشتاق آنیم. ما آرزو داریم خدا را بشناسیم و خدا هم ما را بشناسد. اما هر درکی از خدا به معنای این شناخت نیست. وسلی خدا را داور معرفی می‌کند- خدا قدوس است- و در عین حال او را خدایِ «عاشق همگان» می‌نامد. ما به‌گونه‌ای خلق شده‌ایم که پیوسته با خدای قدوس و پرمحبت در مشارکت به‌سر ببریم. با این‌حال، همان‌گونه که وسلی هم اشاره می‌کند، به لیاقت خودمان نمی‌توانیم به این مشارکت دست پیدا کنیم. او می‌گوید که مخاطبانش را به‌سوی عیسی، یعنی میانجی عهدِ جدید هدایت می‌کند؛ عهد آمرزش و تولد دوباره که از طریق آن می‌توانیم به قومی تبدیل گردیم که مسیح در میانشان ساکن و از ایشان خشنود است.

حال، دینی که وسلی تجویز می‌کند، چیست؟ این دین مبتنی بر قوانین، مراسم یا معرفتی رازگونه نیست، بلکه دین محبت و مهربانی است. دنیای ما شدیداً نیازمند و تشنهٔ مردمانی است که محبت کنند و نسبت به دیگران، بی‌ریا مهربان باشند. ما چنان از مهر و محبت فاصله گرفته‌ایم که وقتی به آن برمی‌خوریم، شگفت‌زده می‌شویم. در این دین چه نکته‌ای نهفته است؟ اینکه ما را به آسمان ببرد؟ نه، اینکه آسمان را نزد ما بیاورد. به ما کمک کند تا رابطه با خدا را کشف کنیم و در چارچوب این رابطه بتوانیم از خدا تمتع ببریم و با خودمان کنار بیاییم. به

اعتقاد وسلی، اگر به کشف چنین زندگی‌ای نایل شویم، حتی می‌توانیم با اطمینان و آرامش قلبی و یقین از ابدیتی شادمانه، با مرگ روبه‌رو شویم.

سری کتاب‌های شاگردسازی، که این کتاب جلد دوم از آنها به‌شمار می‌رود، با این هدف طراحی شده‌اند که دقیقاً همان چیزی را که وسلی توصیف می‌کرد، انجام دهند. این مجموعه تنها یک هدف را دنبال می‌کنند: مردم را به‌سوی محبت الاهی و دگرگونی فراخوانند. کتاب اول، *خدای خوب و زیبا*، بر خدایی تمرکز یافته که وسلی توصیفش می‌کند: پرمحبت، قدوس، بخشاینده و شاد. کتاب حاضر تمرکز را از خدا برگرفته، بر زندگی و دل و شخصیت خودمان معطوف می‌سازد. این کتاب حاوی روش رشد به‌سوی زندگی پرهیزکارانه، شاد و پر محبت است. کتاب سوم، *اجتماع خوب و زیبا*، می‌کوشد تا به خوانندگان در به‌کاربردنِ اصول زندگی پادشاهی خدا در زندگی روزمره‌شان یاری رساند: در خانه، محل کار، در اجتماع و در دنیا.

عیسی چگونه فکر می‌کند؟

یکی از اصول محوری سری کتاب‌های شاگردسازی این است که ما اسیر عقاید و روایت‌های خودمان هستیم. آنچه ما فکر می‌کنیم، نحوۀ زندگی ما را تعیین می‌کند. اگر فکر می‌کنیم که خدا حسابرسی خشمگین است که مدام اخمش را در هم می‌کند و تنها زمانی ما را دوست دارد که به اندازۀ کافی خوب باشیم، همین روایت را در زندگی خودمان مشاهده خواهیم کرد. یا اگر فکر می‌کنیم که عصبانی بودن یا نفرت داشتن از دشمنان چیز خوبی است، در این صورت همین باور در زندگی روزمرۀ ما هم نمود پیدا می‌کند. روایت‌های غلط بسیاری در مورد خدا و زندگی بشر وجود دارند که در حافظۀ دنیای ما و حتی در کلیساهای ما ثبت شده‌اند. راه‌حل آن است که حتی پیش از آنکه ببینیم عیسی چه می‌کرد، بررسی کنیم که چگونه فکر می‌کرد.

عیسی، شخص دوم تثلیث، رابطه‌ای صمیمی و نزدیک با خدای پدر و روح‌القدس دارد. عیسی است که شخصیت و طبیعت خدا را به ما

آشکار می‌کند، و شهادت او بهترین و معتبرترین شهادتی است که جهان تاکنون دیده است. پس من عقیده دارم که کلید آغاز یک زندگی خوب و زیبا، پذیرفتن روایت‌های عیسی است. من دریافته‌ام که وقتی روایت‌های عیسی را جایگزین روایت‌های کهنه و غلط خودم کردم، زندگی‌ام از بسیاری جهات شروع به تغییر کرده است. من عاشق خدایی شدم که عیسی می‌شناسد. اکنون خود را شخصی چنان مقدس و ارزشمند می‌بینم که مسیح در او ساکن می‌شود. وقتی وارد پادشاهی خدا شدم، شروع کردم به متفاوت رفتار کردن با مردم و آموختم که واقعاً می‌توانم برای دشمنانم دعا کنم و برای کسانی که نفرینم می‌کنند، برکت بطلبم. بعضی از آنها حتی از نفرین کردن من دست برداشتند!

چهار جزء تشکیل‌دهندهٔ تغییر

ذهن، و ایده‌ها و داستان‌هایی که در آن جای گرفته‌اند، اولین چیزهایی هستند که باید تغییر کنند، اما دگرگونی مستلزم سه جزء دیگر هم هست. ما به تمرین اصول روحانی نیاز داریم، تمرین‌هایی که با هدف درمان روح طراحی شده‌اند، نه برای کسب لیاقت در آسمان. هر فصل این کتاب با ابزاری مناسب برای شکل دادن روح پایان می‌پذیرد، که برای کمک به شکل گرفتنِ روایت عیسی در فکر و ذهن ما طراحی شده است. من یقین دارم که ما در حین تغییر دادن ذهن‌مان از طریق تازه کردن آن و تمرین انضباط روحانی، می‌توانیم به تغییری ژرف‌تر و ماندگارتر در سطح اجتماع دست پیدا کنیم. ما به دیگران هم احتیاج داریم تا ببینیم کِه هستیم و به کِه تعلق داریم.

ذهن، انضباط روحانی و اجتماع جنبه‌های بنیادین تغییر به‌شمار می‌روند، اما عامل واقعی تغییر کسی نیست جز روح‌القدس. روح‌القدس ما را به‌سوی عیسی هدایت می‌کند، پدر را مکشوف می‌سازد، پرده از ناراستی‌ها برمی‌دارد، پیشنهاد اصلاح می‌دهد، و به ما دلگرمی لازم را برای رشد و دگرگونی می‌بخشد. روح‌القدس از طریق هدایت ما به راستی، به ما کمک می‌کند تا روایت‌های خودمان را تغییر دهیم، با

تمرین انضباط روحانی ذهن‌مان را روشن می‌کند و ما را با هم در اجتماع متحد می‌سازد. اگر به‌خاطر کار روح‌القدس نبود، دگرگونی به وقوع نمی‌پیوست. ولی ما هم باید در این فرایند سهم خود را انجام دهیم. ما با جدی گرفتن مطالعه و تفکر، با به‌کار گرفتن تمرین‌های روحانی و با وارد شدن به اجتماع، شرایطی را به‌وجود می‌آوریم که در آن روح‌القدس می‌تواند شخصیت‌مان را دگرگون سازد. تصویر شمارهٔ ۱ نمایی دیدنی از رابطهٔ چهار جزء به دست می‌دهد. سری کتاب‌های شاگردسازی بر پایهٔ این الگو شکل گرفته‌اند.

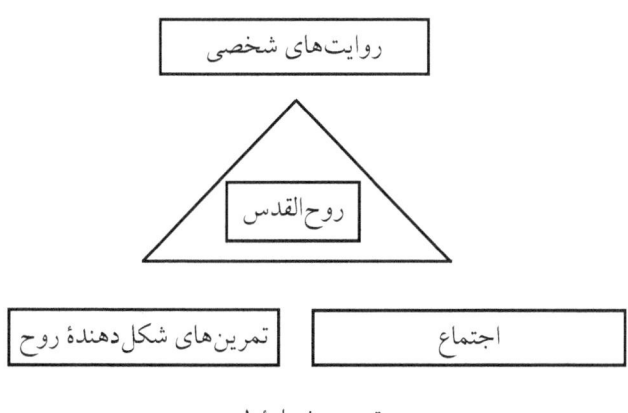

تصویر شمارهٔ ۱

این کتاب چگونه به‌وجود آمد

این کتاب نقطهٔ اوج بیست‌وپنج سال فراگیری از دو مرد بزرگ است، ریچارد فاستر[1] و دالاس ویلارد.[2] ریچارد از زمانی که دانشجوی کالج بودم، استاد من بوده است. و دالاس را هم ده سال پیش ملاقات کردم و از آن موقع به بعد دستیار آموزش وی بوده‌ام. ایدهٔ اولیه این کتاب زمانی

---

1. Richard Foster; 2. Dallas Willard

شکل گرفت که من تازه کارم را با دالاس آغاز کرده بودم. او مرتباً دربارهٔ لزوم تهیهٔ «یک برنامهٔ درسی برای شبیه شدن به مسیح» برای افراد و کلیساها حرف می‌زد. طرح کلی او برای چنین برنامه‌ای را می‌توان در فصل نهم کتابش، موسوم به *دسیسهٔ الاهی*[1] مشاهده کرد. حتی زمانی که او در حال نگارش فصل مزبور از کتابش بود، از او پرسیدم: «دالاس، آیا واقعاً می‌شود چنین کاری کرد؟» او گفت: «بله، البته که می‌شود.» بعد پرسیدم: «پس چرا این کار را نمی‌کنی؟» او جواب داد: «چون فکر می‌کنم تو باید انجامش بدهی.» هیچ اجباری در کار نیست!

در سال ۱۹۹۸ من کارم را با طرح اولیهٔ سادهٔ او برای تهیهٔ دورهٔ آموزشی زندگی بر اساس تعالیم عیسی آغاز، و کم‌کم یک برنامهٔ درسی درست کردم. در سال ۲۰۰۳ از هیئت رهبری کلیسای "چپل هیل یونایتد"[2] کلیسای متدیست در ویچیتا[3] پرسیدم که آیا اجازه دارم عده‌ای از اعضای کلیسا را برای گذراندن این برنامهٔ درسی دعوت کنم؟ ایشان موافقت کردند، و من بیست‌وپنج تن را در دوره‌ای سیزده‌هفته‌ای آموزش دادم. در اواسط همان سال بود که کم‌کم متوجه شدم حق با دالاس بود. دگرگونی واقعی و مأنوس شدن با شخصیت مسیح، امکان‌پذیر است.

از آن زمان به بعد کارم را با تربیت بیست‌وپنج تن دیگر ادامه دادم، و نتایج مشابهی هم گرفتم: تغییر قابل‌ملاحظه در زندگی. واکنش یکی از زنان شاهد خوبی است بر آن تغییر: «تو با شوهر من چکار کردی؟ او آدم دیگری شده است! او بسیار صبور شده است و نسبت به خانواده توجه بیشتری نشان می‌دهد. من نمی‌دانم چه خبر است، اما به شما اطمینان می‌دهم که من هم در دورهٔ سال آینده شرکت خواهم کرد.» ما این سری درس‌ها را برای گروه‌های جوانان و همین‌طور برای کالج هم به‌کار برده‌ایم. برای این درس چه مخاطبانی را هدف قرار داده‌ایم؟ هر کسی که مشتاق تغییر باشد- پیر و جوان، مسیحی نوایمان یا مسیحی بالغ، زن یا مرد، فرقی ندارد.

---

1. Divine Conspiracy; 2. Chapel Hill United; 3. Wichita

موضوعات مورد اشاره در این کتاب

این کتاب قلب شما را نشانه گرفته است. قلب شما مرکز حیات شما است و در فعالیت‌های شما آشکار می‌شود و در شخصیت شما تبلور می‌یابد. شکل‌گیری روحانی در نهایت همان شکل‌گیری شخصیت است. این کتاب با نگاهی به زندگی بشر در کل آغاز می‌شود و این پرسش را مطرح می‌سازد که «چه کسی خوب زندگی می‌کند؟» فصل‌های دو و سه به تفحص در پیام اصلی عیسی و هویت مخاطبانش می‌پردازند. هر دو فصل، پادشاهی قابل‌دسترس و تزلزل‌ناپذیر خدا را معرفی می‌کنند و اهمیتش را برای زندگی ما تشریح می‌نمایند.

باقی فصل‌های این کتاب تفسیری است از موعظهٔ بالای کوه و خطوط کلی نحوهٔ رسیدن به یک زندگی حقیقتاً خوب به روایت عیسی. فصل چهار به موضوع عصبانیت می‌پردازد، و فصل‌هایی که از پیِ آن می‌آیند به ترتیب به شهوت، دروغ‌گویی، برکت طلبیدن برای کسانی که ما را نفرین می‌کنند، بیهودگی/ غرور، زیاده‌خواهی، نگرانی و داوری کردن دیگران اختصاص پیدا می‌کنند. فصل دوازده، راهکاری ارائه می‌دهد و با تمرکز ویژه بر یک روز زندگیِ نزدیک با خدا، خواننده را تشویق می‌کند که هر روزه در پادشاهی خدا زندگی کند.

من شما را تشویق می‌کنم که با امید و یقین به اینکه مشغول چیزی شده‌اید که می‌تواند تغییری مثبت در زندگی‌تان به‌وجود بیاورد، پیش بروید. من اطمینان دارم که خدا، که کار نیکوی خود را در شما آغاز کرده، آن را به کمال خواهد رساند. پس با این اطمینان پیش بروید که می‌توانید تغییر کنید و تغییر هم خواهید کرد و وقتی تغییر کنید، اطرافیان آن را خواهند دید و الهام خواهند گرفت. باشد که خدا ذهن، دل و زندگی شما را تغییر دهد و شما را برای تغییر جهان به‌کار ببرد.

چگونه از این کتاب بیشترین بهره را ببریم

این کتاب بدین منظور نوشته شده که در یک اجتماع کوچک مانند گروه کوچک خانگی، کلاس آموزشی کلیسا، یا گروه دوستی که در جایی مانند رستوران گرد هم می‌آیند از آن استفاده کنند. مطالعهٔ این کتاب در گروه و انجام دادن تکالیف آن به‌صورت دسته‌جمعی، تأثیرگذاری آن را چند برابر می‌کند. اگر این کتاب را به تنهایی می‌خوانید، از پیشنهادهای زیر فقط چهارتای اول به کارتان خواهد آمد. صرف‌نظر از اینکه چگونه آن را به‌کار می‌برید، مطمئنم که خدا می‌تواند و می‌خواهد کاری نیکو در شما به انجام رساند.

۱) **آماده شوید. یک دفترِ یادداشت‌های روزانه یا دفتر یادداشت معمولی با صفحات خالی تهیه کنید.**

از این دفترچه برای پاسخ به سؤالاتی که در گوشه و کنار هر فصل به‌طور پراکنده نوشته شده است، و نیز برای تأمل بر تجربهٔ تربیت نَفْس که در آخر هر فصل یافت می‌شود، استفاده خواهید کرد.

۲) بخوانید. هر فصل را از اول تا آخر بخوانید.
این کتاب را با عجله نخوانید، و ضمناً از خواندن فصل در دقیقهٔ آخر هم خودداری کنید. از همان ابتدای هفته شــروع کنید به خواندن فصل مورد نظر تا فرصت کافی برای هضم موضوع داشته باشید.

۳) انجام دهید. تمرینات هفتگی را به‌طور کامل انجام دهید.
به‌کارگیری و تعهد به انجام تمرینــات مربوط به محتوای هر فصلی کــه تازه خوانده‌اید، کمک خواهد کرد تا مطالبی که آموخته‌اید در شــما تأثیر ژرف ایجاد کند و به‌تدریج منجر به شــکل‌گیری روحانی و شفای درون‌تان شــود. انجام دادن برخی از تمرینات نیاز به وقت بیشتری دارد. قبل از جلســات گروهی، حتماً وقت کافی به انجام تمرینات اختصاص دهیــد. باید وقت کافی نه فقط برای انجام تمرینات، بلکه برای نوشـــتن تأملات خود داشته باشید.

۴) تأمل کنیــد. وقت لازم و کافــی برای تکمیل تأملاتی که نوشـــته‌اید اختصاص دهید.
در دفترچهٔ خود به پرســش‌هایی که در گوشـــه و کنار و نیز در پایان هر فصل مطرح شـــده، پاسخ دهید. این کار به روشنگری افکارتان کمک خواهد کرد و به آنچه خدا به شـــما می‌آموزد، شکل خواهد داد. همچنین برای قسمت‌های بعدی نیز به شما مدد خواهد کرد.

۵) گفتگو کنید. با آمادگی برای گفت و شــنود، در گردهم‌آیی‌ها شرکت کنید.
اگر شرکت‌کنندگان از قبل به انجام تمرینات در دفترچهٔ خود بپردازند، گفت و شنودهایی که در گروه انجام می‌شود به مراتب تأثیرگذارتر خواهد شـــد. افراد عصاره و چکیده‌ای از افکارشان را با دیگران در میان خواهند گذاشـــت، و وقت گروهی ارزشــمندتر خواهد شد. این مهم را به خاطر بســپارید که دو برابر آنچه می‌گویید، گـــوش بدهید! در عین حال، برای

صحبت و در میان گذاشتن نظرات‌تان نیز آماده باشید. دیگر اعضای گروه از تجربیات و نظرات شما خواهند آموخت.

۶) تشویق کنید. در خارج از وقت گروهی نیز با یکدیگر در تماس باشید.
برای در تمـــاس بودن از تکنولوژی کمک بگیرید؛ در فاصلهٔ میان دو جلســـه، حداقل برای دو تن از اعضای گروه ایمیل تشویق‌آمیز بفرستید. بگذارید آنها بدانند که شـــما به ایشان فکر می‌کنید، و بپرسید که چگونه می‌توانید برای‌شان دعا کنید. ایجاد روابط مستحکم یک عامل کلیدی در تبدیل کردن تجربه به موفقیت است.

فصل یکم

زندگی خوب و زیبا

«مفهوم زندگی ما در این جهان،
برخلاف آنچه اغلب پنداشته‌ایم،
نه در کامیابی ...، که در تحول روح و جان آدمی است.»
الکساندر سولژنیتسین[1]

یک سال تابســتان من در یکی از مراکز بازنشستگی به‌عنوان کشیش کارآموز انجام وظیفه می‌کردم. کار خیلی راحتی بود. ساکنان آنجا همگی از سلامت کافی برخوردار بودند و نیازی به مراقبت پیوسته نداشتند. به‌نظر می‌رســید که آنان از زندگی در کنار هم لذت می‌برند، تقریباً شبیه زندگی در خوابگاه دانشــگاه بود، منتها با آدم‌هایی که گرد ســپیدی بر موی‌شان نشسته، پوست‌شان چروکیده و در سینه‌شان دنیایی از حکمت نهفته بود. هرجا که می‌رفتم، با چهره‌های خندان مواجه می‌شدم. در برنامهٔ عبادتی روزانه‌مــان زنی به نام گلادیس[2] ســرودی می‌نواخــت، من هم موعظهٔ

1. Alexander Solzhenitsyn; 2. Gladys

پرستشــی کوتاهی می‌کردم و در آخر هم با یک ســرود و دعای اختتام، جلســه را پایان می‌دادیم. آنها باقی روز را صرف فکر کردن به بچه‌ها و نوه‌هایشان می‌کردند، چای می‌نوشــیدند یا بیلیارد بازی می‌کردند. کار خوب و شسته‌ورفته‌ای بود. چای نوشیدن با مادربزرگ‌ها و بیلیارد بازی کردن با پدربزرگ‌ها، روش بدی برای گذراندن تابستان نبود.

من اغلب با جمع می‌جوشــیدم، اما مواقعی هم بود که کســی از من درخواســت دیدار خصوصی می‌کرد. یــک روز خانمی که ناظر من بود کاغذی به دستم داد و گفت: «بن جیکوبز، اتاق ۱۱۶، درخواست ملاقات با یک کشیش دارد.» او نگاهی به من انداخت و گفت: «جیم، برایت آرزوی موفقیت دارم!» لحن کلامش به مــن حالی کرد که او می‌داند من بعد از ظهر سختی در پیش دارم. در حالی که داشتم به‌سوی اتاق بن می‌رفتم، از خودم پرسیدم که مگر *این شخص چه مشکلی دارد؟* در زدم، صدایی بم از آن‌سوی در گفت: «بیا تو، مرد جوان.» بن روی صندلی راحتی خودش نشســته و شالی روی پاهایش انداخته بود و پیراهن یقه‌دکمه‌ای و ژاکت کشباف آبی‌رنگ به تن داشــت. بن موهایی خاکستری، ریشی مرتب و چهره‌ای جدی داشت: چشمان درشــت و گودافتاده و دماغی باریک و بسیار دراز. او ظاهری جدی داشت و از آن دسته آدم‌هایی به‌نظر می‌رسید که نمی‌شود با آنها مخالفت کرد.

در حالی که دســتم را برای دست دادن با او به‌سویش دراز می‌کردم، گفتم: «بعد از ظهر بخیر، بن». به ســردی و با لحنی خشک، بدون اینکه با من دست بدهد، گفت: «جوان، بنشین.»

نیــم ســاعتی را صــرف صحبت‌های فلسـفی و دین‌هــای جهان کردیم. نمی‌دانســتم که آیا دارد مرا محــک می‌زند تا ببیند آدم باهوش و تحصیل‌کرده‌ای هســتم یا اینکه فقط می‌خواهد مرا تحت تأثیر قرار دهد. به‌طور قطع مــرا تحت تأثیر قرار داده بود. او در مورد موضوعات مرتبط با دین و فلسفه خیلی چیزها می‌دانست. بحث‌مان به آنجا کشید که کدام فیلسوف از بقیه بهتر اســت. با وجود این، احساس کردم که او خواهان مباحثه در مورد فلسفه نیست، اما هنوز نمی‌دانستم واقعاً چه می‌خواهد.

پس از اندک زمانی او گفت: «بسیار خوب، حتماً سرت خیلی شلوغ است. بهتر است بروی به کارهایت برسی. روز خوش.»

این بار با من دست داد و در حالی که داشتم اتاق را ترک می‌کردم گفت: «آیا امکان دارد که فردا هم لطف کنی و بیایی؟»

من شش روز بعد را در اتاق ۱۱۶ گذراندم و با بن صحبت کردم و او هر روز قدری بیش از قبل دلش را برای من باز می‌کرد و گوشه‌هایی از زندگی‌اش را برایم بازگو می‌نمود. سپس، طی هفتمین دیدار بود که من به نیت اصلی بن پی بردم. او کسی را می‌خواست تا نزدش اعتراف کند. نه فقط اعتراف به گناه؛ بن می‌خواست به زندگی بدی که داشت اعتراف کند. در کمال تعجب، زندگی او آنچنان که خیلی‌ها می‌پندارند، واقعاً هم بد نبود. شاید بعضی‌ها حتی بگویند که او خوب زندگی کرده بود.

«من در سال ۱۹۱۰ به دنیا آمدم. در سال ۱۹۳۵ میلیونر شدم؛ وقتی که فقط بیست‌وپنج سال داشتم. تا سن چهل‌وپنج‌سالگی ثروتمندترین مرد ایالت خودم شده بودم. سیاستمدارها می‌خواستند با من دوستی کنند. من دروغ می‌گفتم، تقلب می‌کردم و از هر کس که دستم می‌رسید می‌دزدیدم. شعار ساده‌ای داشتم: تا جایی که می‌توانی، از هر کس که می‌توانی، بگیر. ثروتم روی هم انباشته می‌شد و همه را تحت تأثیر خودم قرار داده بودم. آن روزها قدرت زیادی داشتم. دو هزار کارمند برایم کار می‌کردند و همهٔ آنها به من احترام می‌گذاشتند یا از من می‌ترسیدند. تنها چیزی که واقعاً به آن اهمیت می‌دادم، پول بود. سه بار زن گرفتم، و هر سه مرا ترک کردند، چون یا از آنها غافل شده بودم یا مچم را با یکی از زنان بسیاری که با هم رابطه داشتیم؛ گرفته بودند. من یک دختر دارم که الآن چهل سالی از سنش می‌گذرد. اما او حتی حاضر نیست با من حرف بزند.»

بن مکثی کرد تا به من نگاه کند و ببیند که آیا من هم دارم او را داوری می‌کنم یا نه. من داوری‌اش نمی‌کردم. راستش، من در بهت فرو رفته بودم. با آن ژاکت آبی رنگ بیشتر شبیه پدربزرگ‌ها شده بود؛ اصلاً به او نمی‌آمد که آنچنان زندگی جاه‌طلبانه، خودخواهانه و حتی گناه‌آلودی داشته باشد. وی چنین ادامه داد: «فکر کنم که می‌خواهی بگویی که من

زندگی‌ام را نابود کرده‌ام، چون امروز واقعاً هیچ چیز ندارم. اما این طور نیست. من هنوز پول زیادی دارم. هنوز آن‌قدر پول دارم که هرگز نمی‌توانم همه‌اش را خرج کنم. اما این پول برای من خوشحالی نمی‌آورد. هر روز اینجا می‌نشینم و مرگ را انتظار می‌کشم. هیچ چیز ندارم جز خاطرات بد. من در زندگی خودم به هیچ‌کس اهمیت ندادم و حالا هم هیچ‌کس به من اهمیت نمی‌دهد. تو، مرد جوان، تنها کسی هستی که من دارم.»

همه می‌خواهند خوشبخت باشند

بعضی از ما آدم‌ها درون‌گرا هستیم و بعضی دیگر برون‌گرا. برخی از ما گربه دوست داریم و برخی دیگر سگ. عده‌ای از ما خطر کردن را دوست داریم و عده‌ای دیگر در حاشیهٔ امن ماندن را. تک‌تک ما انسان‌ها منحصربه‌فردیم. اما یک چیز هست که همه در آن وجه اشتراک داریم: همه می‌خواهیم خوشبخت باشیم. هیچ‌کس نیست که به دنبال زندگی بیهوده، عاری از شور و نشاط، خسته‌کننده و بی‌معنا باشد. من هرگز کسی را ندیده‌ام که هدفش نابود کردن زندگی خودش باشد. همهٔ ما دوست داریم خوشبخت باشیم و این خوشبختی را برای همهٔ اوقات می‌خواهیم. و این خوشبختی را برای همهٔ آنانی که دوست‌شان داریم می‌خواهیم. اخیراً یک نظرسنجی صورت گرفت که طی آن از مردم یک سؤال ساده پرسیدند: «والدین شما چه چیزی را بیش از همه برای شما می‌خواستند؟ موفقیت، ثروت، شخص خوبی بودن، یا خوشبختی؟» هشتادوپنج درصد گفته بودند خوشبختی.

بن می‌خواست خوشبخت باشد. او هرگز قصد نداشت یک زندگی اندوه‌بار و عاری از شادمانی داشته باشد. بن هیچ‌وقت چنین تصمیمی نگرفته بود: «من فکر می‌کنم بهتر باشد یک سری تصمیمات خودخواهانه بگیرم تا بدین‌وسیله زندگی‌ام تباه شود.» او فکر می‌کرد که در جستجوی خوشبختی است. بن هم درست مانند همهٔ ما در هر زمان، در جستجوی خوشبختی، شادی، رضایت خاطر و رفاه بود. اِشکال اینجا است که بن ایده‌هایی در مورد موفقیت و خوشبختی در سر داشت که همگی اشتباه

بودند. او صرفاً از یک روایت نادرست در مورد کیفیت و محتوای یک زندگی خوب و شاد پیروی می‌کرد. روایت غالب او، مثل همهٔ روایت‌های غالب دیگر، رفتارش را به او دیکته می‌کرد و نتایج را توجیه می‌نمود. هیچ‌کس بی‌درنگ به عاقبت بن دچار نمی‌شود. برای نابود کردن یک زندگی، یک عمر زمان لازم است. اما همیشه با داستان‌هایی که ما با آنها زندگی می‌کنیم آغاز می‌شود.

آیا موافق هستید که همه می‌خواهند خوشبخت باشند؟

برای اطمینان بیشتر می‌گویم، در زمانهٔ ما میان خوشبخت بودن و شاد بودن تفاوت وجود دارد. خوشبختی یک وضعیت موقتی است که به شرایط ما بستگی دارد. شادی یک موضع درونی است که به شرایط بیرونی بستگی ندارد و از این رو تابع تغییر و تحول نیست. نویسندگان آثار پرستشی قدیم، و مشخصاً افرادی همچون جان وسلی، خوشبختی را برای توصیف زندگی خوب و پرهیزکارانه به‌کار می‌بردند. خوشبختی حقیقی به معنای آن بود که شخصِ مورد نظر، خوب هم هست. وسلی جملهٔ معروفی دارد که می‌گوید: «تا مقدس نباشی، نمی‌توانی خوشبخت باشی.»[1] این همان حسی است که من هنگام به‌کار بردن واژهٔ خوشبخت، برای توصیف زندگی خوب به‌کار می‌برم.

روایت نادرست: خوشبختی حاصل پیروی از اصول این جهان است

اگر در ساعات پربینندهٔ تلویزیون، فقط یک ساعت به تماشا بنشینید، دقیقاً با ارزش‌های دنیا آشنا خواهید شد. از این یک ساعت، بیست دقیقه‌اش با تبلیغ محصولات گوناگون، از بهداشت و زیبایی مو گرفته تا هتل‌های زنجیره‌ای و لاستیک اتومبیل، پر می‌شود. روایت به‌طور

1. "You cannot be Happy without being holy"

غیرمستقیم چیزی شبیه به این می‌گوید: خوشبختی از سکس، پول و قدرت ناشی می‌شود. یک زن بیکینی‌پوش کنار ردیفی از لاستیک‌ها می‌ایستد و این باور را القا می‌کند که زنان مجذوب مردی می‌شوند که از این لاستیک‌ها بخرد. یا یک مرد خوش‌تیپ، راضی از اقامت خود در یک هتل پنج ستاره به تصویر کشیده می‌شود. نکته روشن است: تجملات پرهزینه شما را خوشبخت می‌سازند.

همهٔ این روایت‌ها نادرستند، بدین‌معنا که بر اساس ادعاهایی نیمه‌درست یا دروغ‌هایی آشکار بنا شده‌اند. وقتی ما این روایت‌ها را اتخاذ می‌کنیم، روح‌مان به آهستگی به ورطهٔ نابودی سوق می‌یابد. بن با همین روایت‌های نادرست زندگی کرده بود. او پول فراوانی روی هم انباشته بود، قدرت زیادی کسب کرده بود و خود را درگیر روابط جنسی بی‌معنای زیادی کرده بود. هر رفتاری بر پایهٔ یک روایت استوار است. روایت فرهنگی ما ممکن است به‌ظاهر مثبت، و به طرق گوناگون ظهور کند: «دنبال درجه یک بگرد.» «فقط قرار است یکبار گشت‌وگذار کنی، پس هرچه می‌توانی بردار.» «در عشق و جنگ همه چیز روا است.» اینها عباراتی هستند که ما معمولاً برای توجیه کردن رفتارهای غیراخلاقی یا ضداخلاقی به‌کار می‌بریم.

از جنبهٔ منفی، روایت فرهنگی ما می‌گوید: «امیالت را سرکوب نکن؛ همهٔ امیال خوب هستند.» «قوانین برای شکسته شدن به‌وجود آمده‌اند.» «محدود به تعهدات خودت نباش.» «آدم‌های خوب همیشه آخرند.» اینها روایت‌هایی هستند که بن با آنها زندگی کرده بود، و همین روایت‌ها بودند که باعث شدند او غمگین و تنها، در دام خاطرات کسانی که در جستجوی «خوشبختی» در حق‌شان بدی کرده بود، بماند. بن به من گفت که زمانی عیسی توجهش را جلب کرده بود، اما دریافته بود که زندگی کردن طبق تعالیم او کاری است ناممکن. او فکر می‌کرد که اگر بکوشد از فرمان‌های عیسی پیروی کند، زندگی برایش خسته‌کننده، ملال‌آور و نامطبوع خواهد شد. او گمان کرده بود که عیسی از او یک موجود ضعیف و شکست‌خورده خواهد ساخت.

چگونه زندگی‌تان را نابود سازید (بدون اینکه حتی تلاشی کنید)

در نامه به رومیان ۱:۱۸-۳۲، پولس رسول شرح می‌دهد که چگونه زندگی انسان به‌سوی ویرانی می‌رود. ارزیابی پولس از انسان، آن‌هم نوزده سده پیش از ظهور روانشناسیِ مدرن، هنوز برجسته‌ترین توصیف از تباهی روح است که من تا به‌حال خوانده‌ام. شاید شما هم بخواهید رومیان ۱:۱۸-۳۲ را از اول تا آخر، از روی کتاب‌مقدس خودتان بخوانید. اما آنچه که اکنون مایلم به‌صورت خلاصه برای‌تان بازگو کنم، عقاید پولس است که من آنها را «شش گام تباهی: فرایند هیچ‌شدن» نامیده‌ام.

۱) *روی گرداندن: من می‌خواهم خدا باشم.* نخستین گام به‌سوی تباهی، امتناع از گردن نهادن به حاکمیتِ خداست. به بیان دقیق‌تر، این کار یعنی خودداری کردن از حرمت و تکریم نسبت به خدا. پولس می‌نویسد: «هر چند خدا را شناختند، اما او را چون خدا حرمت نداشتند و سپاس نگفتند» (رومیان ۱:۲۱).

۲) *تاریک شدن ذهن: (ضد واقعیت[1]).* حال، اگر- چنانکه مسیحیان می‌گویند- خدایی وجود دارد، پس او آفرینندهٔ همگان است، یعنی تنها وجودی که بدون نیاز به علت اولیه، هستی دارد، یک وجود کامل و قدرتمند. در یک کلام، اگر خدایی وجود دارد، ما باید او را حرمت بداریم و سپاسش گوییم. بنابراین، خودداری از چنین کاری (گام اول)، برداشتن گامی در جهت خلاف واقعیت است. این کار ضد حقیقتِ جهان هستی است. از این‌رو، ذهن ما که با حقیقت و واقعیت شکوفا می‌شود، به خاموشی می‌گراید. پولس می‌گوید: «در اندیشهٔ

1. Contra Reality

خود به بطالت گرفتار آمدند و دل‌های بی‌فهم ایشان را تاریکی فراگرفت. اگرچه ادعای حکمت می‌کردند، اما احمق گردیدند» (رومیان ۱:۲۱-۲۲).

۳) بت‌پرستی: ما باید خدایی داشته باشیم. اگر خدا را رد کنیم، پس باید چیز دیگری را جایگزینش سازیم: «طبیعت از خلاء نفرت دارد.» کسی یا چیزی باید جای خدا را بگیرد. ما خدایی را ترجیح می‌دهیم که کارهای خوب زیادی برای ما انجام دهد و در مقابل هم چیزی نخواهد. راه‌حل: یک بت بسازید. پولس گام بعدی را چنین توصیف می‌کند: «جلال خدای غیرفانی را با تمثال‌هایی شبیه انسان فانی و پرندگان و حیوانات و خزندگان معاوضه کردند» (رومیان ۱:۲۳). بت‌ها حتماً نباید شکل و شمایلی داشته باشند؛ آنها می‌توانند چیزهایی باشند که ما زندگی‌مان را روی‌شان سرمایه‌گذاری می‌کنیم، تا لذت، خوشبختی و حس کاذبِ هدفدار بودن بیابیم. این هم کلید: بت با برآوردن امیال و خواسته‌هامان به ما خدمت می‌کند و ما هم با قربانی کردن زندگی و نیروی خود برای آن، به او خدمت می‌کنیم.

۴) خدا ما را تنها می‌گذارد: غضب. مادامی که به فانی بودنِ زندگی پی نبریم و به‌سوی خدا بازنگردیم، ناگزیریم به بت‌پرستی ادامه بدهیم. ما با رد کردن خدا، دیگر برایش گزینه‌ای باقی نمی‌گذاریم. پولس به ذکر مطلبی می‌پردازد که من آن را یکی از دهشتناک‌ترین آیات کلام خدا تلقی می‌کنم: «پس خدا نیز ایشان را در شهوات دلشان به ناپاکی واگذاشت» (رومیان ۱:۲۴). خدا خیلی ساده ما را به حال خودمان رها می‌کند. غضب خدا موضع پارسایانهٔ او در قبال گناه است، که نمی‌تواند بر آن مهر تأیید بگذارد.

۵) به دنبال لذت به هر بهایی. اکنون ما که ارتباط‌مان با واقعیت قطع شده و به حال خود رها شده‌ایم، باید راهی برای ارضای

امیال‌مان پیدا کنیم. هرچند موقتی، اما ساده‌ترین راه برای ارضای امیال، از طریق بدن است. شهوت و پرخوری میانبرهایی به‌سوی خوشبختی هستند. اما «نشئه‌ای» که از طریق بدن (به‌واسطهٔ مواد مخدر، الکل، غذا، آمیزش جنسی و پورنوگرافی) به ما دست می‌دهد، تأثیر تضعیف‌کنندهٔ همیشگی دارد. هر بار که در این قبیل فعالیت‌ها درگیر می‌شویم، لذت‌مان کمتر می‌شود، و از این‌رو به مقدار بیشتر یا دفعات بیشتری نیاز داریم تا به همان سطح ارضای مطلوب برسیم. پولس مطلب را چنین بیان می‌کند: «پس خدا نیز ایشان را در شهواتی شرم‌آور به حال خود واگذاشت» (رومیان ۱:۲۶).

۶) گناه فرمانروایی می‌کند. گام نهایی بدترین گام است و نتیجهٔ طبیعی پنج گام قبلی به‌شمار می‌رود. گناه و شرارت به یک رفتار هنجارگونه و خودکار تبدیل می‌شود. وقتی خدا را رد می‌کنیم و به تبع آن چیزهای دیگری را جایگزین او می‌سازیم، که نمی‌توانند ما را ارضا کنند، طبیعتاً هرآنچه را که در ضدیت با خدا قرار می‌گیرد بازتاب می‌دهیم، یعنی گناه را. پولس فهرستی در اختیار خواننده قرار می‌دهد که هرچند قدیمی است، اما بیانگر بسیاری از چیزهایی است که امروزه هم اتفاق می‌افتند:

۷) «و همان‌گونه که برای آنان شناخت خدا ارزشی نداشت، خدا نیز آنان را به ذهنی فرومایه واگذاشت تا مرتکب اعمال ناشایست شوند. ایشان از هرگونه نادرستی، شرارت، طمع و خباثت آکنده‌اند. مملو از حسد، قتل، جدال، فریب و بدخواهی‌اند. شایعه‌ساز، تهمت‌زن، متنفر از خدا، گستاخ، متکبر و خودستایند. برای انجام اعمال شریرانه، راه‌هایی نو ابداع می‌کنند. نافرمان به والدین، بی‌فهم، بی‌وفا، بی‌عاطفه و بی‌رحمند.» (رومیان ۱:۲۸-۳۱)

هر روز با مطالعهٔ روزنامه، توصیف پولس از زندگی سقوط‌کردهٔ دنیای مدرن را در برابر دیدگانم می‌بینیم: سیاستمداران از قدرت‌شان

سوءاستفاده می‌کنند، تجاوز، قتل، فرار، دسته‌های بزهکار، فروشندگان مواد مخدر، فحشا و غیره.

آیا شاهد این سقوط در دیگران یا در زندگی خود بوده‌اید؟

همه چیز با همان نخستین گام مهلک آغاز می‌شود؛ با همان گامی که آدم و حوا برداشتند و از حضور خدا در باغ عدن رانده شدند: امتناع از حرمت داشتن نسبت به خدا و سپاس گفتن او. همان گام حرکتی را آغاز کرد که انسان را از داشتن زندگی خوب و زیبا دور می‌سازد و به زندگی گناه‌آلود و زشت منتهی می‌شود.

گناه زشت است و پرهیزکاری زیبا

گناه با وجودی که مدافعان بسیاری دارد، اما خودش قابل دفاع نیست. گناه زشت است. درست نقطهٔ مقابل زیبایی است. وقتی مردی را می‌بینم که زیر چشمی به زنی نگاه شهوانی می‌کند، بی‌اختیار چندشم می‌شود. خشم می‌تواند زشت باشد. دیدن کسی که عصبانی شده، برای من ناخوشایند است. زمانی که می‌شنوم که کسی دربارهٔ دیگری حرف‌های درشت و ناسزا می‌گوید، احساس بدی به من دست می‌دهد. غرور و تعصب، فریب و تحقیر- همهٔ اینها زشتند. وقتی این قبیل چیزها را در دیگران می‌بینم، صریحاً احساس بیزاری می‌کنم. اما وقتی همین چیزها را در وجود خودم می‌بینم، بلافاصله شروع می‌کنم به توجیه و دلیل‌تراشی و کوچک جلوه‌دادن‌شان. گناه، اگرچه زشت و ویرانگر، اما هنوز ما را فریب می‌دهد و در ما توهم خوشبختی ایجاد می‌کند.

در نقطهٔ مقابل، پرهیزکاری- البته نه پرهیزکاری ظاهری و عوام‌فریبانه، بلکه واقعیت درونی قلبی که نیکویی را دوست می‌دارد- زیبا است. وقتی کسی را می‌بینم که حتی به قیمت لطمه دیدن راست می‌گوید، حس خوشایندی به من دست می‌دهد. زمانی که مرد با زن نه به‌عنوان شیء، که همچون شخص رفتار می‌کند، زیبایی را می‌بینم.

شخصی که در خفا کارهای نیک انجام می‌دهد، کارش همچون اعجاز و اعجاب اســت. توماس مرتن[1] در کتاب کوه هفت‌طبقه[2] به شرح زندگی گناه‌آلود پیشــینش و چگونگی بازگشتش به‌سوی خدا در عنفوان جوانی می‌پــردازد. او از واژهٔ پرهیزکاری- که برایش مفهوم «تظاهر و دورویی» را تداعی می‌کرد- بیزار بود و آن را مســخره می‌کرد. اما عاقبت دریافت که پرهیزکاری، یعنی قدرتی که از تعالی اخلاقی ناشــی می‌شود، تنها راه رسیدن به زندگی خوب است.

> بدون پرهیزکاری، سعادتی در کار نیست، چون پرهیزکاری دقیقاً همان قدرتی است که بدان می‌توانیم به سعادت دست بیابیم: بدون آن شــادی هم نخواهد بــود، چون پرهیزکاری مجموعه عاداتی اســت کــه نیروی طبیعی مــا را مدیریت می‌کننــد و آنهــا را به‌ســوی هماهنگی و کمــال و تعادل پیــش می‌برند، که همانا یکی شــدن طبیعــت ما با خودش و با خدا اســت، و ایــن باید در نهایت بــه آرامش ابدی ما بینجامد.

«گناه همیشه زشت است؛ پرهیزکاری همیشه زیباست.» در تأیید این جمله چند مثال ذکر کنید.

گناه همیشه زشت است، و پرهیزکاری حقیقی همیشه زیباست. گناه به ویرانی منجر می‌شود، و پرهیزکاری به قوت بیشتر. و به همین دلیل است که همه، حتی خداناباوران[3] نیز عیسی را دوست دارند. عیسی پرهیزکاری ناب بود. او زندگی خوب و زیبا داشت و شاگردانش را می‌خواند تا همان زندگی را داشته باشند. شخص پرهیزکار برای اطرافیانش مثل نور است. من چند ســال پیش چنین فردی را ملاقات کــردم، و او هنوز هم بر من تأثیر دارد.

---

1. Thomas Merton; 2. The Seven Story Mountain; 3. Atheists

یک زندگی خوب

در تابستان سال ۲۰۰۶ من این افتخار را پیدا کردم تا با یکی از قهرمانانم دیداری داشته باشم: جان وودن[1] مربی افسانه‌ای تیم بسکتبال دانشگاه لس آنجلس کالیفرنیا (UCLA). وودن رکوردهای بسیاری دارد که بعضی از آنها شاید هرگز شکسته نشوند. او ده بار جام قهرمانی بسکتبال NCAA را تصاحب کرد، که آخرین آنها در سال ۱۹۷۵ بود. هیچ مربی دیگری بیش از چهار بار این جام را نبرده است. تیم او تاکنون به هشتادوهشت برد دست یافته، در صورتی که هیچ تیم دیگری بیش از چهل‌ودو بار در این جام برنده نشده است. او مربی برخی از بزرگترین بازیکنانی بوده که تاکنون پا به زمین بسکتبال گذاشته‌اند (بیل والتن[2] کریم عبدالجبار). خیلی‌ها فکر می‌کنند که او نه تنها بزرگترین مربی بسکتبال، بلکه بزرگترین مربی ورزش در همهٔ زمان‌ها بوده است. تا به امروز، بازیکنان سابقش اغلب هفته‌ای یکبار به او زنگ می‌زنند تا به او بگویند که دوستش دارند و به‌خاطر تأثیری که بر زندگی‌شان گذاشته، از او سپاسگزارند و در کل برای همهٔ جنبه‌های زندگی‌شان از او راهنمایی می‌خواهند.

اگرچه وودن به‌خاطر موفقیت‌هایش به‌عنوان مربی، مورد احترام است اما آنچه که او را شاخص کرده، رکورد بردهایش نبوده است. طی آن بعد از ظهری که با هم بودیم، از او راز زندگی‌اش را جویا شدم. او گفت: «جیم، من در سال ۱۹۳۵ تصمیم گرفتم تا طبق مجموعه‌ای از اصول زندگی کنم، و هرگز از آن اصول تخطی نکردم. آنها بر اساس کتاب‌مقدس و تعالیم عیسی پایه‌گذاری شده‌اند. اصولی همچون شجاعت و صداقت و سخت‌کوشی، شخصیت و وفاداری، و پرهیزکاری و احترام- اینها هستند که اجزای یک زندگی خوب را تشکیل می‌دهند.» برای سه ساعت تمام من سرگرم نوشتن همهٔ چیزهایی بودم که او می‌گفت. وقتی او داشت با

---

1. John Wooden; 2. Bill Walton

پسرم، جیکوب که آن زمان چهارده‌ساله بود حرف می‌زد، من تماشایش می‌کردم. او طوری رفتار می‌کرد کـــه گویی جیکوب تنها فرد حاضر در آن اتاق است. چشمان پســـرم از شنیدن خاطرات جان گشوده شده بود: توپ‌های بیسبالی که اسطوره‌های ورزش از قبیل میکی منتل[1] درک جتر[2] و جو تور[3] امضایشان کرده بودند، همگی عباراتی از این دست را بر خود داشتند: «به مربی وودن: تو الهام‌بخش من هستی.»

جان وودن راه درست زندگی کردن را پیدا کرده بود، و هر روز طبق آن زندگی می‌کرد. او در بحبوحهٔ جوانی عاشـــق همســـرش نلی شده و پنجاه‌وســـه ســـال به او وفادار مانده بود. در اولین روز تمرین بسکتبال، او یک ســـاعت اول را صرف آموزش نحوهٔ صحیح جوراب پوشـــیدن بـــه بازیکنانش کرد. جان گفت که اگر آن را یاد نگیرند، پاهایشـــان تاول خواهد زد. او داشت به بازیکنانش یکی از اصول مهم زندگی را آموزش می‌داد: حتی کارهای کوچک را هم خوب انجام بدهید. او به بازیکنانش گفت که وقتی امتیـــاز می‌گیرند، از بازیکنی که توپ را به آنها پاس داده، تشکر کنند. تمرینِ قدردانی از بازیکنی که در کرفتن امتیاز نقش داشته، از UCLA آغاز شد. وودن به بازیکنانش گفت: «خودتان را با انضباط پرورش بدهیـــد تا دیگران مجبور نباشـــند آن را در موردتان اِعمال کنند.» «هرگز دروغ نگویید، هرگز تقلب نکنید، هرگز دزدی نکنید.» «حق ســـربلندی و اعتمادبه‌نفَس را به‌دست بیاورید.»

جان زندگی معرکه‌ای داشته است. چنین به‌نظر می‌رسید که عشق او به همسر محبوبش و عشق به عیسی اتاق را پر کرده است. لبخندهای او مسری هستند، به آسانی می‌خندد و حقیقتاً فروتن است. او از اینکه زنده است و می‌تواند فرزندان و نوه‌هایش را ببیند، خوشحال است، اما به من گفت که برای سفر آخرت هم آمادگی دارد، چون در این صورت می‌تواند با عیســـی و نلی عزیزش باشـــد. جان زندگی فوق‌العاده‌ای داشته، که به قول خودش «بیش از اســـتحقاقش» بوده است. اما حقیقت این است که

1. Mickey Mantle; 2. Derek Jeter; 3. Joe Torre

او مطابق هدفی زندگی کرده که سرمشق ما برای زندگی است؛ بر اساس حقیقت، پرهیزکاری و درستی، زندگی‌ای که به خوشبختی حقیقی منجر می‌شود. جان وودن زندگی خوب و زیبایی داشت.

شاید متوجه شده باشید که جان در سال ۱۹۱۰ به دنیا آمده است. این همان سالی است که بن هم در آن متولد شد. هر دوی آنها همزمان در یک سده زندگی کردند، شاهد رکود اقتصادی، دو جنگ جهانی، مصائب و کامیابی‌های اقتصادی، و بیش از یک دوجین رئیس‌جمهور بودند. هر دو در یک کشور زندگی کردند، هرچند یکی در ساحل شرقی و دیگری در ساحل غربی. هیچ‌یک با مزیتی بالاتر یا پایین‌تر شروع نکردند، با وجود این، تفاوت در زندگی آنها خیره‌کننده است. تفاوت در چه بود؟ بن با یک توهم، روایت نادرست در مورد زندگی و خوشبختی زندگی کرده، و همین توهم زندگی او را بر باد داده بود. او واپسین روزهای عمر خود را در ترس از مرگ سپری نمود. جان زندگی خود را حول حقیقت، یعنی حول تعالیم عیسی سامان داد، روایتی دقیق و درست در مورد آنچه که یک زندگی خوب را تشکیل می‌دهد. او با پیروی از این روایت، زندگی پرجلالی را تجربه کرد و اکنون خرسند و چشم‌انتظار آینده‌ای درخشان با مسیح است. بن زندگی خود را بر شن‌های روان بنا کرد؛ جان، زندگی‌اش را بر صخرهٔ قوی عیسی ساخت.

می‌خواهم بی‌پرده بگویم که خدا جان را به‌خاطر کارهای نیکش برکت نداده است بلکه کارهای نیک جان به زندگی پرهیزکارانه منتهی شده است، که همانا پاداش اوست. خدا برکات و لعنت‌ها را تنها بر اساس رفتار ما مقرر نمی‌کند- اگر چنین بود، همهٔ آدم‌های «بد» در رنج و عذاب بودند و آدم‌های «خوب» برکت می‌یافتند. اما زندگی سرشار از شادی و آرامش چیزی است که تنها کسانی که از خدا پیروی می‌کنند از آن بهره‌مندند.

نه جان و نه بن، هیچ‌یک در به‌دست آوردن موفقیت‌های فوق‌العادهٔ زندگی، معمولی نیستند. هر دو در حیطهٔ خودشان استثنایی به‌شمار می‌رفتند. اما من و شما کمتر از آنها استثنایی نیستیم. ما هر روزه تصمیماتی می‌گیریم که ما را به زندگی پرهیزکارانه یا گناه‌آلود نزدیک می‌سازد. ما

همواره با این تصمیمات روبه‌رو هستیم که آیا حریص باشیم یا سخاوتمند، خود-محور باشیم یا ایثارگر، محکوم‌کننده باشیم یا بخشاینده، لعن‌کننده باشیم یا برکت‌دهنده. بن و جان با اینکه آدم‌های معمولی نبودند، اما روح‌شان هیچ تفاوتی با روح ما ندارد. صرف‌نظر از اینکه کِه هستیم، باید روایتی را انتخاب کنیم که قرار است هر روزه طبق آن زندگی کنیم.

روایت عیسی

جان وودن در سنین جوانی مسیحی شد و زندگی خود را حول تعالیم عیسی بنا کرد. روایت عیسی از زندگی، از این قرار است: «زندگی خوب و زیبا با انجام دادن فرمان‌های من به‌وجود می‌آید، نه به‌عنوان قوانین و مقررات، بلکه به‌عنوان راه نوینی برای زندگی.» عیسی این روایت را در انتهای موعظهٔ بالای کوه بیان می‌کند. بعداً این موعظه را با دقت بیشتری مورد بررسی قرار خواهیم داد، اما عجالتاً می‌خواهم با نگاهی به نحوهٔ پایان دادنِ موعظهٔ بالای کوه توسط عیسی شروع کنم. عیسی پس از ایراد عمیق‌ترین موعظهٔ عالم، می‌گوید:

> «پس هر که این سخنان مرا بشنود و به آنها عمل کند، همچون مرد دانایی است که خانه خود را بر سنگ بنا کرد. چون باران بارید و سیل‌ها روان شد و بادها وزید و بر آن خانه زور آورد، خراب نشد زیرا بنیادش بر سنگ بود. اما هر که این سخنان مرا بشنود و به آنها عمل نکند، همچون مرد نادانی است که خانه خود را بر شن بنا کرد. چون باران بارید و سیل‌ها روان شد و بادها وزید و بر آن خانه زور آورد، ویران شد، و ویرانی‌اش عظیم بود!» (متی ۷:۲۴-۲۷)

هر کس سخنان عیسی را به قلب خود راه دهد و زندگی‌اش را حول آنها سامان ببخشد، به کسی می‌مانَد که خانه‌ای بر صخره بنا نموده است؛ که نه می‌لرزد و نه سیل و توفان بر آن مستولی خواهد شد.

در نقطهٔ مقابل، آنانی که از شنیدن و اطاعت کردن خودداری می‌کنند، خانه‌هاشان را بر شن می‌سازند. زمانی که توفان زندگی از راه برسد، خانه‌هاشان ویران خواهد شد. وقتی عیسی می‌گوید: «*این سخنان مرا بشنود و به آنها عمل کند*» به چه سخنانی اشاره می‌کند؟ موعظهٔ بالای کوه. او در مورد فرمانش مبنی بر تسلیم نشدن به خشم، شهوت یا فریب صحبت می‌کند. در خصوص اینکه نباید به دنبال تلافی‌جویی بود، نباید نگران شد و نباید مردم را مورد داوری قرار داد. در کمال تعجب، بسیاری از مسیحیان به‌سادگی این تعالیم را نادیده می‌گیرند و آنها را برای یک شخص عادی بیش از اندازه دشوار یا شاید حتی غیرضروری می‌بینند.

این کتاب پیرامون موعظهٔ بالای کوه شکل گرفته است. هدف این است که به مسیحیان کمک کنیم تعالیم عیسی را در مورد چیزهایی نظیر خشم، شهوت، دروغ‌گویی، نگرانی، غرور، و داوری کردن دیگران بفهمند و به اجرا بگذارند. آنچه عیسی پیرامون موضوعات نامبرده تعلیم می‌دهد، حقیقت محض است. زندگی کردن مطابق تعالیم او به زندگی خوب خواهد انجامید، زندگی‌ای که می‌تواند در برابر توفان‌ها و آزمایش‌ها تاب بیاورد. نافرمانی از تعالیم او به زندگی ویران منجر خواهد گردید. عیسی نمی‌خواهد زندگی را از آنچه هست سخت‌تر کند، بلکه تنها آشکار می‌سازد که راه داشتن زندگی خوب و زیبا، اطاعت کردن از تعالیم اوست و بس. هیچ راه دیگری وجود ندارد. یا ما زندگی خودمان را با تعالیم او همشکل می‌سازیم، یا از داشتن زندگی خوب و زیبا محروم می‌شویم.

نقشه‌ها و فانوس‌های دریایی

سال‌ها پیش، گوردن لیوینگستون[1] که در لشکر هوابرد ستوان جوانی بود، طی یکی از تمرین‌های میدانی در فورت برگ[2] کارولینای شمالی،

1. Gordon Livingston; 2. Fort Bragg

سعی می‌کرد جهت خود را پیدا کند. او می‌نویسد: «در حالی که سرگرم بررسی نقشه بودم، استوار دومی که زیر دست من خدمت می‌کرد و باتجربه بود به من نزدیک شد و پرسید: "ستوان، موقعیت خودتان را پیدا کردید؟" در جواب گفتم: "خوب، در نقشه آمده که درست آنجا باید یک تپه باشد، اما من آن را نمی‌بینم.» او گفت: "قربان، اگر نقشه با زمین اختلاف دارد، پس اِشکال از نقشه است." حتی همان موقع هم فهمیدم که او به یک حقیقت ژرف اشاره کرده است.»

نقشه‌ها سعی می‌کنند به ما بگویند که اوضاع دقیقاً از چه قرار است. هرچه نقشه‌ای با واقعیت مطابقت بیشتری داشته باشد، بهتر است. همین قضیه در مورد روایت‌های ما هم صدق می‌کند. بعضی از روایت‌ها کلاً اشتباه هستند. روایت‌های دیگر و به‌طور مشخص روایت‌های عیسی، بسیار دقیق‌ـ و حتی کامل‌ـ هستند. از مقایسهٔ یک نقشه با عوارض زمینی که نقشه آن را به تصویر کشیده است، به آسانی می‌توانیم بگوییم که میزان دقت آن نقشه چقدر است. ستوان گوردن حقیقت بزرگی را آموخت: اگر نقشه با زمین همخوانی ندارد، اِشکال از نقشه است. زمین هیچ‌وقت اشتباه نمی‌کند.

روایت‌ها هم سعی دارند ما را راهنمایی کنند، جهت را نشان‌مان دهند و بگویند که حالا باید به کدام راه بپیچیم. *اما اگر روایت با زندگی واقعی همخوانی نداشته باشد، اِشکال از روایت است.* اِشکال روایت نادرستی که بن بر اساس آن زندگی کرد، در عمل ثابت شد. روایت به او می‌گفت: «راه رسیدن به یک زندگی خوب همین است»، اما آنچه در آخر کار نصیبش شد، یک زندگی ویران بود. پس اِشکال از زندگی نیست، بلکه از روایت است. در نقطهٔ مقابل، روایت عیسی با واقعیت منطبق است. هیچ‌کس نیست که از تعالیم او پیروی کرده و از این کار نومید شده باشد. هیچ‌کس نیست که تعالیم او را به‌کار بسته و آنها را نادرست یافته باشد. آموزه‌های او کاملاً با واقعیت همخوانی دارند. به‌جز اطاعت کردن از عیسی، به هیچ وسیلهٔ دیگری نمی‌توانیم به زندگی خوب دست بیابیم. ما باید خودمان را با راه او وفق بدهیم.

در شبی تیره و توفانی، یک کشتی با ناخدای مغرورش مستقیماً به‌سوی کشتی دیگری که از مقابل می‌آمد، در حرکت بود. کشتی دیگر علامت داد «برگرد»، اما ناخدای مغرور امتناع کرد. او به کشتی مقابل علامت داد که از سر راهش کنار برود؛ هرچه باشد او ناخدای نام‌آوری بود که هدایت یک کشتی مهم را بر عهده داشت. کشتی دیگر دوباره علامت داد «برگرد- همین حالا!» باز ناخدا خودداری کرد و چنین علامت داد «نه، تو باید برگردی. این کشتی اس. اس. پوزئیدون است، و من کاپیتان فرنکلین موران هستم!» سرانجام کشتی دیگر علامت داد: «همین حالا دور بزن- این یک فانوس دریایی است، و تو در خطر برخورد با صخره‌ها هستی!» به‌طور قطع ما آزادیم که هر طور دوست داریم زندگی کنیم. ناخدا هم آزاد است نور فانوس دریایی را نادیده بگیرد و کاری را که دوست دارد بکند. با این‌حال، او از چنگ صخره‌ها رهایی نمی‌یابد. واقعیت این است که اگر اشتباه کنیم، از زندگی سیلی می‌خوریم.

ما باید موعظهٔ بالای کوه را این‌گونه بخوانیم. عیسی از ما نمی‌خواهد که به روش او زندگی کنیم تا برکاتش شامل حال‌مان شود یا پس از مرگ به آسمان برویم؛ او به‌سادگی دارد حقیقت را در مورد واقعیت بازگو می‌کند. او بر ضد شهوت هشدار می‌دهد، نه بدین‌خاطر که آدم امل و کوته‌فکری است، بلکه چون می‌داند که شهوت افسارگسیخته زندگی انسان را نابود می‌سازد. او به ما می‌گوید که نگران نباشیم، نه به این‌خاطر که نگرانی باعث زخم معده می‌شود، بلکه چون مردمی که با او در پادشاهی خدا زندگی می‌کنند، لزومی ندارد نگران باشند؛ نگرانی، اتلافِ وقت است. شهوت و نگرانی، داوری و خشم، تلافی‌جویی و غرور هیچ‌وقت خوب یا زیبا نخواهند بود و هیچ‌گاه به آزادی نخواهند انجامید. در واقع، اینها ما را از آزادی دور می‌کنند.

ما بدون فرمانبرداری از تعالیم عیسی، نمی‌توانیم به خوشبختی و سعادت دست پیدا کنیم. سی. اس. لوئیس می‌نویسد: «خدا نمی‌تواند جدای از خودش به ما خوشبختی و آرامش عطا کند، زیرا جدای از او اصلاً خوشبختی و آرامشی وجود ندارد.» خدا خسیس نیست که اگر

اطاعتش نکنیم، شادی را از ما دریغ نماید؛ جدای از زندگی با خدا و برای خدا، اصلاً سعادتی وجود ندارد. ما استدعا می‌کنیم: «خدایا، لطفاً به من خوشبختی و آرامش عطا کن، اما در عین‌حال اجازه بده زندگی خودم را داشته باشم.» خدا در پاسخ می‌گوید: «من نمی‌توانم خواستهٔ تو را به تو بدهم. تو از من چیزی می‌خواهی که اصلاً وجود ندارد.»

بهای ناشاگردی

شکل‌گیری روحانی و شاگردی، مردم را در مورد بهای سنگینی که اعتلایِ زندگی عمیق‌تر با خدا دارد، به فکر وامی‌دارد. آنها می‌پندارند که رابطهٔ عمیق‌تر با خدا برابر است با از دست رفتن زندگی سرشار از لذت، خنده و سرگرمی. تفریح، تماشای فیلم سینمایی، خوردن غذاهای خوشمزه، چرخیدن در اینترنت و بازی کردن با دوستان، همه را باید از زندگی حذف کرد. اما این با حقیقت چندان قرابتی ندارد. کسانی که از عیسی پیروی می‌کنند، مجبور نیستند زندگی مرتاضانه، اندوهبار و ناخوشایندی داشته باشند. در واقع، عکس این مطلب صادق است. پیروان مسیح بالاترین شکل لذت و شادمانی را تجربه می‌کنند و از همهٔ موهبت‌هایی که زندگی خوب بدیشان ارزانی داشته، بهره‌مند می‌شوند. مسئله اینجا است که ساکنان پادشاهی خدا در مورد تفریح و سرگرمی وسواس بیشتری به خرج می‌دهند. آنان به خدایی خوب و زیبا اعتماد دارند که نیامده تا شادمانی را از ایشان برباید، بلکه آمده تا به آنها شادی واقعی و همیشگی عطا کند، آن هم از نوعی که با رعایت تعادل و چارچوب‌ها یافت می‌شود.

این عقیده که پیروی از عیسی به زندگی کسالت‌بار منجر خواهد شد، یکی از مؤثرترین روایت‌هایی است که دشمن جان‌های ما به‌کار می‌برد. شیطان و دستیارانش خیلی خوب می‌دانند که شادی واقعی تنها در اطاعت از فرمان‌های عیسی یافت می‌شود. اما با قدری دستکاری در اینجا و آنجا و با کمک مذهبیون خوش‌نیت ولی گمراه، ممکن

است زندگی مسیحی به‌صورت پدیده‌ای ناخوشایند به تصویر کشیده شود. شریر می‌خواهد که مردم را از بهای سنگین شاگردی بهراسند. اما در واقعیت، بهای ناشاگردی بسیار سنگین‌تر است. دالاس ویلارد می‌گوید:

> *ناشاگردی به بهای از دست رفتن آرامش درونی، زندگی سرشار از محبت، و ایمانی که همه چیز را در پرتو حاکمیتِ برتر خدا می‌بیند، تمام می‌شود. ناشاگردی دلسردی در موقعیت‌های دشوار را جایگزین امیدواری می‌کند. در یک کلام، ناشاگردی دقیقاً به بهای از دست رفتنِ وفور حیاتی تمام می‌شود که عیسی فرمود برای آوردنش آمده است (یوحنا ۱۰:۱۰).*

پرسش این نیست که من برای پیروی از عیسی ناگزیر به رها کردن چه چیزهایی هستم، بلکه پرسش این است که با عدم پیروی از عیسی، چه چیزهایی را هرگز تجربه نخواهم کرد؟ پاسخ روشن است: ما فرصتِ بهره‌مند شدن از زندگی خوب و زیبا را از دست خواهیم داد.

ما همیشه از نو شروع می‌کنیم: بن جبران کرد

پیش از پایان تابستان، در خلال یکی از صحبت‌های‌مان، به بن گفتم که تنها راه زندگی پیروی از عیسی است. بن در برابر سخن من مقاومت چندانی نکرد. او گفت که عیسی شخصیتی ممتاز بوده است. اما این را هم گفت که حالا دیگر برای او خیلی دیر شده؛ او زندگی خود را تباه کرده و در سن هفتادوپنج سالگی دیگر فرصتی برای رستگاری ندارد. من برایش توضیح دادم که خدا به رستگاری انسان بسیار علاقه‌مند است، و این هیچ ربطی به سن و سال ندارد. طی اوقات باقی‌مانده از تابستان ما هر روز با هم ملاقات می‌کردیم و هر جلسه از دفعهٔ قبل دلپذیرتر می‌شد. ما اناجیل را با هم می‌خواندیم و دربارهٔ رحمت و آمرزش و فرصت تغییر با

هم حرف می‌زدیم. در پایان تابستان، یعنی زمان رفتنِ من، بن به من یک هدیهٔ بسیار ویژه داد، یک نسخهٔ نایاب از یک کتاب قدیمی که می‌دانست خیلی دوستش دارم. سپس به من گفت که تصمیم گرفته از عیسی پیروی کند، از او تقاضای بخشایش نموده و به‌طرزی عجیب احساس کرده که خدا او را بخشوده است. او نامه‌ای را که خطاب به دخترش نوشته بود، به من نشان داد. در آن نامه از دخترش خواسته بود که او را ببخشد. کتاب مورد نظر هدیه‌ای فوق‌العاده بود، اما تغییری که من طی آن تابستان در زندگی بن مشاهده کردم، بهترین هدیه‌ای بود که دریافت کرده بودم.

آخرین باری که از بن خبری شنیدم، زمانی بود که دخترش نامه‌ای به من نوشت و گفت که او در سن هشتادوهشت سالگی درگذشته است. او گفت که آنها با هم آشتی کرده بودند، و بن به ایمان نجات‌بخش نایل گردیده بود. دختر بن نوشته بود که او در سال‌های واپسین زندگی‌اش انسان دیگری شده بود. احتمالاً بن در مورد جلسات تابستانی ما با او حرف‌زده بود و از دخترش خواسته بود که سپاسگزاری او را به من ابراز کند. بن دستِ‌کم در هفتادوپنج سال از عمرش، زندگی تابناکی نداشت. اما او عوض شد و یک دهه زندگی با خدا را تجربه کرد. چنانکه دخترش می‌گفت، بن مرگ تابناکی داشت.

وقتی در مورد بن می‌اندیشم، به این فکر می‌افتم که تغییر نه تنها ممکن، بلکه الزامی است. ما باید هر روز از نو شروع کنیم. با وجودی که گذشته بر سنگ حک شده و نمی‌توان تغییرش داد، اما آینده مثل سیمانِ تر، نرم و انعطاف‌پذیر است و هرآنچه می‌کنیم بر آن تأثیر می‌گذارد. هیچ زمانی برای رستگاری دیر نیست. صرف‌نظر از اینکه چه کرده‌ایم یا کجا بوده‌ایم، همهٔ ما این شانس را داریم که افکار، دل و رفتارمان را تغییر دهیم و از خردمندترین و عزیزترین معلمی که بر زمین قدم نهاده، پیروی کنیم. هر روزه، عیسی به تک‌تک ما می‌گوید: «بیا، از من پیروی کن.» اگر پاسخ مثبت بدهیم، می‌توانیم مطمئن باشیم که یک روز خوب و زیبا در انتظار ما است. و زمانی که رشتهٔ این روزها را به هم متصل کرده، ماه‌ها، سال‌ها و دهه‌ها را شکل می‌دهیم، یک زندگی خوب و زیبا را تجربه

خواهیم کرد. و آن زندگی مقدر است که تا ابد بازتاب‌دهندهٔ نیکویی و محبت باشد.

در گذشته، چه زمانی احساس کرده‌اید که می‌توانید تغییر کنید؟ از حقایق مندرج در این فصل کدام می‌تواند الهام‌بخش شما در ایجاد تغییر در زندگی‌تان شود؟

پرورش روح

نامه‌ای خطاب به خدا

دوست دارم شما نامه‌ای خطاب به خدا بنویسید و آن را با این جمله آغاز کنید: «خدای عزیزم، آن زندگی‌ای که من برای خودم خواستارم ...» باقـی نامه (یا دعا) به اختیار خودتان اسـت. ممکن اسـت بخواهید به خطاهایی که مرتکب شـده‌اید اقرار کنید، اما در ادامه شـرح بدهید که یک «زندگی خوب و زیبا» از نظر شـما چه خصوصیاتی می‌تواند داشته باشد. آیا این مسـتلزم تغییرات عمده در زندگی است؟ آیا مستلزم جمع تازه‌ای از دوستان است؟ آیا لازم است روایت‌ها و عادات قدیمی را تغییر بدهیم؟ با خیـال راحت در ذهن‌تان رویاهای بزرگ بپرورانید. خدا را به بزرگ‌ترین امیدهای‌تان راه بدهید.

این نامه را در جای امنی نگه‌دارید. حداقل سالی یک‌بار آن را بخوانید تا رؤیایی که شـما و خدا برای زندگی خودتان دارید، یادآوری شــود. بگذاریـد این نامه راهنما و الهام‌بخش شــما باشـد. در صورت امکان، می‌توانید آن را با شــخصی مورد اعتماد در میان بگذارید. اگر با گروهی مشغول بررسـی و کار کردن روی این کتاب هستید، می‌توانید نامهٔ خود

را با آنها در میان بگذارید، اما مجبور به انجام این کار نیستید. به تجربه دریافته‌ام که در میان گذاشتن نامه با اعضای گروه، بسیار دلگرم‌کننده است.

تأمل بر تمرین‌های پرورش روح

خواه این تمرین را به تنهایی انجام بدهید خواه با دیگران، پرسش‌های زیر می‌توانند به شما کمک کنند تا روی تجربهٔ خودتان قدری تأمل نمایید. پاسخ‌های خود را در دفتر یادداشت‌های روزانه ثبت کنید. اگر با گروهی جمع می‌شوید، اگر قرار است با گروهی دیدار داشته باشید، دفتر یادداشت‌های روزانه را با خودتان ببرید تا موقع در میان گذاشتن تجربیات با گروه، در یادآوریِ بینش به‌دست آمده مددکارتان باشد.

۱) نامه‌ای را که این هفته نوشتید توضیح بدهید و احساس خودتان را در موردش وصف کنید.
۲) به‌واسطهٔ تمرین، در مورد خدا یا خودتان چه چیزهایی یاد گرفتید؟
۳) در صورت امکان، نامهٔ خود را با دیگران در میان بگذارید.

فصل دوم

انجیلی که خیلی‌ها آن را نشنیده‌اند

زمانی که تازه از دانشکدۀ الاهیات فارغ‌التحصیل شده بودم، اگر از من می‌پرسیدند: «انجیل عیسی چیست؟» بدون تردید پاسخ می‌دادم: «عیسی برای گناهان ما مرد تا ما وقتی می‌میریم بتوانیم به آسمان برویم.» یا اگر کسی مرا در تنگنا قرار می‌داد و از من می‌خواست در سی ثانیه خبر خوش مسیحیت را برای شخصی غیرمسیحی توضیح دهم، در جواب می‌گفتم: «خدا تو را دوست دارد. اما به‌خاطر گناهانت، از خدا جدا شده‌ای و نمی‌توانی با او رابطه‌ای داشته باشی. عیسی به‌خاطر تو مرد، و بدین‌ترتیب، برای گناه تو علاجی فراهم نمود. با ایمان آوردن به عیسی می‌توانی محبت خدا را بشناسی و تجربه کنی و از زندگی جاودان بهره‌مند شوی.»

آیا شما این انجیل را شنیده‌اید؟ توضیح بدهید که از آن چه می‌فهمید. و در نتیجۀ آن چگونه زندگی کرده‌اید.

من امروز هم به همین ایمان دارم. انجیل- که معنای تحت‌اللفظی‌اش می‌شود «خبر خوش»- مسیحیت یقیناً دربردارندهٔ چنین پیامی است. من کاملاً ایمان دارم که خدا ما را دوست دارد، که ما به‌خاطر گناهان‌مان از خدا جدا شده‌ایم، که قربانی عیسی تنها وسیلهٔ مصالحه با خدا است، و نجات یافتن از طریق ایمان به عیسی یک ضرورت است. من نه تنها به این چیزها باور دارم، بلکه معتقدم که آنها حیاتی و بی‌چون‌وچرا هستند. من این حقایق را زمانی آموختم که مسیحی شدم، و سی سال بعد هنوز اعتقاد دارم که آنها حقیقت دارند.

بعدها کشف کردم که خبرهای خوش دیگری هم وجود دارد. در کتاب ***خدای خوب و زیبا*** در مورد اهمیت دانستن این مطلب که خدا ما را دوست دارد (فصل ۵)، خدا ما را می‌بخشاید (فصل ۷)، و در مسیح ما را به حیاتی تازه ارتقا می‌دهد (فصل ۸)، چیزهایی نوشتم. این حقایق مهم، زندگی مرا به‌طور ریشه‌ای تغییر دادند. ولی این را هم آموختم که چنین انجیلی، هنوز ناتمام است. به لطف عده‌ای از معلمان سرآمدم به این درک نایل شدم که آن انجیلی که عیسی موعظه می‌کرد؛ دربرگیرندهٔ چیزی بیش از محبت شدن، بخشوده شدن، و به مصالحه و هویتی تازه دست یافتن است. بیش از ده سال از عمر مسیحی‌ام گذشته بود و من هنوز نتوانسته بودم بفهمم که انجیل، شامل دعوت به شرکت در یک ماجرای بزرگ نیز می‌شود، که نامش «زندگی کردن در پادشاهی خدا» است.

به یقین آن جنبه‌های دیگر خبر خوش (یعنی محبت و بخشوده شدن و آشتی کردن) آن‌قدر کافی بوده‌اند که به من کمک کنند تا به یک پیرو رضایتمند مسیح تبدیل شوم. اما تنها پس از کشف «انجیل پادشاهیِ ملموس» بود که دورهٔ شاگردی من در مکتب مسیح، معنا یافتن آغاز کرد. چرا کشف این جنبهٔ مهم از انجیل برای من این همه طول کشید؟ خبر خوشِ ورود به آسمان پس از مرگ، بر خبر خوشِ دیگر که می‌گوید ما از همین حالا می‌توانیم وارد آسمان شویم، سایه افکنده بود. برداشتی که از عیسی می‌شود و از منابر (و از جمله سال‌ها منبر خودِ من) موعظه

می‌شود عمدتاً این است که او نجات‌دهنده یا معلم اخلاق است. بی‌تردید او هم نجات‌دهنده است و هم معلم اخلاق. اما ویژگی عیسی به‌عنوان عالم یهودی (رابی)، یعنی کسی که به ما می‌آموزد چگونه در پادشاهی خدا زندگی کنیم، همیشه از قلم می‌افتد.

روایت عیسی: برخوردار کردنِ کنونیِ ما از آسمان

در صفحات آینده عبارات بسیاری از عهدجدید را مورد بررسی قرار خواهیم داد تا ببینیم این جنبهٔ ازقلم‌افتاده از انجیل تا چه اندازه در آن شایع است. هدف من این است که بگذارم عیسی معلم ما و اولین راویِ روایت به ما باشد.

متانویا: [1] پادشاهی خدا همین جاست. عیسی پس از آنکه در بیابان وسوسه شد، آمادگی لازم را برای آغاز خدمت عمومی‌اش به‌دست آورد. عیسی مستقیماً پس از تعمید شروع به موعظهٔ این کلمات کرد:

«توبه کنید، زیرا پادشاهی آسمان نزدیک شده است!»
(متی ۱۷:۴)

احتمالاً این جمله سرفصل یک موعظه بوده است، یعنی چکیده‌ای از کل پیام و شاید برانگیزاننده‌ترین یا به‌یادماندنی‌ترین نکتهٔ آن موعظه. همچنین به این عبارت توجه کنید: «از آن زمان عیسی به موعظهٔ این پیام آغاز کرد.» این نشان می‌دهد که او بیش از یک‌بار این پیام را موعظه کرده است. این اعلام به احتمال زیاد هر دفعه در موعظات یا تعالیم او جای داشته است، چون ما هیچ شواهدی در دست نداریم که نشان دهد او چیز دیگری موعظه کرده باشد. واژهٔ اعلام‌کردن در روزگار عیسی معمولاً برای منادی یا جارچی به‌کار می‌رفت که خبر مخصوصی از جانب پادشاه آورده بود. متی به ما می‌گوید که عیسی، پادشاه پادشاهیِ آسمان، فرمانی تازه آورده است که حاوی خبر بسیار خوشی است.

---

1. Metanoia

خبر خوش عیسی در تک جمله‌ای خلاصه می‌شود: «توبه کنید، زیرا پادشاهی آسمان نزدیک شده است!» واژهٔ یونانی توبه "متانویا" است که معنای تحت‌اللفظی‌اش می‌شود: «تغییر عقیده دادن.» اکثر مردم فکر می‌کنند که *توبه* یعنی «بهتر شدن»؛ از این‌رو تصور می‌کنند که اعلام عیسی یک *تهدید* است. در صورتی که اعلام او یک دعوت است. پادشاهی خدا (یا پادشاهی آسمان) یعنی زندگیِ متأثر از رابطهٔ متقابل با خدا. عیسی در اصل می‌گوید: «طرز فکرتان را عوض کنید- از هم‌اکنون زندگی صمیمانه و متقابل با خدا در انتظار شماست.» مخاطبان عیسی نیک آگاه بودند که این یک دعوت مهربانانه است، پیشنهادی چنان خوب که هروقت عیسی تعلیم می‌داد، اغلب به‌سختی می‌توانست از ازدحام جمعیت بگریزد.

این اولین و تنها نکتهٔ واقعیِ موعظهٔ عیسی بود. و از آنجایی که طبق انجیل متی، عیسی در هر موعظه‌اش این اعلام را هم ضمیمه می‌کرد، من به این باور رسیده‌ام که پادشاهی خدا موضوع اصلی موعظات عیسی بوده است.

نه تنها موعظه، بلکه تعلیم. محتوای تعلیم عیسی چه بود؟ پادشاهی خدا. عیسی قبل از همه با مَثَل‌ها تعلیم می‌داد، و تقریباً همهٔ مَثَل‌های او دربارهٔ پادشاهی هستند.

> عیسی مَثَل دیگری نیز برای‌شان آورد: «پادشاهی آسمان همانند مردی است که در مزرعهٔ خود بذر خوب پاشید.» (متی ۱۳:۲۴)
>
> عیسی برای آنها مَثَلی دیگر آورد: «پادشاهی آسمان همچون دانهٔ خردلی است که کسی آن را گرفت و در مزرعه‌اش کاشت.» (متی ۱۳:۳۱)
>
> باز گفت: «پادشاهی خدا را به چه تشبیه کنم؟ همچون خمیرمایه‌ای است که زنی برگرفت و با سه کیسه آرد مخلوط کرد تا تمامی خمیر ورآمد.» (لوقا ۱۳:۲۰-۲۱)

مشکل بتوان یکی از تعالیم عیسی را یافت که مربوط به پادشاهی نباشد و به موضوع دیگری پرداخته باشد.

عیسی حتی پس از رستاخیزش هم به تعلیم دادنِ شاگردانش پیرامون پادشاهی خدا ادامه داد:

> او پس از رنج کشیدن، خویشتن را بر آنان ظاهر ساخت و با دلایل بسیار ثابت کرد که زنده شده است. پس به مدت چهل روز بر آنان ظاهر می‌شد و دربارهٔ پادشاهی خدا با ایشان سخن می‌گفت. (اعمال ۱:۳)

پس از مرور عبارات بالا از کلام خدا، چه مطلبی به ذهن‌تان خطور کرد؟

از قرار معلوم تغییری در پیام به‌وجود نیامده بود. از موعظهٔ آغازین او تا تعلیمی که پس از رستاخیزش بر دامنهٔ کوه به شاگردان داد، موضوع همان بود. عیسی دربارهٔ پادشاهی خدا موعظه می‌کرد و تعلیم می‌داد، و از پیروانش نیز انتظار داشت چنین کنند. در انجیل، عیسی بیش *از یکصد بار* در مورد پادشاهی خدا سخن می‌گوید. چطور ممکن است ما از این نکته غافل مانده باشیم؟

آنچه پیروان عیسی موعظه کردند و تعلیم دادند

زمانی که عیسی شاگردانش را برای موعظه کردن فرستاد، سفارش کرد که وعظشان دقیقاً مثل وعظ خودش باشد:

> عیسی این دوازده تن را فرستاد و به آنان فرمود: «... هنگامی که می‌روید، این پیام را موعظه کنید که پادشاهی آسمان نزدیک شده است. بیماران را شفا دهید، مردگان را زنده کنید، جذامی‌ها را پاک سازید، دیوها را بیرون کنید.» (متی ۱۰:۵-۸)

این درســت همان پیامی است که خود عیســی موعظه می‌کرد. این مطلب باید گویای نکته‌ای باشد.

پولس رسول چطور؟ آیا او در مورد پادشاهی خدا تعلیم می‌داد؟

> ســپس پولس به کنیسه رفته، در آنجا ســه ماه دلیرانه سخن می‌گفت و دربارهٔ پادشاهی خدا مباحثه می‌کرد و دلایل قاطع می‌آورد. (اعمال ۸:۱۹)
>
> بدین‌سان پولس دو سال تمام در خانهٔ اجاره‌ای خود اقامت داشــت و هرکه را نزدش می‌آمد، می‌پذیرفت. او پادشاهی خدا را اعلام می‌کرد و دلیرانه و بی‌پروا دربارهٔ عیسای مسیح خداوند تعلیم می‌داد. (اعمال ۲۸:۳۰-۳۱)

برای «دو سال تمام»- دو ســال آخری که پولس روی زمین زندگی می‌کرد- جز پادشاهی خدا به هیچ چیز دیگری موعظه ننمود.

پولس در نامه‌هایش چهارده بار عبارت «پادشاهی خدا» یا معادل آن را به‌کار برده است. برای نمونه:

> زیرا پادشاهی خدا خوردن و نوشیدن نیست، بلکه پارسایی، آرامش و شادی در روح‌القدس است. (رومیان ۱۷:۱۴)
>
> زیــرا ما را از قدرت تاریکی رهانیده و به پادشــاهی پســر عزیزش منتقل ســاخته اســت، که در او از رهایی، یعنی از آمرزش گناهان برخورداریم. (کولسیان ۱:۱۳-۱۴)

چرا ما غافلیم از این که پولس دربارهٔ پادشاهی خدا تعلیم می‌داد؟

پادشاهی چیزی نیست که فقط عیسی آن را موعظه کرده و تعلیم داده باشد؛ پیروانش هم آن را تعلیم دادند.

هر چند وقت یک‌بار در مورد پادشاهی خدا می‌شنوید؟

بعد از اینکه دریافتم پیام اصلی عیســی، شاگردانش و پولس رسول پادشـــاهی خدا بوده است، از خودم پرسیدم که چرا هیچ‌وقت پیش‌تر آن را نشــنیده بودم. فهمیدم که خودم تنها نیستم. دالاس ویلارد مطلب زیر را حکایت می‌کند:

> در همایش بشارت جهانی لوزان در سال ۱۹۷۴، مایکل گرین این پرســش بدیهی را مطرح نمود: «در اینجا چند بار دربارهٔ پادشـــاهی خدا مطلبی شنیده‌اید؟» خودش پاسخ داد: «خیلی کم. این اصلاً جزو واژگان ما نیســـت. در صورتی که دغدغهٔ اصلی عیســی بود.» ... پیتر واگنر می‌افزاید: «من حیرانم که چرا طی سی سالی که مسیحی بوده‌ام، چیز زیادی در این باره نشــنیده‌ام. قطعاً به اندازهٔ کافی در موردش در کتاب‌مقدس خوانده‌ام ... امــا بی‌پرده بگویم نمی‌توانم شــبانی را به یاد بیاورم که خدمتش واقعاً وقف به موعظه دربارهٔ پادشــاهی خدا شده باشد. حالا که مخزن موعظاتم را زیر و رو می‌کنم متوجه می‌شوم که خودم هم هرگز دربارهٔ آن موعظه نکرده‌ام. پس پادشاهی خدا کجا بوده؟»

من پس از خواندن مطالب بالا قدری تسلی پیدا کردم. مایکل گرین، متخصصی سرآمد در عرصهٔ بشارت، و پیتر واگنر، بنیانگذار جنبش رشد کلیسا[1] در وضعیتی مشابه من قرار داشتند.

مارتین لوید جونز[2] واعظ بزرگ بریتانیایی نیز متوجه همین اِشکال در کشور خودش شده است:

> به‌راستی جای بسی شگفتی است که در سال‌های پایانی سدهٔ بیســـتم، مردان و زنان بایســـتی هنوز در مورد ماهیت انجیل

---

1. Church Growth Movement; 2. Martyn Lloyd-Jones

دچار اشتباه شــوند؛ اشتباه در مورد بنیان آن، اشتباه در مورد پیام اصلی آن ... و با این همه، این دقیقاً همان وضعیتی است که ما در زمان کنونی با آن روبه‌رو هستیم.

با وجود این همه پژوهش‌های کتاب‌مقدســی که امروزه در دسترس ماســت، واقعاً برای من حیرت‌آور اســت که ما مطلــب چندانی دربارۀ پادشاهی خدا نشنیده‌ایم. اگر حقیقتاً این پیام محوری انجیل است، پس ما نباید در موردش دچار اشتباه شویم.

چرا اوضاع از این قرار اســت؟ من دریافته‌ام که یک روایت نادرست نیرومند، مردم را واداشته که به‌طور کامل پادشاهی خدا را نادیده بگیرند.

روایت نادرست: پادشاهی خدا موکول به آینده است

هیچ پژوهشــگر جدی کتاب‌مقدس نمی‌تواند منکر شود که عیسی پادشــاهی خدا را اعلام کرد. با وجود این، بسیاری از پژوهشگران چنین نتیجه می‌گیرند که عیســی دربارۀ دنیای کنونی ما سخن نمی‌گفت، بلکه از برهه‌ای از تاریخ که هنوز آغاز نشــده حرف می‌زد. پر واضح است که دنیای کنونی ما زیر اقتدار خدا اداره نمی‌شود.

برای مثال، جان برایت[1] پژوهشگر کتاب‌مقدس می‌گوید:

> کلیســای عهدجدید ... تا حدی که بتوان از پادشــاهی خدا به‌عنوان یک پدیدۀ حاضر ســخن گفــت، اطمینان می‌دهد که پیروزی بر همۀ نیروهای تاریکی اعصار کهن در مســیح انجام پذیرفته اســت. با این‌حال، در کمال تألم آگاه است که پادشــاهی به‌صورت تحقق‌نیافته به آینده‌ای موکول شده که باید با قدرت فرابرسد. کلیسای عهدجدید در تنش میان این دو، زندگی می‌کرد و انتظار می‌کشید.

---

1. John Bright

از آنجایی که عیسی فرمانروایی *کامل* بر همهٔ مردمان و حکومت‌ها برقرار ننموده، برایت و دیگران به این نتیجه رسیده‌اند که پادشاهی خدا «تحقق‌نیافته و موکول به آینده است.»

در حالی که «می‌توان از پادشاهی خدا به‌عنوان یک پدیدهٔ حاضر سخن گفت»، اما در عمل، اکثر استادان دانشکده‌های الاهیات ترجیح می‌دهند تأکید را بر جنبهٔ آتی پادشاهی خدا بگذارند، تا جایی که در مورد جنبهٔ کنونی پادشاهی خدا چیز زیادی تعلیم نمی‌دهند. با زدن برچسب واقعیتِ آخرت‌شناختی (زمان‌های آخر) فرارسیدنِ پادشاهی خدا به هنگام بازگشت عیسی، نقش و ارزش پادشاهی خدا برای زندگی کنونی ما نادیده گرفته می‌شود. این یکی از دلایل عمده‌ای است که به‌نظر می‌رسد پادشاهی خدا برای اکثریت مسیحیان گم شده است.

تردیدی وجود ندارد که پادشاهی خدا به‌طور کامل مستقر نشده است. هیچ ملت، هیچ دولت و هیچ‌کسی نیست که در تطابق کامل با پادشاهی خدا زندگی کند. قلب و زندگی خود من، نمونه‌ای از این واقعیت است. در زندگی من لحظاتی وجود دارد که برای داشتن زندگی مطیعانه در برابر خدا سخت می‌کوشم و حتی موفق هم می‌شوم و عملاً اصول پادشاهی خدا را به‌کار می‌بندم. اما لحظاتی هم هست که مثل خیلی‌های دیگر «پادشاهیِ خودم» را پیش می‌برم و نااطاعتی از تعالیم عیسی را انتخاب می‌کنم. از این‌رو است که هر روز دعا می‌کنم: «پادشاهی تو بیاید.»

اما این به هیچ وجه بدان معنا نیست که پادشاهی خدا هنوز فرانرسیده و یک واقعیت کنونی نیست، یا اینکه با عیسی آمد و با صعود او هم، زمین را ترک گفت. *پادشاهی خدا یک واقعیت کنونی است که در آینده به‌طور کامل تحقق خواهد یافت.* پادشاهی خدا الآن اینجا است و به همان اندازه واقعی است که در آینده خواهد بود. هرآنچه عیسی در مورد پادشاهی خدا گفت در زندگی ما هم مصداق دارد. آری، یک روز پادشاهی خدا قدرت خود را بر کل جهان اِعمال خواهد کرد، اما مقصودی که فعلاً برایش در نظر گرفته شده این است که قدرتش را بر من و شما اِعمال کند.

عیسی هرگز نگفت: «تعالیم پادشـــاهی من- به‌ویژه آن مَثَل‌ها- برای شما کاربرد ندارند. آنها به زمان آینده مربوط می‌شوند، یعنی زمانی که من با پیروزی بازگردم.» او در حالی که در مورد آمدن پادشـــاهی خدا با همهٔ پری‌اش تعلیم می‌داد، بیش از هر چیز با زمان حال دربارهٔ پادشاهی سخن می‌گفت. او نه تنها آن را تعلیم می‌داد، بلکه با قدرت آن را به‌کار می‌برد. و شـــاگردان عیسی هم تا کنون با قدرت پادشاهیِ خدا، جهان را نه فقط در سدهٔ اول بلکه در همهٔ سده‌ها تغییر داده‌اند.

تعابیر ضمنی این خبر خوش شامل چه چیزهایی می‌شود؟

انسان‌ها اغلب دوست دارند که به‌نوعی از نیروهای خاص برخوردار باشـــند. به همین علت اســـت که ما از اَبرقهرمانانی که می‌توانند از روی ساختمان‌ها بپرند، گلوله‌ها را متوقف سازند یا نامرئی بشوند، خوش‌مان می‌آید. عیســـی به ما می‌گوید به کســـانی که در اتحاد با او در پادشاهی خـــدا زندگی می‌کنند، نیروی عظیمی داده می‌شـــود- نیـــرو برای انجام کارهای نیکو. این نیرو در زندگی و خدمت خود عیســـی مشـــهود بود: «عیسی در همهٔ شهرها و روستاها گشته، در کنیسه‌های آنها تعلیم می‌داد و بشارت پادشاهی را اعلام می‌کرد و هر درد و بیماری را شفا می‌بخشید.» (متی ۹:۳۵)

بـــه ارتباط موجود در این آیه توجه کنید: او بشـــارت پادشـــاهی را اعلام می‌کرد و ســـپس با شـــفا دادن مردم، قدرت پادشاهی را به نمایش می‌گذاشـــت. وقتی او دیوها را بیرون می‌کرد، بـــاز هم کارش به نمایش گذاشـــتن قدرت پادشـــاهی خدا بود: «و اما اگر من به‌واسطهٔ روح خدا دیوها را بیرون می‌کنم، یقین بدانید که پادشاهی خدا به شما رسیده است» (متی ۱۲:۲۸). پادشـــاهی آنجا حاضر و در دســـترس بود و عیسی هم از طریق اعمال مافوق طبیعی‌اش آنها را به نمایش می‌گذاشت.

بـــرای اینکه مبادا خوانندگان تصور کنند قدرت پادشـــاهی خدا تنها برای عیسی قابل دســـترس بود، لوقا ۱۰:۱۷-۱۸ نشان می‌دهد که عیسی از شـــاگردانش هم انتظار داشـــت در حین کار و خدمت‌شان به قدرت

پادشـــاهی خدا مجهز باشند: «آن هفتاد تن با شـــادی بازگشتند و گفتند: ”سرور ما، حتی دیوها هم به نام تو از ما اطاعت می‌کنند.“ به ایشان فرمود: ”شیطان را دیدم که همچون برق از آسمان فرومی‌افتاد.“»

پادشاهی خدا بزرگترین قدرت در جهان هستی را به نمایش می‌گذارد. بیماری و توفان را می‌توان با قدرت پادشـــاهی خدا مهار کرد. دیوها تنها مطیع یک کلمه هستند که از پادشاهی خدا صادر شده باشد. پولس خیلی روشـــن همین مطلب را بیان کرد: «پادشاهی خدا به حرف نیست، بلکه در قدرت است» (اول قرنتیان ۴:۲۰). بنابراین، وقتی عیسی از ما دعوت می‌کند با او باشیم تا شبیه او شـــویم، فرض را بر این می‌گذارد که ما نیز همان قدرت و اقتداری را تجربه خواهیم کرد که خودِ او داشت.

چگونه ما وارد پادشاهی خدا می‌شویم؟

عیســـی در سه جا به ما می‌گوید که برای وارد شدن به پادشاهی خدا باید چه کاری انجام بدهیم:

> زیرا به شـــما می‌گویم، تا پارســـایی شـــما برتر از پارسایی فریســـیان و علمای دین نباشد، هرگز به پادشاهی آسمان راه نخواهید یافت. (متی ۵:۲۰)
>
> آمین، به شما می‌گویم، هرکه پادشاهی خدا را همچون کودکی نپذیرد، هرگز بدان راه نخواهد یافت. (مرقس ۱۰:۱۵)
>
> آمین، آمین، به تو می‌گویم تا کسی از آب و روح زاده نشود، نمی‌تواند به پادشاهی خدا راه یابد. (یوحنا ۳:۵)

نخستین شرط برای راه یافتن به پادشاهی خدا هولناک به‌نظر می‌رسد: باید پارســـایی ما از پارسایی فریســـیان و علمای دین، که مردمانی بسیار پارسا و به‌خاطر پرهیزکاری‌شان بســـیار مورد احترام بودند، برتر باشد. چگونه پارسایی من از پارسایی چنین افرادی برتر می‌شود؟

عیسی، فریسیان و علمای دین را به‌خاطر پارسایی ظاهری‌شان خیلی مورد انتقاد قرار می‌داد. آنها به اعمال ظاهری (نظیر شســـتن دســـت‌ها،

رعایت قوانین شبات) اهمیت زیادی می‌دادند و به وضعیت درونی دل‌شان توجهی نمی‌کردند. پارسایی‌ای که ما برای راه یافتن به پادشاهی خدا بدان نیازمندیم عبارت است از فروتنی، پاکی دل و تمایل به کار کردن روی مهمترین جنبه‌های روح‌مان مانند صداقت، ملایمت، احترام و رحمت.

فریسیان، ظواهر زندگی را حفظ می‌کردد و آن قسمت‌هایی را که مردم می‌توانستند ببینند پاک و تمیز نگاه می‌داشتند، اما زندگی درونی آنها کثیف و آلوده بود (متی ۲۳:۲۵-۲۶). برای وارد شدن به پادشاهی خدا، ما باید روی زندگی باطنیِ خود کار کنیم. در اصل، هدف کتاب حاضر نیز همین است. در فصل‌های آینده به موضوعاتی نظیر خشم، شهوت، دروغ‌گویی و داوری کردن دیگران خواهیم پرداخت. به منظور راه یافتن به پادشاهی خدا ما باید در زندگی خود به این موضوعات بپردازیم. وقتی این کار را کردیم، آنگاه پارسایی‌مان از پارساییِ فریسیان برتر فراتر می‌رود.

دومین شرط لازم برای ورود به پادشاهی خدا این است که مثل کودکان بشویم. عیسی شیفتهٔ رفتار و شخصیت کودکان بود. او ضمن اشاره به کودکی که در جمع حاضران بود، به کنایه گفت: «هرکه خود را همچون این کودک فروتن سازد، در پادشاهی آسمان بزرگتر خواهد بود» (متی ۱۸:۴). کودکان بی‌گناهند، اعتماد می‌کنند و خودآگاهی اندکی دارند. آنان به‌طور طبیعی، دیگران را مورد داوری قرار نمی‌دهند یا به مردم نفرت نمی‌ورزند. این‌گونه رفتارها، آموختنی است. کودکان به‌طور طبیعی محبت را جلب می‌کنند. البته، کودکان به غیر از بی‌گناهی، محبت و اعتماد ویژگی‌های دیگری هم دارند؛ آنها می‌توانند تنگ‌نظر و خودخواه و ترسو هم باشند. اما کودکان در خود *نیازی به اِعمال سلطه نمی‌بینند*. آنها از اقتدار و قدرت بسیار ناچیزی برخوردارند و هر روزشان را با وابستگی و توکل سپری می‌کنند و هر چیز را همچون هدیه دریافت می‌نمایند. فکر کنم این همان چیزی است که عیسی از آن طرفداری می‌کند.

شبیه کودکان بودن، نه ما را نجات می‌دهد و نه به خودی خود شایستگی به‌شمار می‌رود. شخص می‌تواند خیلی هم شبیه بچه‌ها باشد و در عین‌حال از پادشاهی خدا بسیار دور باشد. عیسی به ما می‌گوید که برای راه یافتن به پادشاهی خدا لازم است سرشت اعتماد کردن کودکان را به خود بگیریم تا بدین‌وسیله بتوانیم پری پادشاهی خدا را تجربه نماییم. اگر به حفظ قدرت و تسلط خودمان اصرار بورزیم، نمی‌توانیم وارد پادشاهی خدا بشویم. پادشاهی خدا مستلزم اطاعت است.

پیش‌نیاز سوم برای راه یافتن به پادشاهی خدا آن است که «از آب و روح زاده شویم.» این عبارت اشاره‌ای به تعمید آب نیست. «زاده شدن از آب» سابقاً برای توصیف تولد به‌کار می‌رفت، چونکه نوزادان پیش از تولد در آب رَحِم مادر خود زندگی می‌کنند. هر انسان زنده‌ای از آب زاده شده است. «زاده شدن از روح» گویای تولدی ثانی است، که نیقودیموس را به سردرگمی واداشت و باعث شد از عیسی بپرسد که چطور ممکن است کسی دوباره متولد شود (یوحنا ۳:۹). عیسی توضیح می‌دهد: «آنچه از بشرِ خاکی زاده شود، بشری است؛ اما آنچه از روح زاده شود، روحانی است.» (یوحنا ۳:۶)

زمانی که من پا به این دنیا گذاشتم، «با جسم بشری» و «از آب» زاده شدم. اما وقتی زندگی‌ام را تسلیم عیسی کردم، «از روح زاده شدم.» چگونه چنین اتفاقی می‌افتد؟ زمانی روح‌القدس مرا به‌سوی عیسی رهبری فرمود و وقتی من از کنترل کردنِ زندگی‌ام چشم پوشیدم، آنگاه روح‌القدس کل وجود مرا با زندگی تازه و ظرفیت‌هایی تازه برانگیخت. محبت من نسبت به خدا و توانایی‌ام برای درک کتاب‌مقدس افزایش یافت. چند سال بعد، با آب تعمید گرفتم؛ آیین مقدسی که نماد همان تولد تازه است.

اما همهٔ مردم این‌گونه وارد پادشاهی خدا نمی‌شوند. در واقع، اکثر مسیحیان در کلیسا بزرگ می‌شوند و از وقتی که یادشان می‌آید پیرو مسیح بوده‌اند؛ آنها نمی‌توانند به لحظه‌ای که دوباره متولد شدند، اشاره کنند. شاید بعضی‌ها احساس کنند که تجربه‌شان چندان چشمگیر نبوده، اما در واقعیت بهتر آن است که انسان کل زندگی‌اش را با عیسی راه برود.

به هر روی، مسیحی زندگی کردن یعنی یادگیری چگونه هدایت شدن توسط روح‌القدس: «زیرا آنان که از روح خدا هدایت می‌شوند، پسران خدایند.» (رومیان ۱۴:۸)

اما این هدایت شدن چگونه است؟ عیسی می‌گوید: «باد هر کجا که بخواهد می‌وزد؛ صدای آن را می‌شنوی، اما نمی‌دانی از کجا می‌آید و به کجا می‌رود. چنین است هر کس نیز که از روح زاده شود» (یوحنا ۸:۳). در زبان یونانی برای *باد* و *روح* یک واژه به‌کار می‌رود. عیسی می‌گوید آنانی که با روح‌القدس هدایت می‌شوند، زیر مجموعه‌ای از قوانین و مقررات قرار ندارند. کسی در درون‌شان ساکن است که بسیار بزرگتر از مجموعه مقررات است. ما به منظور راه یافتن به پادشاهی خدا باید زندگی خود را تسلیم هدایت روح‌القدس کنیم.

قلب انجیل

پیام اولیهٔ عیسی ملموس بودن، حضور و قدرت پادشاهی خدا است، و همین پیام تعلیم مرکزی عهدجدید را تشکیل می‌دهد. قدرت کلیسا متکی به پادشاهی خدا است. خبر خوش این است که ما به این زندگی با خدا فراخوانده شده‌ایم. ما از طریق تسلیم، فروتنی، توکل و میل قلبی برای کار کردن روی دل‌مان، به‌منظور تبدیل شدن به شخص مورد نظر خدا، می‌توانیم به پادشاهی خدا راه پیدا کنیم. خدا در حال به‌وجود آوردن جماعتی فراگیر از اشخاصی است که دل‌ها و شخصیت‌شان را عیسی شکل داده است. این تنها می‌تواند در پادشاهی خدا به‌وقوع پیوندد. خوشبختانه، همهٔ ما صرف‌نظر از گذشته‌مان، دعوت داریم.

پس از خواندن این فصل، احساس‌تان را در مورد این دیدگاه تازه نسبت به پادشاهی خدا توصیف کنید.

پرورش روح

بازی

بازی، تجربه‌ای روحانی است که می‌تواند به ما در مورد زندگی کردن در پادشاهی خدا تعلیم دهد. خیلی‌ها فکر می‌کنند که بازی کردن عملی بچگانه است و کاری روحانی هم به حساب نمی‌آید. در واقع، بازی خیلی هم جدی است. طبق تعریف، بازی مستلزم غیرمترقبه بودن است. ما هیچ نمی‌دانیم توپی که زمین می‌خورد چطور بالا می‌جهد یا دوست‌مان نسبت به دنیای ساختگی ما چه واکنشی نشان می‌دهد. هرچه نیز تلاش کنیم، باز هم بازی را نمی‌توان کنترل کرد. تیم‌های ورزشی سعی می‌کنند بازی را زیر کنترل خود بگیرند، اما این کار غیرممکن است. هر «بازی»ای که در خلال یک دور رقابت اتفاق می‌افتد، روش‌های غیرمنتظره‌ای برای خود دارد. همین است که بازی را این‌قدر سرگرم‌کننده می‌کند.

خودجوشی یکی از مزایای روحانی بازی است. ما یاد می‌گیریم که بگذاریم هر اتفاقی می‌خواهد بیفتد. ما از مراقبت می‌کاهیم، به خودمان اجازه می‌دهیم که آسیب‌پذیر شویم و درها را به روی آنچه قرار است اتفاق بیفتد بازمی‌کنیم. زمانی به گروهی بیست نفره از دانشجویان کالج،

شکل‌گیری روحانی را آموزش می‌دادم. یک روز به آنها گفتم که به‌جای نشستن سر کلاس، می‌خواهیم برویم بیرون و فریزبیِ تیمی¹ بازی کنیم. البته که آنها عاشق این بازی بودند. طی یک ساعتی که سرگرم بازی بودیم، خیلی اتفاق‌ها افتاد که اصلاً انتظارشان را نداشتیم. من پایم را توی یک گودال بزرگ پر از گل فرو کردم. یکی از دختران خجالتی کلاس به بازیکنی فوق‌العاده تبدیل شد. بهترین لحظه زمانی بود که سگی به وسط زمین دوید و فریزبی را برداشت و برد.

ما بازی می‌کنیم چون خدای ما نیکو است. فیض، برای ما کافی است. خدا از ما می‌خواهد که سرشار از شادمانی باشیم و بازی، راهی است برای تجربه کردن نیکویی خدا و غنای زندگی. اما خیلی از بزرگسالان توانایی خود را برای بازی کردن از دست داده‌اند. جایی طی سفر، زندگی چهره‌ای جدی‌تر به خود می‌گیرد: ازدواج، کار و فرزندان، و ما درمی‌یابیم که دیگر به‌ندرت پیش می‌آید که بازی کنیم. یک‌بار در استراحتگاهی، از سی شبان پرسیدم که برای تفریح و بازی چه کاری انجام می‌دهند. در کمال شگفتی متوجه شدم که هیچ‌کدام اصلاً بازی نمی‌کنند! یکی گفت که دوست دارد در باغچه‌اش کار کند و بعید می‌داند که بتوان نام این کار را بازی کردن گذاشت. به او گفتم که اگر کار کردن در باغچه روحش را پرورش می‌دهد، پس به بازی خیلی نزدیک شده است.

از چه طرقی می‌توانیم خودمان را درگیر یک بازی کنیم؟ من دریافته‌ام که فهرست زیر می‌تواند خیلی مفید باشد. شاید شما بخواهید یکی یا دو تا از آنها را برای این هفته انتخاب کنید.

۱) اگر بچه (یا خواهرزاده، برادرزاده، یا نوه) دارید، با آنها بازی کنید! هر کاری که آنها می‌کنند، شما هم بکنید (بازی روی تخته، لی‌لی، یا حتی بازی‌های ویدیویی). با آنها روی زمین دراز بکشید و کشتی بگیرید!

---

1. Ultimate Frisbee

۲) اگر زمانی ورزش به‌خصوصی (تنیـس، راکت بال، گلف) می‌کرده‌ایـد، اما مدتی اسـت دیگر بازی نکرده‌ایـد، بروید و وسایل خاک‌خورده را از انبار بیرون بکشید و کسی را هم برای بازی کردن پیدا کنید.

۳) اگر یک سـرگرمی دلخواه دارید (مثلاً کلکسـیون درست کردن، نقاشی، سفال‌گری، باغبانی)، با حس بازی و شگفتی آن را انجـام بدهید، نه به‌صورت کار یا تکلیفی که باید به انجامش برسانید.

۴) خود را درگیر انضباط شـگفتی کنیـد: در مورد چیزی که شـناختی درباره‌اش ندارید، کتابی بخوانید، یـا به چیزهای پیرامون‌تان توجه نشان دهید.

۵) بـه مرکز تفریحی-ورزشـی محـل خودتـان بروید و در کلاسـی نام‌نویسـی کنید: سـفال‌گری، رقص، هنر، بسکتبال تفریحی و غیررسمی.

۶) یک فیلم خنده‌دار ببینیـد، ذرت بو بدهید و آن‌قدر بخندید تا پهلوهاتان درد بگیرد. خنده هدیهٔ بسیار ویژه‌ای از جانب خدا است.

این تمرین چه ارتباطی با پادشاهی خدا دارد؟

عیسی به ما فرمود که باید همچون کودک وارد پادشاهی خدا شویم، با اعتماد، با توقعی شادمانه و با سطح پایینی از خود-آگاهی. بازی، عملی است که ما طی آن خودمان را رها می‌کنیم: دست از جدی گرفتن خودمان برمی‌داریم و فقط از زندگی لذت می‌بریم. به‌عبارتی، پادشاهی خدا مثل زمین بازی اسـت. در محدودهٔ زمین بازی همه چیز امن اسـت، والدین قابل اعتماد مراقب فرزندان‌شـان هستند، کودکان آزادند تا سر بخورند و بچرخند، بالا و پاییـن بپرند و از هر لحظه لذت ببرند. از آنجایی که پدر آسـمانی مراقب ماسـت، ما هم آزادیم تا از قالب خودمان بیرون بیاییم

و بازی کنیم. وقتی بازی می‌کنیم، زیستن با هیجان واقعی را به تن و روان‌مان آموزش می‌دهیم. این دقیقاً همان چیزی است که در پادشاهی خدا وجود دارد.

فصل سوم

دعوت بزرگ

حدود پانزده سال پیش کوین[1] را در کلیسای کوچکی که عضوش بودم، ملاقات کردم. یک روز شبان‌مان از کوین- که در آن زمان در آستانهٔ سی‌سالگی قرار داشت- خواست که پیش بیاید و شهادت زندگی خود را بدهد. تنها اشکالی که وجود داشت این بود که کوین نمی‌توانست حرف بزند؛ او فقط می‌توانست با دهانش صداهایی تولید کند. او با سندرم داون به دنیا آمده بود و یک عالمه ناراحتی فیزیکی دیگر هم داشت، از جمله سقف دهانیِ ترمیم‌شده. در نتیجه، خرناس و غرشی از دهانش بیرون می‌آمد که تنها مادرش می‌توانست آنها را به‌طور کامل بفهمد.

از این‌رو شبان مجبور بود از طرف کوین سخن بگوید، و از او پرسش‌هایی بکند که پاسخ‌شان آری یا نه بود، تا او هم با صدایی یا تکان دادنِ سر جواب بدهد، و در مواقعی هم لبخند بزند که معنایش ورای کلمات بود.

«خوب کوین، پس تو تازه از المپیک معلولان برگشته بودی، همان جایی که موفق شدی یک مدال هم ببری. خوش گذشت، نه؟»

1. Kevin

کوین با حالتی هیجانی سـر تـکان داد و در حالی که مدالش را بالا نگه داشـته بود، لبخند زد. بعد شبان رو به جماعت کرد و توضیح داد که چطور کوین آن روز می‌توانسـت مدال‌های بیشتری هم کسب کند، اما در هر مسابقه ایسـتاده بود تا به دوندگانی که زمین می‌خوردند یا عقب می‌ماندند، کمک کند.

شبان پرسید: «درست نمی‌گویم، کوین؟»

باز کوین به نشانه تأیید سـر تکان داد، اما این بار با نوعی خجلت و فروتنی.

سپس شبان گفت: «کوین، تو شادترین کسی هستی که من می‌شناسم. تو این شادی زندگی‌ات را از چه کسی می‌دانی؟»

کوین به بالا اشاره کرد.

شبان پرسید: «خدا؟»

کوین سرش را به علامت پاسخ مثبت، چند بار تکان داد، بعد دستش را بلند کرد انگار که می‌خواهد حرف شـبان را تصحیح کند، یا چیزی به گفته‌های او بیفزاید.

شبان پرسید: «چیز دیگری هم هسـت که بخواهی بگویی؟». کوین غرشی کرد، گویی می‌خواست بگوید: آری. «خوب، بگو.»

آن‌وقت کوین دسـتانش را از هم باز کرد، گویی او عیسی بر صلیب است.

«آیا منظورت عیسی است، و مرگش به‌خاطر تو؟»

کوین نه تنها برای تصدیق سر تکان داد، بلکه با هیجان زیاد شروع به غریدن و بالا و پایین پریدن کرد. او از زبان اشاره بهره گرفت تا بگوید که عیسی همهٔ ما را دوسـت دارد، و اینکه او، یعنی کوین، هم ما را دوست دارد. او شبان را محکم در آغوش کشید، و اکثر ما که روی نیمکت نشسته بودیم، اگر گریه نمی‌کردیم، دسـتِ‌کم چشمان‌مان از اشک تر شده بود. این بهترین شـهادتی بود که تا کنون شـنیده‌ام. و در همان لحظه بود که برای اولین بار فهمیدم که «خوشا به حال‌ها» از چه سخن می‌گویند.

روایت نادرست: «خوشا به حال‌ها» دستورالعمل‌هایی برای برکت یافتن هستند

وقتی مشغول تحصیل در دانشکدهٔ الاهیات بودم، با شور و اشتیاق فراوان شروع به مطالعهٔ خوشا به حال‌های سرآغاز موعظهٔ بالای کوه کردم.

چون عیسی آن جماعت‌ها را دید، به کوهی برآمد و بنشست. آنگاه شاگردانش نزد او آمدند و او به تعلیم دادنشان آغاز کرد و گفت:
خوشا به‌حال فقیران در روح، زیرا پادشاهی آسمان از آنِ ایشان است.
خوشا به‌حال ماتمیان، زیرا آنان تسلی خواهند یافت.
خوشا به‌حال نرم‌خویان، زیرا آنان زمین را به میراث خواهند برد.
خوشا به‌حال گرسنگان و تشنگان عدالت، زیرا آنان سیر خواهند شد.
خوشا به‌حال رحیمان، زیرا بر آنان رحم خواهد شد.
خوشا به‌حال پاکدلان، زیرا آنان خدا را خواهند دید.
خوشا به‌حال صلح‌جویان، زیرا آنان فرزندان خدا خوانده خواهند شد.
خوشا به‌حال آنان که در راه پارسایی آزار می‌بینند، زیرا پادشاهی آسمان از آنِ ایشان است.
خوشا به‌حال شما، آنگاه که مردم به‌خاطر من، شما را دشنام دهند و آزار رسانند و هر سخن بدی به دروغ علیه‌تان بگویند. خوش باشید و شادی کنید زیرا پاداش‌تان در آسمان عظیم است. چرا که همین‌گونه پیامبرانی را که پیش از شما بودند، آزار رسانیدند. (متی ۵:۱-۱۲)

عیسی فرمود که «فقیران در روح»، «ماتمیان»، «نرم‌خویان»، و «کسانی که آزار می‌بینند» مبارکند. از آنجایی که روایت آشنای من می‌گفت که ما باید نظر لطف خدا را از طریق اعمال‌مان (شریعت‌گرایی) جلب کنیم، طبیعتاً گمان می‌کردم که این فهرست دستورالعملی است که نشان می‌دهد چگونه می‌توانم خدا را از خودم خشنود سازم. از ظاهر امر چنین برمی‌آمد که عیسی تعلیم می‌دهد که آنانی که این طرز تلقی درونی (نرم‌خویی) و رفتار بیرونی (رغبت به آزار دیدن) را دارند، حقیقی‌ترین ایمانداران هستند. در حالی که روی «خوشا به حال‌ها» متمرکز شده بودم و هر روز روی یکی از آنها مطالعه می‌کردم، این اعتقاد در من به‌وجود آمد که آنانی که «خوشا به حال‌ها» را در زندگی به‌کار می‌برند، تکاوران ارتش مسیح‌اند، یعنی گروهی اندک اما زبده و برگزیده که یک سر و گردن از بقیه برتر و بالاترند.

این فقط به تفسیر شخص من خلاصه نمی‌شد. بعدها دریافتم که این روایت، رایج‌ترین روایت در مورد «خوشا به حال‌ها» است. چند سال پیش از آن پای موعظات شبانی نشسته بودم که در مورد «خوشا به حال‌ها» مجموعه وعظ‌هایی ایراد می‌کرد و هر هفته ما را تشویق می‌نمود که سعی کنیم فقیر در روح و نرم‌خو باشیم و برای عیسی بایستیم، و اگر همه چیز خوب پیش رفت، آزار و جفا را هم تجربه کنیم. آن‌وقت می‌توانستیم اطمینان حاصل کنیم که برکت یافته‌ایم. این روایت می‌گوید که «خوشا به حال‌ها» دستورالعمل‌هایی برای برک یافتن یا وسایلی برای کسب سلامت روحانی هستند.

مشکل اینجا است که این تفسیر اشتباه است. و البته زمانی که ما یک عبارت مهم نظیر این را غلط تفسیر می‌کنیم، چندین مشکل دیگر هم پدیدار می‌شود. از اینها که بگذریم، «خوشا به حال‌ها» بخش *آغازین بزرگترین موعظه‌ای است که توسط بزرگترین انسان تاریخ، ایراد شده است*. اگر کارمان را از مسیری اشتباه آغاز کنیم، بی‌گمان اشتباهات بسیار دیگری هم به دنبالش خواهد آمد. پیش از آنکه به درک درستی از «خوشا به حال‌ها» برسیم، می‌خواهم زمینهٔ متن تعلیم عیسی را برای‌تان شرح

دهم. اگر نتوانیم زمینه را تشخیص بدهیم، در تفسیر درست «خوشا به حال‌ها» هم شکست خواهیم خورد.

موضوع اصلی تعلیم عیسی پادشاهی خدا است. زمانی که عیسی پا بر صحنه گذاشت، همگان سردرگم بودند که خدا چه زمانی پادشاهی اسرائیل را از نو احیا خواهد کرد. پادشاهی از آن کسی می‌بود که واجد پنج شرط باشد. وقتی این پنج معیار را از نظر بگذرانیم، آسان‌تر می‌توانیم منظور عیسی را از بیان «خوشا به حال‌ها» بفهمیم. همچنین بهتر درمی‌یابیم که سخنان او در عده‌ای از مخاطبانش چه تلاطمی به‌وجود آورد و در عده‌ای دیگر چه شور و هیجانی به پا کرد.

پنج شرط لازم برای پادشاهی خدا

۱) روایت غالب در نزد رهبران دینی یهود این بود که خدا قوم اسرائیل را برگزیده بود و تصمیم نداشت غیریهودیان را به پادشاهی خود دعوت کند. تنها یهودیان اجازهٔ تعامل با خدا را داشتند.

۲) دریافت‌کنندگان پادشاهی خدا تنها مردان بودند. در روزگار عیسی زنان طبقهٔ دوم، و حتی بدتر، جزو اموال به‌شمار می‌آمدند. بعضی از رابی‌ها حتی می‌گفتند که روح زنان با روح مردان از یک جنس نیست.

۳) دریافت‌کنندگان برحقِ پادشاهی کسانی هستند که وفادارانه شریعت را رعایت می‌کنند- یعنی افراد مقدس و به‌لحاظ آیینی پاک. کسانی که گوشت کوشر[1] نمی‌خوردند یا شبات را نگاه نمی‌داشتند نمی‌توانستند به پادشاهی خدا دست بیابند. امکان راهیابی به پادشاهی برای کسانی که گناهکار شناخته می‌شدند (مثلاً فاحشه، زانی، یا خراجگیر) از این هم کمتر بود.

۴) کسانی می‌توانستند به پادشاهی وارد شوند که از لحاظ جسمانی سالم و بی‌نقص باشند. بیماری یکی از نشانه‌های گناه

---

۱. Kosher- گوشت حیوان ذبح‌شده مطابق موازین شریعت موسی. م.

و لعنت از جانب خدا به‌شمار می‌رفت. پادشاهی جای بیماران، کوران یا لنگان نبود.
۵) فقیران را خدا به حال خود رها کرده بود. از این‌رو پادشاهی خدا تنها از آنِ ثروتمندان بود. حتی با وجودی که ثروتمندان می‌توانستند با دادن صدقه و خیرات به فقیران برکت بیابند، اما فقیران در لیست میهمانان پادشاهی جایی نداشتند.

آنانی که به پادشاهی خدا راه پیدا می‌کردند، یک کلوپ انحصاری تشکیل می‌دادند: اعضای کلوپ، یهودی، مرد، از لحاظ دینی درستکار، تندرست و ثروتمند بودند. اما خدمت عیسی در تضاد با این روایت قرار داشت. عیسی فقیران را برکت داد، مبروصان را لمس کرده شفا بخشید، و گناهان غیریهودیان (حتی زنان غیریهودی) و حتی زنان بدنام و گناهکار را آمرزید!

رهبران دینی بهت‌زده بودند. عیسی با نشست و برخاست با گناهکاران شناخته شده و غیریهودیان در واقع به آنها اعلام می‌کرد که: «شما هم دعوت دارید.» به قول ال. گریگوری جونز[1] که می‌گوید: «از آنجا که ناپاکان (به‌لحاظ آیینی) سر سفرهٔ عیسی می‌نشستند، به‌طور ضمنی به مشارکت با خدا نیز دعوت داشتند.» فریسیان لب به غرولند گشودند و عیسی را به‌خاطر این کار به باد انتقاد گرفتند و عیسی هم با این سخن کوتاهِ ارزشمند بدیشان پاسخ داد: «آمین، به شما می‌گویم، خراجگیران و فاحشه‌ها پیش از شما به پادشاهی خدا راه می‌یابند.» (متی ۳۱:۲۱)

عیسی چگونه می‌توانست چنین حرفی بزند؟ بدین‌سبب که او پادشاهیِ خدا است. او تبلور زنده، ملموس و قابل رؤیت، و تجسم واقعی زندگی و پادشاهیِ خدا است. وقتی او مردم را لمس می‌کند یا با آنها همسفره می‌شود، در واقع، آنان با پادشاهی خدا ارتباط برقرار کرده‌اند. متی، خراجگیر سابق، و مریم، فاحشهٔ پیشین، در حلقهٔ نزدیکان او قرار دارند. آنها پیش از فریسیان وارد پادشاهی خدا شده‌اند.

1. L. Gregory Jones

روایت عیسی: «خوشا به حال‌ها» فراخوانی برای ملحق شدن هستند

کوفتگان، گناهکاران و ژنده‌پوشـــان اسرائیل گرد عیسی جمع شدند. آنها برای دیدن او بام‌ها را می‌شـــکافتند، از درختـــان بالا می‌رفتند و در جماعت‌های بزرگ ازدحام می‌کردند. ایشان می‌دانستند که او گنجینه‌ای عظیم تقدیم‌شـــان کرده و آن را به رایگان به همه بخشـــیده است. عیسی در جلیل می‌گشـــت و به همه می‌گفت که صرف‌نظر از موقعیت و اعمال و جنســـیت و قومیت‌شـــان، خدا دوست‌شـــان دارد و می‌خواهد با آنان مشارکت داشته باشد و برکت‌شان دهد. او فقط حرف‌های خوب نمی‌زد؛ مردم را شـــفا هم می‌داد. او یک آدم عادی نبود؛ خدا با او بود- و او به ما اعلام کرد که می‌توانیم به خدا دسترسی داشته باشیم! آنهایی که در لیست میهمانان نبودند، اکنون به پادشاهی خدا دعوت شده‌اند.

در مورد زمانی فکر کنید که شما را به گروهی راه ندادند. این کار چه احساسی در شما برانگیخت؟

حالا ما بهتر می‌توانیم بفهمیم که عیســـی در «خوشـــا به حال‌ها» چه می‌گوید. «خوشا به حال‌ها» به‌جای ارائهٔ مجموعه فضایل جدیدی که فقیران و ثروتمندان مذهبی را بیشـــتر از هم جدا می‌کنند، *برای به‌حاشیه‌راندگان، کلماتی امیدبخش و التیام‌دهنده به حســـاب می‌آیند.* من می‌کوشم توضیح بدهم که «خوشـــا به حال‌ها» برای آنانی که بر دامنهٔ تپه نشسته بودند و به سخنان این رابی بحث‌برانگیز گوش می‌دادند، چه معنایی داشته است.

خوشـــا به حال. هر «خوشـــا به حال» با این عبارت آغاز می‌شود. در برخی ترجمه‌ها آمده: «فرخنده کســـانی کـــه...». هیچ‌یک از اینها معادل درســـتی برای واژهٔ یونانی به‌کار رفته در اینجا، یعنی *ماکاریوس*[1] نیستند. ماکاریوس یعنی چیزی شـــبیه «حسابی پولدار» یا «آنهایی که همه چیز بر

1. Makarios

وفق مرادشـــان است». عبارت «خوشا به حال» امروزه برای بسیاری از ما یک اصطلاح مذهبی و در ارتباط با پرهیزکاری اســـت. *"خوش بودن"* به وضعیتی موقتی بر اساس امور بیرونی دلالت می‌کند؛ این حالتی سطحی و ظاهری است. امروزه بهترین ترجمه برای *ماکاریوس*، شاید «ثروتمند» باشـــد. ترجمهٔ «فقیران در روح حسابی ثروتمند هستند، زیرا ...» شوک این عبارت را بیشتر می‌کند.

شنوندگان عیسی با *ماکاریوس*‌های دیگری هم آشنا بودند. در یکی از کتاب‌هایی که در دورهٔ مابین عهد عتیق و عهد جدید نوشته شده، چنین آمده:

> خوشا به حال مردی که با زنی فهمیده زندگی می‌کند ...
> خوشا به حال مردی که با زبان مرتکب گناه نمی‌شود ...
> خوشـــا به حال مردی که چونان فردی پست خدمت نکرده است ...
> خوشـــا به حـــال مـــردی کـــه دوســـتی پیـــدا می‌کنـــد. (سیراخ ۲۵:۷-۱۱؛ ترجمه از خود نگارنده است)

همهٔ این شـــرایط مطلوب هستند. خوب اســـت که انسان همسری فهمیده داشته باشد و پست نباشد. این خوشا به حال‌ها قابل فهم هستند، و ما را دچار شوک نمی‌کنند.

همین امر در مـــورد تعلیم رابی‌ها صدق می‌کند که می‌گوید آنانی که ماتم گرفته‌اند، در آخرت تسلی خواهند یافت. هرچه بیشتر در این جهان رنج بکشـــیم، در جهان آخرت کمتر رنج خواهیم کشید. یک رابی ممکن اســـت به شخص ماتمزده بگوید: «آرام باش، چون می‌توانی پس از مرگ چشم‌انتظار زندگی بهتری باشـــی.» این هم قابل فهم است. در این گفته عدالت نهفته است: روزی تو پاداش خود را دریافت خواهی کرد. باز هم این تعلیم تعجب‌انگیز نیست.

اما عیســـی ما را متحیّر می‌کند. «خوشـــا به حال‌ها» در تضاد با تعالیم معلمان یهود زمان عیســـی قرار داشـــت. عیســـی کلمـــات، عبارات و

توضیحاتی را مورد استفاده قرار می‌داد که مشابه نقل‌قول‌های معروف معلمان یهود بود، اما در همهٔ موارد آنها را وارونه کرد. آلفرد ادرزهایم[۱] چنین نتیجه می‌گیرد که تعلیم عیسی نه تنها با تعالیم رابی‌ها متفاوت بود، بلکه تعلیمی «کاملاً متضاد آنها» بود، و از این‌رو «تفاوت میان عظمت جهان-پادشاهیِ مسیح و کوته‌بینی یهودیت» را آشکار می‌کرد. تعلیم عیسی متفاوت و جدید است.

من تصور می‌کنم که وقتی عیسی خطابهٔ «خوشا به حال‌ها» را ایراد نمود، نَفَسِ مخاطبانش بند آمد. او به جمعیتی که نومید، مغموم، درهم‌شکسته و آزاردیده دورش جمع شده بودند نگاه کرده، آنها را *ماکاریوس* خواند.

فقیران در روح. «خوشا به حال فقیران در روح، زیرا پادشاهی آسمان از آن ایشان است.» فقیران در روح کسانی هستند که اوضاع بر وفق مردادشان نیست. آنها آدم‌هایی هستند که در وضعیت بدی قرار دارند، و عیسی بدیشان اعلام می‌کند که به پادشاهی خدا دعوت هم شده‌اند. فقیر «در روح» چیزی است شبیه به فروتن، اما در روایت انجیل لوقا، عیسی بی‌پرده می‌گوید: «خوشا به حال فقیران»، که تفسیر روحانی کردن از این عبارت مشکل‌تر است. دالاس ویلارد «فقیران در روح» را «صفرهای روحانی» ترجمه می‌کند، یعنی گروهی که مردم معمولاً فکر می‌کنند در پیشگاه خدا هیچ چیزی برای ارائه کردن ندارند.

بنابراین، نخستین «خوشا به حال» را می‌توان چیزی شبیه به این خواند: «خوشا به حال شما که احساس می‌کنید از خدا دور افتاده‌اید، که اوضاع بر وفق مرادتان نیست- زیرا شما هم به پادشاهی خدا دعوت شده‌اید.» آنا ویرزبیکا[۲] یادآور می‌شود که عیسی «نسبت به کسانی به حاشیه رانده شده بودند، یا مطرودان جامعه» همدردی زیادی ابراز می‌کرد.

فقیران در روح در لابه‌لای جمعیت زیاد بودند. عیسی به آنها چشم دوخته بود. ایشان از آن دسته‌اند که مردم نادیده‌شان می‌گیرند. عیسی با

1. Alfred Edersheim; 2. Anna Wierzbicka

آنها شروع می‌کند و می‌گوید: «شـــماها بسیار ثروتمند هستید. پادشاهی خدا از شما استقبال می‌کند.»

چشمانی که به‌طور معمول از فرط شرم به زمین دوخته شده، ناگهان با امید و خوشـــحالی به عیسی خیره می‌شـــوند. زنان، بیماران، فقیران، نیمه‌یهودیان درجه دوم، اشخاصی که زندگی‌شان به‌خاطر انتخاب‌های بد بر باد رفته بود- همگی این خبر خوش را شـــنیدند. «کی، من؟ آیا او دارد دربارهٔ من می‌گوید؟ پادشاهی آسمان از من استقبال می‌کند؟ آیا این خبر برای من است، همین حالا؟» این خبر *خیلی* خوشی بود.

آنان که ماتم‌زده‌اند. «خوشـــا به حال ماتمیان، زیرا آنان تسلی خواهند یافت.» ماتمیان می‌تواند به کسانی اشاره کند که متحمل ضایعه‌ای شده‌اند و احساس اندوه شدید می‌کنند. به شخصی دلالت می‌کند که «موقعیتش فلاکت‌بار اســـت.» زن جوانـــی را تصور کنید که شـــوهرش را به‌خاطر سرطان از دست داده اســـت و خشمگین، سردرگم و غرق در افسردگی است. عیســـی در خصوص همین وضعیت بسیار منفی اعلام می‌کند که می‌تواند به چیزی خوب بدل شـــود. داغ‌داریِ آنانی که در *پادشاهی خدا* هستند، با داغ‌داریِ آنانی که در پادشاهی خدا نیستند، به‌کلی فرق دارند. همچنان که پولس گفته: «ای برادران، نمی‌خواهیم از حال خفتگان بی‌خبر باشـــید، مبادا همچون دیگر مردمان که امیدی ندارند، به ماتم بنشـــینید.» (اول تسالونیکیان ۴:‏۱۳)

در پادشاهی خدا ما تســـلی می‌یابیم، زیرا خدا کنترل همه چیز را در دست دارد و حرف آخر را- که آسمان است- می‌زند. آسمان نحوهٔ غصه خوردن ما را دگرگون می‌کند. ما هنوز احساس درد می‌کنیم، اما از دانستن اینکه باز هم عزیزان‌مان را خواهیم دید و دیگر هیچ اشـــکی نخواهد بود، تســـلی می‌یابیم. خنده و شادی در انتظار ما است. همچون خوشا به حال اول، عیســـی می‌گوید کـــه وضعیت نافرخندهٔ کنونـــی می‌تواند فرخنده شود.

آنان که نرم‌خو هســـتند. «خوشـــا به حال نرم‌خویان، زیرا آنان زمین را بـــه میراث خواهند بـــرد.» از آنجایی که نرمخویی (یـــا حلم) یکی از

ثمرات روح اســـت (غلاطیان ۵:۲۲-۲۳)، ما گمـــان داریم که این یک فضیلت محسوب می‌شود، و البته می‌تواند فضیلت هم باشد. اما بُعدی از نرمخویی هم هست که ضرورتاً فضیلت به‌شمار نمی‌رود. محققان بر این باورند که عیســی به زبان آرامی سخن می‌گفت، و واژه‌ای که او احتمالاً برای «نرم‌خو» به‌کار برده پِرَئوس[1] اســـت، کـــه بر صدمه‌دیدگانی دلالت می‌کنـــد که نمی‌توانند تلافی کنند. کودکی که قادر نیســـت در برابر یک قلدر زورگو بایستد، پِرَئوس است. او صرفاً فروتن یا حلیم نیست، بلکه تواناییِ ایستادگی ندارد.

در چشـــم این دنیا، پِرَئوس چیز خوبی نیست. به‌طور قطع کسی که در چنین شرایطی قرار دارد، شخص برکت‌یافته‌ای نیست. اما عیسی این جور افراد را هم مبارک می‌خواند چون یک پِرَئوس *وارث زمین خواهد شد*. این احتمالاً اشـــاره به مِلک می‌کند. آدم‌هایی که در جمعیت حضور داشتند آن‌قدر فقیر بودند (مانند اکثر مردمان آن روزگار) که نمی‌توانستند از خودشـــان مِلک و زمینی داشته باشـــند. صاحبان املاک اغلب ستمگر بودند و از مســـتأجرها پول زیادی بابت زندگی یا کار روی زمین‌شـــان می‌گرفتند. از این‌رو وقتی پِرَئوس‌ها می‌شـــنوند که «سهم‌شان را خواهند گرفت»، از این خبر خوشحال می‌شوند. این خوشا به حال وعده می‌دهد که «پادشاهی آسمان آنها را دربرمی‌گیرد، همهٔ زمین از آنِ پدرشان است- و به قدر نیازشان مال آنها هم هست.»

آنان که گرسنه و تشـــنهٔ عدالتند. «خوشا به حال گرسنگان و تشنگان عدالت، زیرا آنان ســـیر خواهند شـــد.» آنانی که گرســـنه و تشنهٔ عدالت هســـتند، یقیناً به چیز خوبی میل و اشـــتیاق دارند: عدالت. اما این افراد صرفاً مشتاق عدالت نیستند، آنها «گرسنه و تشنهٔ» آن هستند. گرسنگی و تشنگی حاکی از نیاز مبرمند. دل این مردمان برای چیزی که ندارند، غنج می‌زند. آنان مشتاق چیزهایی هستند که باید درست شوند. شاید در حق ایشـــان بدی صورت گرفته باشد یا کســـی بی‌عدالتی بر ایشان روا داشته

1. Praus

است. این وضعیتی قابل ستایش است، اما چیزی نیست که کسی برایش غبطه بخورد.

اما باز مانند قبل، برای اینها هم خبر خوشی وجود دارد. عیسی برای مردمانی از این دست هم وعده‌ای دارد: گرسنگی آنان رفع خواهد شد. خدا آنها را در مکانی جدید برقرار خواهد نمود که در آن بخشایش و محبت متداول است. عیسی به آنان می‌گوید: «من آمده‌ام تا جهان را درست کنم، تا حق را به شما بازگردانم و همه چیز را تازه سازم.» آن مکان جدید جایی نیست جز پادشاهی خدا.

آنان که رحیم هستند. «خوشا به حال رحیمان، زیرا بر آنان رحم خواهد شد.» عیسی در این خوشا به حال صرفاً آدهای *خوب و دلپسند* را توصیف نمی‌کند. منظور او کسانی هستند که آن‌قدر می‌بخشند که خودشان به زحمت می‌افتند. من به یاد پدربزرگم می‌افتم که در شهر کوچکی در ایندیانا یک تعمیرگاه داشت. از مردم شنیده‌ام که او بیش از اندازه سخاوتمند بود. مردم اغلب نمی‌توانستند از عهدهٔ پرداخت صورت‌حساب خود برآیند، و او هم آنها را مجبور به پرداخت نمی‌کرد. در نتیجه، او و خانواده‌اش ناگزیر بودند به یک درآمد بخور و نمیر اکتفا کنند. همهٔ ما آدم‌های فداکار را تحسین می‌کنیم، و اکثر ما دوست داریم این‌طور زندگی کنیم. با وجود این، وقتی این کار را می‌کنیم، آسیب‌پذیر می‌شویم و معمولاً یکی هست که در این میان از ما سوءاستفاده کند.

همچون باقی «خوشا به حال‌ها»، به رحیمان هم وعده‌ای داده شده است. آنانی که رحیم و بخشنده‌اند، رحمت خواهند دید. در جامعه‌ای که بر پایهٔ انتقام استوار است، رحمت غالباً دیده نمی‌شود یا ارزش والایی به‌شمار نمی‌رود. اما خدا رحیم و مهربان و بخشاینده است، و به رحیمان رحم خواهد کرد. در پادشاهی خدا مهربانی آنان نادیده گرفته نخواهد شد.

آنان که پاکدلند. «خوشا به حال پاکدلان، زیرا آنان خدا را خواهند دید.» اکثر ما می‌کوشیم پاکدل باشیم. ما در دنیایی خراب و فاسد زندگی می‌کنیم، و دل‌مان را تاریکی زیادی فرو گرفته است. سی. اس. لوئیس در

کتاب "وقتی آوار فرومی‌ریزد"[1] می‌نویسد: «من هیچگاه فکری فارغ از خود نداشته‌ام.» انگیزه‌های ما درهم و اغلب خودخواهانه‌اند. ما دوست داریم که بدون دورویی و کلک صحبت کنیم، با نیت خالصانه محبت نماییم و با انگیزه‌های درست خدمت کنیم. اما اینها میسر نمی‌شوند. ما درمی‌یابیم که آمیزه‌ای از نیکی و بدی هستیم. دوست داریم مانند کسی که گرسنه و تشنۀ عدالت است، کار خوب بکنیم، اما در این مورد آرزوی ما این است که پاک باشیم تا بتوانیم خدا را ببینیم.

این «خوشا به حال» بر پایۀ مزمور ۲۴ بنا شده است:

کیست که به کوه خداوند برآید؟
و کیست که در مکان مقدس او بایستد؟
آن که پاک‌دست و صاف‌دل باشد،
که جان خود را به‌سوی آنچه باطل است، برنیفرازد،
و قسم دروغ نخورد. (مزمور ۲۴:۳-۴)

چه کسی می‌تواند در حضور خدا بایستد؟ آنانی که «پاک‌دست و صاف‌دل باشند.»

عیسی به مردمانی اشاره می‌کند که آرزوهای‌شان هرگز برآورده نمی‌شود. آنها هرگز به اندازۀ کافی کامل نیستند. انگار که خدا هم از آنها دوری می‌جوید. آنها پایمردی به خرج می‌دهند و سعی می‌کنند بهتر باشند، چون به‌طور جدی می‌خواهند خدا را ببینند. عیسی به آگاهی ایشان می‌رساند که خدا را خواهند دید. او می‌داند که این فقط یک وعدۀ سر خرمن نیست. وقتی آنها به عیسی نگاه می‌کنند، در حقیقت خدا را می‌بینند. آنان آنچه را که می‌جسته‌اند یافته‌اند و به‌راستی ثروتمندند.

آنان که صلح‌جو هستند. «خوشا به حال صلح‌جویان، زیرا آنان فرزندان خدا خوانده خواهند شد.» صلح‌جویان بین کسانی می‌ایستند که

---

1. As the Ruin Falls

در حال ستیزند؛ آنها در «وسط معرکه قرار می‌گیرند.» یک افسر پلیس به من اجازه داد تا برای سه ساعت همراهش در ماشین پلیس گشت بزنم. همین سه ساعت از حد توان و طاقتم نیز زیادتر بود. طی این مدت، او به چند نفر برخورد که قبلاً مرتکب جنایت شده، یا در حال انجام آن بودند. افسر ناگزیر بود مداخله کند و برای برخورد با این افراد که ادب و تربیتی هم نداشتند، زور و فشار لازم را به‌کار گیرد.

افسر پلیس یک صلح‌جو است. او به جاهایی می‌رود که ما نمی‌رویم، و این کار را می‌کند چون به حفاظت از بی‌گناهان اعتقاد دارد. این همان چیزی است که عیسی در این خوشا به حال از آن سخن می‌گوید. اِعمال زور برای وادار کردن دشمن به کرنش، صلح‌جویی نیست. صلح‌جویان رنج و زحمت و مرگ را به جان می‌خرند تا صلح ایجاد کنند. صلح‌جویان، پسران و دختران خدا خوانده خواهند شد، زیرا آنها کاری را می‌کنند که پدر آسمانی انجام می‌دهد. خدای ما صلح‌جو است، و صلح‌جویان هم شبیه او هستند.

آنان که آزار می‌بینند. «خوشا به حال آنان که در راه پارسایی آزار می‌بینند، زیرا پادشاهی آسمان از آن ایشان است.» آخرین کسانی که فرخنده و مبارکند، کسانی هستند که آزار می‌بینند. ما به‌درستی برای آنانی که رنج کشیدن به‌خاطر ایمان‌شان را با جان و دل پذیرا هستند، حرمت قایل می‌شویم. من با ترس و احترام داستان مردان و زنانی را می‌خوانم که با شجاعت و حتی خوشحالی شهادت را می‌پذیرند. اما به‌طور قطع این برای دنیا ارزشی ندارد. ما تنها با یک انتقاد کوچک فوراً می‌رنجیم. ما می‌خواهیم که همه در مورد ما خوب فکر کنند. ما خواهان ستایشیم، نه جفا. عیسی می‌گوید آنانی که در پی عدالتند خلاف جریان جامعه حرکت می‌کنند، و همین باعث بروز آزار برای ایشان می‌شود. پیروی کردن از عیسی- اگر ما در پی زندگی‌ای هستیم که او ما را بدان فراخوانده- خطرناک است. زمانی که جنگیدن برای عدالت و صلح یا دروغ نگفتن یا داوری نکردنِ دیگران را انتخاب می‌کنیم، با واکنش شدید روبه‌رو خواهیم شد.

کدامیک از خوشا به حال‌ها برای‌تان بیشتر ملموس است؟ نکات مثبت و منفی‌اش را شرح دهید.

آیا چون فقیرند، برکت یافته‌اند؟

مردمانی که در «خوشا به حال‌ها» از آنها یاد شده، به‌خاطر شرایطی که در آن قرار گرفته‌اند مبارک نیستند. آنها *به‌خاطر عیسی* است که برکت یافته‌اند. آنان امید دارند چون پادشاهی خدا حتی برای ایشان نیز قابل دستیابی است. ویژگی‌های شخصیتی آنها از نظر دنیا ارزش چندانی ندارد. به قول دوست و همکارم مت جانسن[1] «خوشا به حال‌ها»: «خصوصیاتی هستند که به قدرت، موقعیت یا دارایی منتهی نمی‌شوند.» عیسی موعظهٔ بالای کوه را با این تعلیم بنیادی آغاز می‌کند که این افراد برای حضور در ضیافت بزرگ دعوت شده‌اند.

مردم صرفاً بدین‌خاطر که فقیر در روح هستند، مبارک شمرده نمی‌شوند. شرایط مهم نیست. آنچه اهمیت دارد این است که رشتهٔ ارتباط این افراد با خدا قطع نشده است. وضعیت زندگی آنها مانع از ورودشان به پادشاهی خدا نمی‌شود. عمدهٔ تعالیم عیسی در تضاد با روایات غالب («شنیده‌اید که گفته شده ... اما من به شما می‌گویم ...») بود. «خوشا به حال‌ها» متفاوت نیستند. شرایط زندگی‌ای که عیسی مبارک و فرخنده می‌خواند معمولاً نزد مردم مذموم شمرده می‌شدند. و خوشا به حال‌ها تعالیمی رادیکال هستند چون تعلیم می‌دهند که مردم فقیر و محروم همان‌قدر به پادشاهی خدا دسترسی دارند که اغنیا و خوشبختان از آن بهره‌مندند.

اگر من در این فهرست نباشم چه؟ اگر فقیر نباشم، آیا پادشاهی آسمان از آنِ من هم هست؟ اگر خوشبخت باشم، آیا برای من هم تسلی

1. Matt Johnson

خاطری وجود دارد؟ البته. عیسی ثروتمندان در روح را از این جهت در فهرست خود نگنجانیده که هر کسی از پیش می‌داند که آنها برکت یافته‌اند. اما ایشان نمی‌دانستند که در پادشاهی خدا فقیران در روح هم از فرصتی برابر برخوردارند.

هشدار به ثروتمندان و قدرتمندان

در روایت لوقا از «خوشا به حال‌ها»، عیسی هشداری می‌دهد که شاید امروزه به‌طور خاص ارزش شنیدن و اطاعت کردن داشته باشد:

اما وای بر شما که دولتمندید،
زیرا تسلی خود را یافته‌اید.
وای بر شما که اکنون سیرید،
زیرا گرسنه خواهید شد.
وای بر شما که اکنون خندانید،
زیرا ماتم خواهید کرد و زاری خواهید نمود. (لوقا ۶:۲۴-۲۵)

عیسی بدیشان هشدار می‌دهد نه به این خاطر که خدا آدم‌های ثروتمند، سیر و خوشبخت را نمی‌پذیرد، بلکه چون آدم‌های ثروتمند، سیر و خوشبخت اغلب فکر می‌کنند که نیازی به خدا ندارند.

ثروت، قدرت و دارایی به آسانی می‌توانند ما را نسبت به نیازمان به خدا بی‌حس کنند و باعث شوند نیازهای دیگران را هم نبینیم. ثروتمندان باید با فقیران در ارتباط باشند. خوردن غذاهای خوشمزه در زمانی که دیگران چیزی برای خوردن ندارند، باید قدری ما را به فکر کردن وادارد. در پی لذت رفتن در دنیایی چنین دردمند، در پیروان عیسی ناآرامی به‌بار می‌آورد. خدا با خوراک خوب و تفریح مخالفتی ندارد، بلکه این ما هستیم که باید در مورد تصمیم‌های خود عمیق‌تر فکر کنیم- اینکه چه بخریم و چقدر بابتش بپردازیم، چه چیزی واقعاً اهمیت دارد- زیرا ما در دنیایی زندگی می‌کنیم که اختلاف طبقاتی در آن بیداد می‌کند.

آیا شما هم این را در زندگی خودتان یا زندگی دیگران دیده‌اید؟

راه‌حل این نیست که حساب بانکی خودمان را ببندیم و همهٔ پول‌مان را به بنیادهای خیریه بدهیم یا دست از خوردن بکشیم. هشدار تند عیسی از محبت ناشی می‌شود. او می‌داند که ما سعی می‌کنیم از طریق ثروت و سیر کردن شکم‌مان به آرامش دست بیابیم. و اینکه ما لذت‌جویی را با شادمانی اشتباه می‌گیریم. زمانی که همه چیز در پادشاهی این دنیا بر وفق مراد است، این وسوسه به جان‌مان می‌افتد که دیگر نیازی به پادشاهی خدا نداریم. وقتی ثروتمندان، سیران و خوشبخت‌ها محرومان را در دارایی خود سهیم می‌سازند، با چیزهایی اقناع می‌یابند که حقیقتاً شایسته است.

برکت‌یافتگان برکت خواهند داد

عیسی در «خوشا به حال‌ها» افتادگان و مطرودان را به زندگی در مشارکت با خودش دعوت می‌کند. او ایشان را به پادشاهی خدا دعوت می‌کند. عیسی تجسم پادشاهی خدا است. او عمانوئیل- خدا با ما- است. او مردم را با یک مفهوم یا ایدهٔ مذهبی آشنا نمی‌کند، او ایشان را به رابطه‌ای پرشور و متقابل با خودش دعوت می‌کند. عیسی همانا مظهر و تحقق «خوشا به حال‌ها» است. او هم فقیر در روح بود و هم نرمخو و پاکدل. او گرسنه و تشنهٔ عدالت بود، برای اورشلیم ماتم می‌گرفت، و برای ایلعازر گریست. و او را مورد آزار هم قرار دادند. پاپ بندیکت شانزدهم بسیار زیبا این مطلب را بیان می‌کند:

> "خوشا به حال‌ها» که خطاب به جمع شاگردان عیسی گفته شده‌اند، مخالف عقیده رایج‌اند. به مجردی که دنیا را از چشم‌اندز صحیح- که می‌توان نامش را ارزش‌های الاهی و متفاوت با ارزش‌های دنیا گذاشت- ببینید، معیارهای جهان واژگونه می‌شوند. این دقیقاً همان کسانی را شامل می‌شود

که در چارچوب تعاریف دنیوی فقیرند، کسانی که جان‌های گمشده پنداشته می‌شوند، کسانی که به‌راستی نیکبخت و مبارکند، کسانی که در میان رنج‌هاشان دلایل زیادی برای وجد و شادی دارند. «خوشا به حال‌ها» وعده‌هایی فروزانند با تصویری تازه از جهان و انسان که با عیسی آغاز شده است.

عیسی به‌واسطهٔ زندگی و تعالیمش این دنیای واژگونه را آغاز کرده و مصداق آن است.

آنانی که در مسیح هستند «خوشا به حال‌های" زنده‌اند که در دنیا قدم برمی‌دارند، سخن می‌گویند و برکت می‌دهند. عیسی بلافاصله پس از «خوشا به حال‌ها» می‌گوید: «شما نمک جهانید ... شما نور جهانید ... پس بگذارید نور شما بر مردم بتابد تا کارهای نیک‌تان را ببینند و پدر شما را که در آسمان است، بستایند» (متی ۵:۱۳-۱۶). عیسی نه تنها طبقات پایین جامعه را به پادشاهی خدا دعوت می‌کند، بلکه ایشان را فرامی‌خواند تا نمک زمین و نور جهان باشند. برای کسانی که با عیسی در پادشاهی‌اش زندگی می‌کنند، چنین مقدر شده است که شاهدان یک روش زندگی دیگر باشند، که در آن آخرین، اولین و بزرگترین، کوچکترین است.

وقتی سخنان کوین را در کلیسا شنیدم، در واقع داشتم با چشمانم یکی از «خوشا به حال‌های" زنده را مشاهده می‌کردم. با معیارهای پادشاهی این جهان وضعیت او ناخوشایند به‌نظر می‌رسید. طبق ارزش‌های جامعه، او چیزی نداشت که به‌خاطرش تلاش کند. او به حاشیه رانده شده، محروم و نادیده گرفته شده است. هیچ‌کس نمی‌خواهد در موقعیت او باشد. و با این‌حال در پادشاهی خدا مقدم او را گرامی می‌دارند، به او احترام می‌گذارند و برایش ارزش قایل هستند. و به همین دلیل بود که لبخند می‌زد. نیز به همین‌خاطر است که او هیچ‌وقت رقابت نمی‌کند- در پادشاهی خدا رقابتی وجود ندارد. همهٔ ما در یک تیم هستیم. در جایی که همه برنده هستند، همه اعضای یک خانواده‌ایم.

خدا شــما را - به‌ویژه در ضعف‌های‌تان - چگونــه به‌کار گرفته است؟

کوین از طریق شــفقت نشــان دادن به کســانی که همسران‌شان را از دست داده‌اند، در کلیسا می‌تابد. در کلیسای ما افراد سالمند زیادی وجود دارنــد، و هر چند هفته یکی از اعضای پیر کلیســا درمی‌گذرد. کوین به چشمان همسر داغ‌دیده خیره می‌شود، و به نشانهٔ اشک ریختن انگشتش را روی چشــمش می‌گذارد و آن را تا گونه‌هایش پایین می‌کشــد. بعد دست‌هایش را به حالت دعا کردن به هم می‌چسباند. سرانجام، آن فرد را محکم در آغوش می‌کشــد و می‌رود. او بدون حرف زدن می‌گوید: «من برای تو غمگینم. برایت دعا می‌کنم. من دوســتت دارم.» کسانی که از او برکت می‌گیرند همه این را می‌گویند: «از میان همهٔ اشــخاصی که سعی کرده‌اند پس از درگذشــت همسرم به من کمک کنند، کوین بیش از همه مرا تسلی داده است.» کوین را دنیا رد کرده، اما عیسی در او مسکن گزیده است. به همین‌خاطر است که می‌تواند ماتمیان را تسلی ببخشد.

پرورش روح

میهمان‌نوازی

«خوشا به حال‌ها»، به‌حاشیه‌رانده‌گان را به پادشاهی خدا دعوت می‌کنند و میهمان‌نوازی می‌تواند به ما کمک کند تا این جنبهٔ بااهمیت از پادشاهی خدا را به‌کار ببندیم: خدا عمیقاً مراقب کسانی است که از قلم افتاده‌اند. پادشاهی خدا دربرگیرنده، اما جهانی که ما در آن زندگی می‌کنیم، انحصارطلب است. و اگر روراست باشیم، ما هم در زندگی‌مان بیش از آنکه دربرگیرنده باشیم، انحصارطلبیم. نویسندگان کتاب میهمان‌نوازی بنیادین[1] می‌نویسند:

> وقتی ما از میهمان‌نوازی حرف می‌زنیم، همیشه با موضوعات دربرگیری و انحصارطلبی روبه‌رو هستیم. هر یک از ما در مورد اینکه چه کسی را در زندگی خود وارد کنیم یا نکنیم، دست به گزینش می‌زنیم ... فرهنگ ما مردم بسیاری را از دور خارج می‌کند. برای مثال، اگر شما روی صندلی چرخدار هستید، پس در ردیف کنارگذاشته‌ها قرار می‌گیرید، چون هر جایی نمی‌توانید بروید. اگر خیلی جوان هستید، یا اگر خیلی پیر هستید، باز از دور خارج می‌شوید. ممکن است در مدرسه

---
1. Radical Hospitality

> شما را به‌خاطر آنکه کفش مناسب نپوشیده‌اید یا به موسیقی مناسب گوش نمی‌دهید، کنار بگذارند. زنان، رنگین‌پوستان، و پیروان مذاهب دیگر مطرود شـــمرده می‌شوند ... فقیران که همیشه از دور خارج هستند؛ ما آمریکایی‌ها راز کوچکی داریم: فقیران مایهٔ شرمساری‌اند!

زندگی کردن در پادشاهی خدا شامل محبت کردن به دیگران می‌شود، چون پادشـاه ما خدای محبت است. زندگی کردن در پادشاهی خدا شامل بخشـــودن دیگران می‌شود، زیرا پادشاه ما خدای بخشاینده است. به همین ترتیب، زندگی کردن در پادشاهی خدا شامل میهمان‌نوازی- دعوت کردن و دربرگرفتن دیگران- هم می‌شـــود، چون پادشــاه ما خدایی میهمان‌نواز است.

میهمان‌نوازی ما را آســـیب‌پذیر می‌سازد، و به همین دلیل است که ما از آن رویگردانیم. من تا زمانی که با آشـــنایان وقت می‌گذرانم، کسانی که مثل خودم هســـتند، احساس امنیت نسبی می‌کنم. اما اگر خودم یا خانه‌ام را به روی شخصی بیرون از حوزهٔ آرامشم باز کنم، ممکن است با چیزی که دوســت ندارم مواجه شـــوم. این بدان معنی نیست که ما خودمان را در موقعیت‌هـــای خطرناک قرار دهیم: «روی باز نشـــان دادن به غریبه‌ها با ترک خانه بدون قفل کردن در و آوردن غریبه‌ها به خانه یکی نیســـت. میهمان‌نوازی به معنای غفلت ورزیدن در برابر تهدیدات آشـــکار برای امنیت شخصی نمی‌باشد.»

با وجود رعایت همهٔ اینها، باز ما کمی احساس ناراحتی می‌کنیم. وقتی ما خودمان را به روی کسـی دیگر می‌گشاییم، آسیب‌پذیر می‌شویم: اگر آنها میهمان‌نوازی مرا رد کنند چه؟ اگر وضعیت ناجور شود چه؟ دانستن احتمال روی دادن همهٔ این موارد می‌تواند به برطرف‌شـــدن ترس‌های ما کمک کند. به خودتان یادآوری کنید که قدری احســـاس ناآرامی کردن، امری طبیعی اســـت. وقتی چند بار این کار را انجام بدهید، ترس‌تان هم خواهد ریخت.

سعی کنید برای این هفته دو یا سه تا از پیشنهادهای زیر را انجام دهید.

• پذیرای کسی شوید که بیرون از حوزهٔ آرامش‌تان قرار دارد. از او بپرسید که آیا مایل است برای صرف قهوه یا ناهار در خدمتش باشید. این شخص می‌تواند همکاری باشد که به‌ندرت با او تماس دارید یا کسی که دوست چندانی ندارد. به عمد با کسی که با شما تفاوت دارد ارتباط برقرار کنید. او چه کسی می‌تواند باشد؟

مثلاً اگر من محافظه‌کار هستم، او می‌تواند لیبرال باشد، اگر من فقیرم، او می‌تواند ثروتمند باشد. او به جایی که من می‌روم، نمی‌رود. مثلاً خانواده‌ای که برای پرستش به کلیسای دیگری می‌روند یا از جای دیگری خرید می‌کنند. شخص مورد نظر اهل محله‌ای است که من از آن دوری می‌کنم؛ کسی که وقتی سوار هواپیما هستم، دوست ندارم کنارم بنشیند.

اگر از این همه انعطاف احساس ناراحتی می‌کنید، قدری کوتاه بیایید و در مقیاسی کوچکتر با کسی ارتباط برقرار کنید که قبلا او را ملاقات نکرده‌اید.

• حرف مردم را بشنوید. متوجه افراد پیرامون‌تان باشید و حرف‌های‌شان را خوب بشنوید.
• «آماده‌کننده» باشید. آماده کردن مستلزم انجام کارهای کوچکی است که نشان می‌دهند شما به دیگران اهمیت می‌دهید.

مثلاً وقتی برای اوقات فراغت فرزندتان برنامه‌ریزی می‌کنید، یا زمانی که شمعدان‌ها را سر میز شام می‌گذارید، یا برف پیاده‌روی جلوی خانه را پارو می‌کنید، یا درختی را که شاخه‌هایش جلوی تابلوهای راهنمایی خیابان را گرفته

هرس می‌کنید، مشغول آماده کردن هستید. اینها روش‌های آمادگی برای پذیرش دیگران است- به‌عبارت دیگر، شما از طریق این فعالیت‌ها سفره‌ای را برای دیگران مهیا می‌کنید. وقتی ما سفره‌ای آماده می‌کنیم، در واقع، خودمان را هم آماده می‌کنیم.

همسر من در این کار بی‌نظیر است. وقتی مردم به خانهٔ ما می‌آیند، او کارهایی ظریف می‌کند (نظیر شمعدان‌ها، پیش‌غذاهای مخصوص، چیدمان میز) تا به میهمان بگوید که «مقدم شما در این خانه گرامی است.» اصلاً لازم نیست که او این جمله را به زبان بیاورد؛ آماده‌سازی او به‌قدر کافی گویا است.

- به کسانی که دوست‌شان دارید توجه نشان دهید: «می‌توانید گوشی تلفن را زمین بگذارید و برای یک دقیقه هم که شده به حرف‌های همکارتان گوش دهید. می‌توانید رادیو را خاموش کنید و با فرزندتان منچ بازی کنید ... مردم چقدر مهم هستند؟ وقت دادن به دیگران چقدر اهمیت دارد؟»
- در «گروه» خودتان به دیگران خوش‌آمد بگویید. ما هر چند وقت یک‌بار دور هم جمع می‌شویم، مثلاً در جمع دوستان همیشگی در محل کار یا در زندگی شخصی‌مان. و همیشه هم کسانی هستند که مایل باشند با شما و دوستان‌تان وقت بگذرانند، اما احساس غریبگی می‌کنند. این هفته آنها را دعوت کنید!

فصل چهارم

چگونه بدون خشم زندگی کنیم

قرار بود تا سه ساعت دیگر در یک خلوت‌گزینیِ کلیسایی سخنرانی کنم. هواپیمایم کمی تأخیر داشت و قدری دیر به فرودگاه بربنک[1] رسید، اما من اطمینان داشتم که برای رسیدن به محل خلوتگاه، باز کردن چمدان‌ها و استراحت پیش از سخنرانی آن شب، زمان زیادی دارم. برادرم که در کالیفرنیا زندگی می‌کند، آن‌قدر مهربان است که برای دیدنم به فرودگاه آمد. ما وارد یک آزادراه شدیم، و در ده دقیقهٔ اول خیلی خوب پیش رفتیم. اما بعد، بدون هیچ هشداری راه بند آمد و از حرکت بازماندیم. رفت و آمد در آزادراه ۴۰۵ متوقف شده بود.

از دیدن برادرم (بعد از تقریباً یک سال) آن‌قدر خوشحال بودم که به گفتگو و خنده با او ادامه دادم، داستان‌ها گفتم و در جریان اوضاع زندگی‌اش قرار گرفتم. پس از پانزده دقیقه دیگر راهبندان داشت نگران‌کننده می‌شد. برادرم همچنان با حالت عادی مشغول حرف زدن بود، و هیچ نشانه‌ای از ناراحتی از خود بروز نمی‌داد. من پرسیدم:

---

1. Burbank

«ترافیک خیلی کند است. آیا به نظرت بهتر خواهد شد؟» او گفت: «آره، معمولاً بهتر می‌شود.» پانزده دقیقه دیگر گذشت و من دیگر ناراحت نبودم، بلکه داشتم عصبانی می‌شدم.

سعی کردم نفس بکشم و عضلاتم را شل کنم، اما خشم بر من مستولی شده بود. به ساعتم نگاهی انداختم و فکر کردم که طی کردن پنج مایل چقدر زمان برده، آن‌وقت برآورد کردم که برای طی چهل مایل باقیمانده چقدر باید زمان صرف کنیم، و آنگاه این فکر به ذهنم خطور کرد که *به لطف این ترافیک احمقانه من نمی‌توانم به موقع به خلوتگاه برسم، چمدان‌هایم را باز کنم و قدری بیاسایم؛ یعنی اینکه آن شب قرار است فرسوده و آشفته روی صحنه ظاهر شوم و سخنرانی خوبی هم ارائه ندهم. یا از آن بدتر، اصلاً نتوانم به مراسم برسم- چه افتضاحی خواهد شد! آنها هزینهٔ پرواز مرا به اینجا بر عهده گرفته‌اند و حالا من حتی در جلسه حضور هم ندارم- و همهٔ اینها به‌خاطر این ترافیک! هواپیماهای لعنتی! ماشین‌های لعنتی!* همهٔ این افکار در سرم دور می‌زدند. می‌توانستم خشم را حس کنم که داشت در سراسر وجودم حرکت می‌کرد.

سپس برادرم به من نگاه کرد و پریشانی را در چهره‌ام دید. مخفی کردن خشم کار دشواری است. او گفت: «موضوع چیست؟» گفتم: «مایک، این ترافیک واقعاً من را کلافه کرده! منظورم این است که دارد دیرمان می‌شود.» مایک لبخندی زد و گفت: «آرام باش رفیق. اوضاع روبه‌راه است.» از کوره در رفتم: «روبه‌راه؟ اصلاً هم روبه‌راه نیست.» «آره، روبه‌راه. یادت باشد که تو الآن در دنیای من هستی. من مدام دارم در این آزادراه رانندگی می‌کنم. همیشه در این وقت از روز در این نقطه راهبندان می‌شود. یک مایل جلوتر راه باز می‌شود. ما یک ساعت‌ونیم پیش از زمان موعد، به مقصد خواهیم رسید.»

فشار خونم کمی پایین آمد. چند دقیقه بعد متوجه شدم که داریم سریع‌تر از قبل پیش می‌رویم، و کمی بعد از آن داشتیم در آزادراه پرواز می‌کردیم. هرچند مایک در مورد محاسبهٔ زمان رسیدن به خلوتگاه کلیسایی اشتباه کرده بود؛ ما یک‌ساعت وچهل‌وپنج دقیقه زودتر از موعد

مقرر رسیده بودیم. حالا من می‌توانستم دوش بگیرم، استراحت و دعا کنم و به خودم آرامش بدهم و آماده و سرحال صحبت کنم. شب‌هنگام وقتی در بسترم دراز کشیده بودم، به‌خاطر خشم بی‌موردی که به من دست داده بود خجالت‌زده بودم. خشم به‌خاطر هیچ، ولی گذشته از خجالت می‌خواستم بفهمم که چرا و چگونه من آن‌قدر عصبانی شدم.

چند ماه بعد از آن رویداد را صرف مطالعه روی خشم- علل و اثراتش- کردم، به همین‌خاطر در ذهنم ماند و تا مدتی هم برایش دعا می‌کردم. تجربهٔ من در آزادراه ۴۰۵ همه چیز را روشن ساخت. در واقع، مورد آن شب یک نمونهٔ کامل برای مطالعه بود. من به بررسی آنچه که اتفاق افتاده بود، پرداختم: من انتظارش را نداشتم که با ترافیک سنگین مواجه شوم؛ اما برادرم داشت. من از فکر پیامدهای دیر رسیدن هراسان شدم؛ اما برادرم نشد. نتیجه: *من خیلی خشمگین شدم؛ برادرم نشد.* ما با وجودی که تجربهٔ بیرونی مشابهی داشتیم، اما به‌طور متفاوتی واکنش نشان دادیم. طی چند ماه پس از آن واقعه من چیزهای بسیاری در مورد خشم آموختم و یاد گرفتم که چگونه، زندگی کردن در پادشاهی خدا می‌تواند در کنترل و مدیریت آن به ما کمک کند.

انتظارات نابرآورده به اضافهٔ ترس

خشم انواع مختلفی دارد. یک نمونهٔ رایج آن خشم *غریزی*[1] است، خشمی که بی‌درنگ بر ما چیره می‌شود، درست مثل زمانی که غذا به‌طور تصادفی از دست پیشخدمت روی لباس ما می‌ریزد. در این مورد میان کنش و واکنش تأخیر زمانیِ اندکی وجود دارد. همه چیز خیلی سریع اتفاق می‌افتد و بدن ما واکنش نشان می‌دهد. ما می‌توانیم روی این نوع از خشم کار کنیم، اما این چیزی نیست که بتوانیم برایش آماده شویم. شاگردان عیسی می‌توانند بیاموزند که به‌طور متفاوتی نسبت به خشم غریزی واکنش نشان دهند، اما این مستلزم زمان است.

1. Visceral Anger

نوع دوم خشم، که هم رایج‌تر است و هم برای روح انسان مخرب‌تر، خشم *تأمل‌شده*[1] است. این نوع خشم به مرور زمان رشد می‌کند و هرچه بیشتر آن را به حال خودش بگذاریم، بدتر می‌شود. روی این خشم آسان‌تر می‌توان کار کرد، چون ما برای پردازش روایت‌هایی که باعث بروز آن می‌شوند، وقت بیشتری داریم.

خشم غریزی و تأمل‌شده از دو چیز نشأت می‌گیرند، *انتظارات نابرآورده* و *ترس*، که وقتی با هم جمع شوند، احساسات نیرومندی را برمی‌افروزند. انتظارات نابرآورده موقعیتی برای بروز خشم هستند. مثلاً، برای صرف ناهار با یکی از دوستان‌مان قرار می‌گذاریم. ساعت، ۱۲:۲۰ دقیقهٔ بعدازظهر است و دوست ما هنوز نیامده است. ما انتظار داشتیم که او تا ظهر رسیده باشد. اکثر ما در این حالت ناراحتی خفیف یا نگرانی را احساس خواهیم کرد. اما هنوز از خشم خبری نیست؛ این وضعیت معمولاً کسی را عصبانی نمی‌کند. بیشتر ما صبورانه می‌نشینیم و انتظار می‌کشیم، و وقتی دوست‌مان از راه می‌رسد از او علت دیر کردنش را می‌پرسیم.

اما اکنون ترس را هم به آن بیفزاییم. در حالی که منتظریم، شروع می‌کنیم به فکر کردن که چرا دوست‌مان دیر کرده است. دیر کردن بدون دلیل موجه، نشانهٔ بی‌احترامی است. بدین‌ترتیب، این فکر در ما جوانه می‌زند که دوست‌مان برای ما احترام چندانی قایل نیست. شاید ته دل‌مان با خود بگوییم که *شرط می‌بندم اگر قرار بود با رئیس‌جمهور شام بخورد، هرگز دیر نمی‌کرد*. ناگهان خشم در درون‌مان به جوش می‌آید. اما این چه ربطی به ترس دارد؟ ما از این می‌ترسیم که به اندازهٔ کافی مهم و ارزشمند نباشیم. این همان احساس عدم امنیتِ قدیمی است. انتظار نابرآورده در آغاز کار، وارد مرحلهٔ تهدید می‌شود. این شخص دارد به ما بی‌احترامی می‌کند، و وقت و احساس ما را نادیده می‌گیرد. *او چطور جرأت می‌کند؟* و حال، خشم شکل می‌گیرد.

---

1. Meditative Anger

بیایید یک انتظار نابرآوردهٔ دیگر هم به آن اضافه کنیم: به ساعت نگاه می‌کنیم و می‌فهمیم که حتی اگر دوستمان همین ثانیه هم برسد، باز کلی از وقت ناهارمان کم شده است. باید با عجله سفارش بدهیم و بخوریم و شاید هم چند دقیقه‌ای دیرتر به قرار بعدی برسیم. انتظار ما برای صرف ناهاری خوب و مفرح و گفتگویی دلپذیر اکنون نابود شده است. افکار در سرمان چرخ می‌خورند و دوباره به یاد بی‌احترامی می‌افتیم و خشم در ما شکل می‌گیرد. *او نه تنها به انتظار کشیدن من اهمیتی نمی‌دهد، بلکه سلامت من هم برایش مهم نیست*. اینجاست که برافروخته می‌شویم.

حالا بیایید فرض کنیم که دوستمان از راه می‌رسد و با بی‌قیدی می‌گوید که قرار ناهار را تقریباً فراموش کرده بود، و ادامه می‌دهد: «راستی، متأسفم که کمی دیر شد!» حالا ترس‌های ما مشروعیت پیدا می‌کند: این شخص من را *فراموش* کرد، پس من مهم نیستم. در این مورد، شخصی که دیر کرده احتمالاً می‌تواند حرارت خشم را حس کند. شاید به او حمله کلامی کنیم: «چطور توانستی فراموش کنی! یعنی من این‌قدر برای تو بی‌اهمیتم؟ باورم نمی‌شود که من را اینجا بیست دقیقه منتظر خودت بگذاری- و حتی یک زنگ هم نزنی!» یا شاید به پرخاشگری منفعلانه رو بیاوریم، در سکوت فرو برویم و به‌ندرت حرف بزنیم. یا از همه شایع‌تر، شاید جمله‌ای نیش‌دار بر زبان بیاوریم: «این کار همیشگی تو است، مگر نه؟» به هر ترتیب، ما می‌خواهیم دوستمان خشم ما را احساس کند. نمی‌توانیم بگذاریم از مهلکه جان سالم به‌در ببرد.

اما بیایید نمایش را طوری دیگر پیش ببریم. دوستمان که سرش کمی زخمی شده از راه می‌رسد و توضیح می‌دهد که یک تصادف جزئی داشته و این بیست دقیقهٔ آخر را با رانندهٔ دیگر و پلیس سروکله می‌زده است. «راستش من باید زودتر از این برای ناهار اینجا می‌رسیدم. خیلی متأسفم که منتظرت گذاشتم.» حال چه بر سر خشم ما خواهد آمد؟ ناپدید می‌شود. در یک چشم به هم زدن. حالا احساسات جدیدی پدیدار می‌شوند: شرمندگی به‌خاطر خشمگین شدن، غصه به‌خاطر وضعیت

دوستمان و نگرانی برای سلامتش. تنها ظرف چند ثانیه خشم ما به عطوفت و دلسوزی تبدیل می‌شود.

توجه داشته باشید که هرچه روی داده، در درون اتفاق افتاده است. انتظار نابرآورده همیشه کمی آزاردهنده است. راه‌بندان ترافیک، تحویل‌دارهای کند بانک و صف‌های طولانی مقابل صندوق فروشگاه‌ها معمولاً ما را عصبی می‌کنند. اما در این مقطع هیچ تهدید قابل‌ملاحظه‌ای وجود ندارد. هنوز هیچ‌کس مستقیماً به ما آسیبی نرسانده است. در واقع، کسی را نمی‌توان سرزنش کرد. ما تنها زمانی خشمگین می‌شویم که به‌نوعی مورد تهدید قرار بگیریم. اما این تهدید از کجا ناشی می‌شود؟

زندگی پر است از انتظارات نابرآورده. من برآورد کرده‌ام که ما هر روزه، با ده تا یکصد مورد از آنها روبه‌رو می‌شویم، و این از کنترل ما خارج است. اما با زندگی کردن در پادشاهی خدا می‌توانیم ترس‌هایمان را تحت کنترل بگیریم یا دستِ‌کم آنها را بهتر مدیریت کنیم. اول از همه، باید روایت‌هایی را که به خشم منجر می‌شوند مورد بررسی قرار دهیم و سپس برای یافتن دلیل و ریشهٔ آنها کمی ژرف‌تر به کاوش بپردازیم. سپس می‌توانیم روایت عیسی را جایگزین روایت‌های نادرست کنیم.

روایت‌های آمرانه[1] نادرست

در هر سه کتاب از سری کتاب‌های "خوب و زیبا"، ما به تشریح روایت‌های نادرستی پرداختیم که مسبب بسیاری از مشکلات ما (از قبیل اعتقاد به اینکه خدا ما را به‌خاطر گناهانمان مجازات خواهد کرد) می‌شوند. وقتی به موضوع خشم می‌رسیم، روایت‌هایی که در پَس این احساس وجود دارند از خود خصوصیتی منحصربه‌فرد و آمرانه نشان می‌دهند. *آمرانه* به‌طور تلویحی از فرمان دادن و کنترل کردن حکایت می‌کند و معمولاً با واژه‌هایی همچون *باید*، همیشه و هرگز بیان می‌شود.

---

1. Imperative

در زیر فهرستی از «روایت‌های آمرانه» را آورده‌ام که به اعتقاد من عوامل بروز خشم، دلسردی و استرس هستند.

با کدامیک از روایت‌های آمرانهٔ نادرست آشنا هستید؟

- من تنها هستم.
- کارها باید همیشه آن‌طور که من می‌خواهم پیش بروند.
- اگر مرتکب اشتباهی بشوم، اتفاق دهشتناکی خواهد افتاد.
- در همه حال کنترل همه چیز باید در دست من باشد.
- زندگی باید همیشه منصفانه و عادلانه باشد.
- من باید بتوانم حوادث امروز را تخمین بزنم.
- من باید همیشه کامل باشم.

هر یک از این روایت‌ها پر است از ترس و نیاز به کنترل کردن. مشکل ما ترس است، و فکر می‌کنیم که راه‌حل مشکل در دست گرفتن کنترل است.

برای مثال «در همه حال کنترل همه چیز باید در دست من باشد» را در نظر بگیرید. ترسی که در پَس این روایت مخفی شده این است که اگر من کنترل را در دست نداشته باشم، اوضاع به نحو بدی پیش خواهد رفت. همین روایت در ابعاد گسترده‌تر به‌شکلی درمی‌آید که ما تصور می‌کنیم اگر همه‌کاره نباشیم، شیرازهٔ جهان از هم خواهد گسیخت. اگر ما نتوانیم محیط کارمان را کنترل کنیم، اوضاع به نحو بدی پیش خواهد رفت و شغل‌مان را از دست خواهیم داد و فقیر خواهیم شد و دیگر نانی برای خوردن نخواهیم داشت. اگر نتوانیم اقتصاد، آب و هوا یا اعضای خانواده‌مان را کنترل کنیم، آن‌وقت قیامت به پا خواهد شد. این حس نیاز به کنترل، ما را به سمت استفاده کردن از منابع‌مان سوق می‌دهد، که همانا فرصتی است برای گناه کردن- یعنی «به‌جا آوردنِ تمایلات نَفْس.»

به‌جا آوردنِ تمایلات نَفْس

پولس عبارت *به‌جا آوردنِ تمایلات نَفْس* را در تضاد با *هدایت شدن به وسیلهٔ روح* به کار می‌برد. «اما می‌گویم به روح رفتار کنید که تمایلات نَفْس [جسـم] را به جا نخواهیــد آورد. زیرا تمایلات نَفْس [جسـم] برخلاف روح اسـت و تمایلات روح برخلاف نَفْس [جسم]؛ و این دو بر ضد هم‌اند.» (غلاطیان ۵:۱۶-۱۷)

خیلی از مردم تصور می‌کنند که جســم به بدن اشاره دارد. اما منظور از «جسـم» در اینجا بدن مادی نیست، بلکه زندگی کردن بر اساس تدابیر انسانی است، و این در مخالفت با خدا و (یا دستِ‌کم نادیده گرفتن) تدابیر او قرار دارد. یوحنای زرین‌دهان[1] از واعظان کلیسـای اولیه می‌نویســد: «منظور از جسم، نه تن اســت نه جوهر تن، بلکه میل نَفْسانی است.» در درون ما میلی وجود دارد که مستعد منحرف شدن از خدا است و وقتی ما منحرف و سرگردان می‌شویم، در واقع، «تمایلات نَفْس را به‌جا می‌آوریم». آنانی که تمایـلات نَفْس را به‌جا می‌آورند (یا مطابق تمایلات نَفْس رفتار می‌کنند) برای حل مشکلات به ظرفیت‌های خودشان متکی هستند.

وقتی مردم به گناهان نفسانی یا جسمانی فکر می‌کنند، زود فکرشان به‌سوی شــهوت و زنا، یا مستی و باده‌گســاری می‌رود که البته اعمالی گناه‌آلودند. انسان برای یافتن شادمانی در چیزی غیر از خدا، این رفتارها را بروز می‌دهد. اما گناهان نفسـانی شــامل غرور و حسادت، نگـرانی و داوری نادرست، بیزاری و خشم هم می‌شوند. وقتی روح‌القدس هدایت ما را در دست داشته باشد، خشم بی‌جا به‌ندرت اتفاق می‌افتد. این خشم هنگامی بروز پیدا می‌کند که ما وضعیت خود را در پرتو پادشــاهی خدا نبینیم.

توضیح دهید که چطــور به‌جا آوردنِ تمایــلات نَفْس، گناه‌آلود است.

---

1. John Chrysostom

روایت عیسی

نخستین مشکل دل که عیسی در موعظهٔ بالای کوه بدان می‌پردازد، خشم است.

> «شنیده‌اید که به پیشینیان گفته شده، "قتل مکن، و هر که قتل کند، سزاوار محاکمه خواهد بود." اما من به شما می‌گویم، هر که بر برادر خود خشم گیرد، سزاوار محاکمه است؛ و هر که به برادر خود "راقا" گوید، سزاوار محاکمه در حضور شوراست؛ و هر که به برادر خود احمق گوید، سزاوار آتش جهنم بُوَد.» (متی ۵:۲۱-۲۲)

بسیاری از مردم اعتقاد دارند که پارسایی از روی اعمال بیرونی سنجیده می‌شود، و از این‌رو اگر ما هیچ حکم بیرونی (مانند نزدن یا نکشتن) را نشکنیم، پس شریعت را نگاه داشته‌ایم و بنابراین انسان پارسایی شمرده می‌شویم. اما عیسی وارد اعماق و دل انسان می‌شود، جایی که همهٔ اعمال از آن سرچشمه می‌گیرند. او می‌گوید: «اگر شما بر برادر یا خواهر خود خشم بگیرید، سزاوار محاکمه هستید.»

چرا؟ آیا او شرایط پارسا بودن را سخت‌تر می‌کند؟ آیا او مانع را آن‌قدر بالا می‌برد که هیچ‌کس نتواند از آن عبور کند؟ آیا او از موسی هم سخت‌گیرتر است؟ نه. عیسی به دل انسان واقف است – و اصولاً دل نخستین دغدغهٔ اوست، نه اعمال بیرونی. دلِ لبریز از خشم، دلی که نفرت می‌ورزد، از دلی که مرتکب *قتل* می‌شود چندان دور نیست. در واقع، این اساساً همان حال و هوای درونی است. تنها چیزی که از قلم افتاده خود عمل است. عیسی می‌داند که شخص خشمگین، اگر *بتواند* از تنبیه بگریزد، عملاً به دیگری صدمه *خواهد* زد.

زمانی که عیسی به شاگردانش فرمان می‌دهد خشمگین نشوند، در واقع، راه رسیدن به زندگی خوب و زیبا را به ما نشان می‌دهد. فرمان او حاوی این معنای تلویحی است که ما عملاً می‌توانیم آن را انجام دهیم.

بسیاری از مردم اصلاً نمی‌توانند زندگی عاری از خشم را تصور کنند. اما این امری ممکن است، وگرنه عیسی به ما دستور نمی‌داد بدون آن زندگی کنیم. متأسفانه اگر فرمان «خشمگین نباشید» را بشنویم و فکر کنیم که باید آن را با قوت خودمان (یعنی طبق نَفْس) به انجام برسانیم، شکست خواهیم خورد و از عیسی به‌خاطر این فرمانش اظهار رنجش خواهیم کرد. برای آموختن نحوهٔ زندگی بدون خشم، باید به باقی تعالیم عیسی نگاهی بیندازیم و همهٔ روایت‌های او را از نظر بگذرانیم. روایت‌های پادشاهی خدا با روایت‌های آمرانهٔ نادرست تفاوت کامل دارند. در اینجا هر دو گروه را کنار هم می‌بینیم:

روایت‌های آمرانهٔ نادرست	روایت‌های پادشاهی خدا
من تنها هستم.	تو هرگز تنها نیستی. عیسی همیشه با تو است.
من همیشه باید کنترل همه چیز را در دست داشته باشم.	همه چیز زیر کنترل عیسی است.
اگر مرتکب اشتباهی شوم، اتفاقی دهشتناک خواهد افتاد.	اشتباهات همیشه اتفاق می‌افتند، و معمولاً هم اوضاع درست می‌شود.
زندگی باید همیشه منصفانه و عادلانه باشد.	زندگی همیشه منصفانه و عادلانه نیست، اما حرف آخر را خدا می‌زند.
من همیشه باید کامل باشم.	حتی اگر کامل هم نباشم- باز عیسی مرا می‌پذیرد.

روایت‌های پادشاهی خدا بر مبنای واقعیت حضور و قدرت خدا استوارند. از نظر عیسی، پادشاهی خدا نه صرفاً ایده‌ای قشنگ، بلکه مکانی واقعی بود- زندگی با خدا، که در دسترس همگان است. بیرون از پادشاهی خدا ما تنهاییم. باید خودمان از خودمان محافظت کنیم. برای حق خود بجنگیم و کسانی را که به ما حمله می‌کنند به سزای‌شان برسانیم. در پادشاهی خدا زندگی خیلی متفاوت است. خدا با ما است،

از ما محافظت می‌کند و برای سعادت ما می‌جنگد. دانستن این موضوع باعث می‌شود که کلی از خشم ما فرونشیند.

فکر می‌کنید که کمال از کجا ناشی می‌شود؟

ترس از اعتماد. عیسی به ما می‌گوید که در پادشاهی خدا، می‌توانیم به پدر آسمانی‌مان اعتماد کنیم. من همین چند سال پیش بود که دربارهٔ اعتماد کردن چیزهای تازه‌ای آموختم. من و دخترم هوپ[1] برای تماشای بازی بیسبال پسرم رفته بودیم. او با یکی از دوستانش برای تاب‌سواری از من دور شدند. او هیچ‌وقت از حوزهٔ دید من خارج نمی‌شد، اما من جایم را عوض کردم و از یک‌سوی جایگاه به‌سوی دیگر رفتم. وقتی او سرش را به‌سوی جایگاه چرخاند تا مرا ببیند، تصور کرد که من رفته‌ام؛ در حالی که اشک از چشمانش سرازیر بود شروع به دویدن به‌سوی جایگاه کرد. شاید کلاً سی ثانیه بیشتر نگذشته بود، اما او نفسش بند آمده بود و داشت نفس‌نفس می‌زد. صدایش کردم: «هوپ، من اینجا هستم.» به طرفم دوید و در حالی که می‌لرزید گفت: «چرا منو تنها گذاشتی!» من گفتم: «من هرگز تنهات نمی‌گذارم و هرگز حتی چشم از تو برنمی‌دارم. تو فقط نتونستی منو ببینی.» او فوراً آرام شد، اما مدتی طول کشید تا ترسش فروکش کند.

ممکن است ما نتوانیم خدا را ببینیم، اما خدا هرگز چشم از ما برنمی‌دارد. خدا به ما میدان می‌دهد تا دست به آزمون و خطا بزنیم، رشد کنیم و بالغ شویم؛ خدا هرگز مداخله نمی‌کند. اما نه بدین معنا که او با ما نیست، ما را نمی‌بیند، یا با اعمال ما از نزدیک آشنا نیست. عیسی چنین وعده داد: «هرگز تو را رها نکنم و هرگز تو را ترک نخواهم نمود.» روایت عیسی این است که خدا اجازه نمی‌دهد که چیزی بر ما واقع شود که او نتواند علاجش کند و آن را برای خیریت ما به‌کار بَرَد. در پادشاهی آسمان خدا همیشه نزدیک است. ما هیچ‌گاه تنها نیستیم و هرگز نباید بترسیم. وقتی من با این واقعیت که عمیقاً در قلب و فکرم حک

1. Hope

شده زندگی کنم، خشم نمی‌تواند در من رخنه کند. به‌طور قطع من هر روزه انتظارات نابرآوردهٔ بسیاری دارم، اما وقتی ترس نباشد، آتش خشم افروخته نمی‌شود.

چگونه اعتماد، خشم را فرومی‌نشاند؟

برای غلبه بر خشم، باید افکارمان را با روایت‌های پادشاهی خدا پر کنیم. اندرو لستر[1] می‌نویسد:

> مردم چگونه تغییر می‌کنند؟ ... تغییر فقط زمانی روی می‌دهد که داستان‌های یک فرد از نو شکل می‌گیرند، چارچوبی تازه می‌یابند یا بازنویسی می‌شوند ... تنها راه تغییر این است که ما روایت‌مان را تغییر دهیم ... ما می‌توانیم جلوه‌های نوین بیافرینیم- یعنـــی روایت‌های جدید- و آنهـــا را جایگزینِ «نوشته‌های» (داستــان‌های) نامطلوبی کنیم که ما را در برابر خشم آسیب‌پذیر می‌سازند.

ما می‌توانیم روایت‌مان را عوض کنیم. این کار آسان و سریع نیست، ولی امکان‌پذیر است.

مورد خاص برای خشم

پیش از پرداختن به موضوع نحوهٔ برخورد درست با خشم، تشخیص برخی مزایای خشم نیز حائز اهمیت است. خدا ما را با قابلیت خشمگین شدن آفریده است. اگرچه ما به‌خاطر فوران خشم- که اغلب صدماتی بر جای می‌گذارد- برآشفته می‌شویم، ولی چرا خدا خشمگین شدن را ممکن ساخته است؟ خشم واکنشی است درست به بی‌عدالتی، و ما به‌طور ذاتی مخالف بی‌عدالتی هستیم، چون ما به صورت خدایی عادل آفریده شده‌ایم. بسیاری از مسیحیان می‌پندارند که خشم همیشه گناه‌آلود است و

---

[1] Andrew Lester

از این‌رو آن را سرکوب می‌کنند یا فرومی‌برند، که البته برخورد صحیحی با خشم نیست. در برخی موارد، خشمگین شدن راهکار درستی است.

در اناجیل دو جا هست که عیسی خشمگین می‌شود. اولی زمانی است که فریسیان نکتهٔ اصلی شریعت (در این مورد، هنگامی که عیسی در روز شبات شفا می‌دهد [مرقس ۳:۵]) را از یاد برده‌اند. و دیگری زمانی که عیسی صرافان را از معبد بیرون می‌راند:

> آنگاه عیسی به صحن معبد خدا درآمد و کسانی را که در آنجا داد و ستد می‌کردند، بیرون راند و تخت‌های صرافان و بساط کبوترفروشان را واژگون ساخت و به آنان فرمود: «نوشته شده است که، "خانهٔ من خانهٔ دعا خوانده خواهد شد،" اما شما آن را "لانهٔ راهزنان" ساخته‌اید.» (متی ۲۱:۱۲-۱۳)

عیسی واضحاً خشمگین بود، با این‌حال عاری از گناه هم بود. بنابراین، خشمگین بودن همیشه هم آلوده به گناه نیست. خشم عیسی کاملاً درست و برحق بود. خشم برحق، مشروع است و پاسخ درستی هم نسبت به آن وجود دارد. «خشم برحق شامل خشم‌گرفتن بر چیزهایی می‌شود که خدا را خشمگین می‌سازد، و راه علاج آن نیز این است که اشتباه تصحیح شود.»

ما باید در مورد چیزهایی نظیر تعرض به کودکان، استثمار فقرا به دست اغنیا، تقلب، فریب و غفلت خشمگین بشویم. عصبانی شدن به‌خاطر بی‌عدالتی صحیح است. این ما را برمی‌انگیزد تا برای تغییر دست به اقدام بزنیم. من در کتاب *خدای خوب و زیبا* در مورد خدا نوشتم که خشم، واکنشی درست به گناه و شرارت است. از مادران مخالف رانندگی در حال مستی مثال آوردم که چطور خشم می‌تواند سازنده باشد و به تغییری مثبت بینجامد.

زمانی را توصیف کنید که احساس کرده‌اید خشم‌تان برحق است.

پولس رسول چنین اندرز می‌دهد: «هنگامی که خشمگین می‌شوید، گناه نکنید. مگذارید روزتان در خشم به‌سر رسد، و ابلیس را مجال ندهید» (افسسیان ۴:۲۶-۲۷). پولس با گفتن «هنگامی که خشمگین می‌شوید»، خشم را ترویج و تشویق نمی‌کند، بلکه آن را جزو زندگی می‌شمارد، و به‌جای سرکوب کردن آن، به ما می‌آموزد که نباید بگذاریم پیش از غروب خورشید خشمگین بمانیم. آرچیبالد هارت[1] چنین توضیح می‌دهد: «به‌زعم پولس، خودِ (احساس) خشم اشتباه نیست، بلکه خشم، توان آن را دارد که ما را به‌سوی گناه سوق دهد. احساس خشم کردن، اینکه به کسی بگویید که خشمگین هستید، و حرف زدن در مورد خشم‌تان، هم کاری سالم است و هم ضروری.»

وقتی می‌گذاریم خورشید بر خشم‌مان غروب کند، در واقع، بدان اجازه می‌دهیم که روح‌مان را مسموم سازد. به همین دلیل است که پولس در ادامهٔ سخنش هشدار می‌دهد که «ابلیس را مجال ندهید.» واژهٔ یونانیِ مجال، توپوس[2] است، به معنای «جا یا جای پا». خشم ابرازناشده و حل‌نشده به دشمن جای پایی می‌دهد تا از آنجا به فعالیت بپردازد. خشم به‌راحتی می‌تواند به رنجش (*چرا او همیشه مرا نادیده می‌گیرد؟ یا او همیشه آنچه را که حق من است به‌دست می‌آورد.*) و نومیدی (*زندگی نامنصفانه است، دیگر چرا تلاش کنم؟*) تبدیل شود. از این‌رو، ما باید دلیل خشم خود را ارزیابی کنیم. ممکن است خشمی برحق باشد، که می‌تواند به اصلاحِ بی‌عدالتی منجر شود. بخش عمدهٔ خشم ما ناحق است و نتیجهٔ طبیعی روایات آمرانهٔ نادرستی است که باید با آنها بجنگیم.

به یاد داشته باشید: تغییر زمان می‌برد

روزی که من در ترافیک آزادراه ۴۰۵ گیر افتادم، اولین‌بار بود که به معنای واقعی خشمم را بررسی کردم و به لطف انگیزش و قدرت روح‌القدس، کار برای تغییر آن را آغاز نمودم. از آن روز به بعد من راه

1. Archibald Hart; 2. Topos

درازی را طــی کرده‌ام. می‌دانم که خشـــم علل بســیار دیگری هم دارد و راه‌های فرونشـــاندن آن هم زیاد اســـت. اما به‌طور کامل از خشم رها نمی‌شـــوم. امشب من از دست ســـگم عصبانی شدم چون ساندویچم را قاپید. من با لحنی نه چندان مؤدبانه به سگ حرف‌های بدی زدم. اما چند دقیقه بعد زدم زیر خنده. فکر کنم توانایی خندیدن به خود علامت خوبی است که نشـــان می‌دهد ما در حال پیشرفت هستیم. فقط به خاطر داشته باشـــید که به خودتان ســـخت نگیرید. تغییر کند و آهسته اتفاق می‌افتد. مادامی که به کار کردن روی تغییر روایت‌هامان ادامه می‌دهیم و ســـرگرم تمرین‌های روحانی هستیم، شاهد تغییرات خواهیم بود.

چه زمانی شـــده که خدا برای شـــکل دادن شـــخصیت شما، از آزمایشی استفاده کرده باشد؟

پرورش روح

نگاه داشتن شبات

نگاه داشتن شــبات یکی از تمرین‌های روحانی است که به ما کمک می‌کند تا بهتر با خشم دست و پنجه نرم کنیم. شاید عجیب به‌نظر برسد، چون خشــم و نگاه داشتن شــبات ظاهراً نباید هیچ ربطی به هم داشته باشــند. اما یک رابطهٔ محکم وجود دارد. خشــم، احساسی است که به انتظارات نابرآورده و ترس مربوط می‌شــود. شبات هم با اعتماد کردن به خدا و طریق‌هایش مرتبط است. نورمن ویرزبا[1] می‌گوید:

> *آرامی شــبات دعوتی است به اعتماد شبات، دعوتی به نشان دادن ایــن نکته که در زندگی روزمره به فیض خدا ســرپا و محفوظیم، نه به قوت و چیره‌دستیِ خودمان. برای لذت بردن از روز شــبات، باید میل به اِعمال کنترل مطلق را رها کنیم. باید بیاموزیــم که با منّایی که ســخاوتمندانه در اطراف‌مان فروریخته، زندگی کنیم.*

خشــم، نتیجهٔ میل ما به کنترل (انتظارات نابرآورده) و ترس اســت، و شــبات به ما می‌آموزد که به قوت خدا اعتماد کنیم. بدین‌ترتیب، نگاه

1. Norman Wirzba

داشـــتن شبات یک تمرین کامل است که برای مقابله با خشم به ما کمک می‌کند.

شـــبات ما را از گردونهٔ حکمرانی بر زندگی‌مان، بیرون می‌راند. وقتی به خدا اجازه می‌دهیم که از ما مراقبت نماید، آن‌وقت آسوده می‌شویم و از زندگی لذت می‌بریم. معنای اصیل و واقعی استراحت کردن هم همین است. به همین علت اســـت که خواب بخش مهمی از شبات را تشکیل می‌دهد. خواب یکی از کارهایی اســـت که از اعتماد ناشـــی می‌شود. ما اعتماد داریم که حتی زمانی که هیچ دلیلی برای اثبات خوب بودن اوضاع وجود ندارد، هیچ‌کس به ما آسیبی نمی‌زند.

استراحت. اعتماد. واگذاری کنترل. اینها عناصر اصلی در نگاه داشتن شبات هســـتند و به ما کمک می‌کنند با خشم مقابله کنیم. اما نگاه داشتن شبات چیزی است فراتر از خودداری کردن از انجام فعالیت. نگاه داشتن شبات دربرگیرندهٔ شادی و نشـــاط هم هست. عیسی شبات را بر اساس موازین شـــریعت رعایت نمی‌کرد. او در بسیاری از موارد در روز شبات دست به اعمالی زد که فریسیان فکر می‌کردند گناه‌آلود است. برای مثال، او مردم را شـــفا می‌داد، و در یک مورد هم او و شاگردانش قدری ذرت چیدند و بعداً خورند. عیســـی با هوشـــمندی به نکته‌ای اشـــاره می‌کند: «آنگاه به ایشان گفت: شبات برای انسان مقرر شده، نه انسان برای شبات. بنابراین، پسر انسان حتی صاحب شبات است.» (مرقس ۲:۲۷-۲۸)

مثل هر تمرین روحانی دیگر، شبات هم می‌تواند تا حد شریعت‌گرایی پایین آورده شـــود. اما عیســـی می‌گوید که شـــبات یک هدیه است، نه مجموعه قوانینی شـــرعی. یقیناً عیسی شـــبات را نگاه می‌داشت، زیرا او هرگز گناه نکرد. او شبات را به روش درست نگاه می‌داشت.

ولی ما چگونه می‌توانیم نگاه داشتن شـــبات را تمرین کنیم؟ تجربه ثابت کرده که باید از کم شـــروع کـــرد. من در اینجا بـــه چند مورد که انجام‌شان را دوست دارم، اشاره می‌کنم.

- زمانی را صرف برنامه‌ریزی برای شبات‌تان کنید. چه روزی این کار را انجام خواهید داد؟ چه خواهید کرد؟ چه خواهید خورد؟

• شب را با شام مخصوص برای خود، خانواده و دوستان‌تان آغاز کنید.
• وقتی همه ســر میز حاضر شدند، در سط میز یک یا دو شمع روشــن بگذارید. می‌توانید این دعای باســتانی یهودیان را که معمولاً زن خانه بر زبان می‌آورد، به‌کار ببرید: «متبارک هستی تو ای خداوند خدای ما، پادشاه جهان، که ما را با احکامت تقدیس فرمودی و به ما فرمان دادی تا چراغ‌های شبات را برافروزیم.»
• در خلال صرف شام مرسوم اســت که مرد خانه (پدر، اگر فرزندی باشد) همه را ســر میز شام برکت بدهد. من معمولاً این کار را به‌طور غیررســمی انجام می‌دهم (مثلاً به بچه‌هایم می‌گویم که چقدر دوست‌شــان دارم و چقــدر به آنها افتخار می‌کنم). این کار بسیار خاصی است.
• بازی کنید!
• غذاهای خوشــمزه‌ای که دوســت داریــد، بخورید. من با قاعده‌ای نانوشته (و اثبات‌ناشده) زندگی می‌کنم: اینکه در روز شبات کالری‌ها حساب نمی‌شوند!
• با هم به کلیســا بروید (البته اگر یکشــنبه را به‌عنوان شبات خود برگزیده‌اید).
• ســعی کنید شــام را بیرون از خانه نخوریــد (چون باعث می‌شــود دیگران کار کنند)، که معنی‌اش آن است که باید غذا را خودتان از روز قبل آماده کنید.
• چرتی بزنید!
• زمانی را برای دعای خصوصی کنار بگذارید.
• یک کتاب روحانیِ خوب بخوانید یا در دفتر یادداشت‌های روزانه خود چیزی بنویسید.
• به فهرســت برکاتی که قبلاً طی دورهٔ آموزشــی (در کتاب اول، خدای خوب و زیبا) به‌وجود آورده‌اید، نگاهی بیندازید و شکرگزاری کنید.

- زمانی را صرف خواندن کتاب‌مقدس کنید- فقط آن را تبدیل به یک مطالعهٔ سنگین نکنید.
- میهمان‌نوازی را تمرین کنید- از دوستان‌تان دعوت کنید با شما غذا بخورند.

یک پرسش رایج: آیا برای نگاه داشتن شبات، روز خاصی از هفته مورد نظر است؟ به نظر من، نه. برای قوم یهود و ادونتیست‌های روز هفتم، این روز شنبه است (یا به بیان دقیق‌تر، از غروب جمعه تا غروب شنبه). اما از سدهٔ چهارم به بعد، اکثر مسیحیان یکشنبه، یعنی روز برخاستن خداوند را از قبر، شبات شمرده‌اند. این امر به مسیحیان اجازه داد تا شبات باستانی و رستاخیز عیسی را پاس بدارند. برای بیشتر مسیحیان یکشنبه بهتر است، چون روز تعطیل است. با وجود این، من اعتقاد ندارم که تعیین یک روز خاص کار درستی باشد. (برای شبانان، یکشنبه روزی است که کمترین استراحت را در طول هفته تجربه می‌کنند!)

فصل پنجم

چگونه به‌دور از شهوت زندگی کنیم

در ساعت ۳:۳۰ دقیقهٔ بعدازظهر تلفن دفترم زنگ خورد.
«سلام بابا. منم جیکوب.» جیکوب به‌ندرت در محل کارم با من تماس می‌گرفت که آن هم یا برای دادن خبری بود یا خواسته‌ای داشت.
«سلام رفیق، چه خبر؟»
«من فقط یک سؤال داشتم.»
گفتم: «خب بپرس.»
«چه موقعی برای بوسیدن یک دختر مناسب است؟»
خشکم زد. او فقط دوازده سال داشت، و من می‌دانستم که این بحث قبلاً هم یک‌بار پیش آمده بود، اما باز از صراحت سخن او جا خوردم. نمی‌خواستم هیچ پیش‌داوری‌ای کرده باشم، بنابراین پرسیدم: «آیا این سؤال را می‌کنی، چون در فکر بوسیدن دختری هستی؟»
«اوم ... آره.»
«چند وقته که می‌شناسیش؟»
«مدتی هست.»
«آیا آروم پیش رفتید؟»

«بابا، دیگه هیچ‌کس این اصطلاح رو نمی‌پرسه.»
«خیلی خوب. آیا دوست‌دخترته؟»
«یک جورایی.»
«این موضوع ممکنه یه جورایی عجیب بشه، رفیق. اما آیا می‌تونی یه برگه کاغذ بیاری؟»
او گفت: «حتماً». صدای خش‌خش کاغذ را از این سوی خط شنیدم.
گفتم: «حالا، ازت می‌خواهم یه مثلث بکشی، و بعد به سؤالت جواب می‌دم.»
طی بیست دقیقه بعد، من رابطهٔ بین نزدیکی فیزیکی و تعهد رابطه را برایش تشریح کردم. سپس جیکوب گفت: «فکر کنم موضوع رو فهمیدم، بابا. خیلی معقول و منطقی بود. ممنون.»
دستِ‌کم برای یک روز احساس کردم که گویی نقش پدری خودم را به‌خوبی ایفا کرده‌ام.

کلیسایی خاموش در فرهنگی غرق در سکس

جامعهٔ معاصر در شهوت و تمایلات جنسی غرق شده است. مجلات از سکس لبریزند؛ برنامه‌های تلویزیونی از آن پر شده‌اند؛ بخش عمده‌ای از موسیقی معاصر چیزی نیست جز شعرهایی در وصف شهوت که با روکش عشق پوشانده شده‌اند. انسان شیفتهٔ تمایلات جنسی است. مردم برای سکس زندگی می‌کنند، برای سکس می‌کشند و برای سکس می‌میرند. هر ساله بیش از چهارده هزار مضمون سکسی برای پخش از تلویزیون ساخته می‌شود؛ به‌طور میانگین یک فرد در طول زندگی‌اش بیش از یکصد هزار مورد از این مضامین را می‌بیند. از هنرپیشهٔ زنی در یکی از سریال‌های جنایی محبوب پرسیدند که چرا برای شخصیت پزشک قانونی چنین پیراهن باز و بدن‌نمایی پوشیده است (متخصصان پزشکی قانونی معمولاً روپوش می‌پوشند). او در پاسخ گفت: «هرچه بدن عیان‌تر باشد، ارزیابی بینندگان بالاتر خواهد بود.» ما چنان نسبت به تصویرپردازی جنسی حساسیت‌مان را از دست داده‌ایم که سازندگان

تبلیغــات می‌دانند برای جلــب توجه ما باید از تصاویـــر تحریک‌کننده استفاده کنند.

مسیحیان (و همچنین مسلمانان، یهودیان و حتی بی‌دینانی که نگران اخلاقیاتند) ســعی کرده‌اند در برابر این فرهنگ بایستند و از این موضع دفاع کنند که پاکدامنی جنسی، نجابت و وفاداری دارای اهمیتند. مثلاً ما به کلیسا می‌رویم، دعا می‌کنیم، ســرود می‌خوانیم و ذهن‌مان را متوجه امور فرازمینی می‌کنیم و وقتی به خانه برمی‌گردیم، هنگام تماشای مسابقهٔ فوتبــال، یک دوجین تبلیغ و آگهی مربوط به ســریال‌های بعدی از برابر دیدگان‌مان می‌گذرند که پر از صحنه‌های جنسی و خشونتند.

پســر من، همهٔ این تصاویر را دیده و از دوستان مدرسه‌اش اطلاعات غلط و گمراه‌کنندهٔ بسیاری شنیده و حالا در سردرگمی امیال طبیعی خود گرفتار شده است. چه کسی قرار است به این جوانان کمک کند؟ در واقع، چه کســی به ما کمک می‌کند تا در این فرهنگی که از لحاظ جنسی آشفته اســت، راهی برای وفــادار زندگی کردن پیدا کنیــم. دو روایت غالب و متداول وجود دارد که پســر من هر دو را شنیده است. هر دو نادرستند، و هر دو به دلسردی و شکست منتهی خواهند شد. دالاس ویلارد می‌گوید: «دو خطای اصلی در حیطهٔ روابط جنسی انسان عبارتند از: ۱) تصور اینکه میل جنسی تماماً خوب است، و ۲) اینکه میل جنسی تماماً بد است.»

روایت نادرست مسیحی: میل جنسی تماماً بد است

روایت اول می‌گوید که میل جنســی ذاتاً گناه‌آلود است. این عقیده از آغاز تاریخ کلیسا در محافل مسیحی رواج داشته است. در میان نخستین نویسندگان مســیحی، هستند بسیاری که ما می‌توانیم در آثارشان رد پای این عقیده را پیدا کنیم. اما شــاید مشــهورترین آنها آگوستین اهل هیپو[1] نویســندهٔ برجسته و تأثیرگذار مسیحی باشــد. آگوستین که در سده‌های چهارم و پنجم می‌نوشت، بر این باور بود که میل جنسی گناه‌آلود است.

---

1. Augustine of Hippo

آگوستین در سراسر عمر خود با شهوت دست و پنجه نرم کرد. ما این موضوع را از کتاب *اعترافات* او درمی‌یابیم که در آن آگوستین چنین دعا می‌کند: «خداوندا، مرا عفیف گردان، ... اما نه هنوز»، که به‌روشنی نشان‌دهندهٔ کشمکش درونیِ او است. او سرانجام این روایت را پذیرفت که می‌گوید میل جنسی بد است؛ تجرد کامل خوب است. نوشته‌های آگوستین طی پانزده سده بر اندیشهٔ اکثریت مسیحیان- اعم از کاتولیک و پروتستان- چیره بوده است. اما او تنها کسی نبود که این روایت را قبول داشت.

در طول تاریخ کلیسا- پیش و پس از آگوستین- معدود متفکران مسیحی بوده‌اند که نسبت به میل جنسی انسان، موضع مثبتی داشته‌اند. اکثریت، به‌طور قاطع از گناه‌آلود، تیره و بد بودن میل جنسی سخن گفته‌اند. تا دورهٔ قرون وسطی[1] برخی از وقف‌شده‌ترین مردان و زنان روحانی در صومعه‌ها زندگی می‌کردند، و به همین‌خاطر به‌ندرت جنس مخالف خود را می‌دیدند، تا مبادا دچار وسوسه شوند. حتی در روزگار ما هم، خیلی از کلیساها برای تبیین یک دیدگاه متعادل در مورد میل جنسی انسان با مشکل روبه‌رو هستند.

روایتِ کلیسا پخش نمی‌شود بلکه از طریق سکوت نسبی بیان می‌گردد: دربارهٔ مسائل جنسی نپرس، نگو، حرف نزن. البته شبانان گروه‌های جوانان هرازگاهی به موضوع اشاره می‌کنند، اما با ترس و لرز، با اجازهٔ والدین و تا اندازه‌ای هم با شرمساری. اما به‌ندرت پیش می‌آید که از بالای منبر یا در کانون شادی به آن اشاره‌ای شود. موضوع سکس تابو (ممنوع) است. با وجود این، برخی از اعضای کلیسا درگیر روابط نامشروع یا پورنوگرافی هستند و مانند آگوستین با شهوت دست و پنجه نرم می‌کنند.

شما بیشتر با کدامیک از این روایت‌های نادرست بزرگ شده‌اید؟ آن چه تأثیری بر زندگی شما گذاشته است؟

---

1. Medieval Period

ما بـــا پرهیز از صحبت کردن در مورد میل و رابطهٔ جنســـی، تلویحاً می‌گوییم که آن گناه‌آلود اســـت. سکوت ما ســـردرگمی به‌بار می‌آورد، موجب ناآگاهی می‌شـــود و مایهٔ ایجاد شقاق بیشـــتر بین جان و تن‌مان می‌شـــود. زمانی که در مورد شکســـت‌های جنســـی برخی شـــبانان و کشیش‌ها مطلبی می‌شـــنویم، دوبرابر بهت‌زده می‌شویم: *چگونه ممکن اســـت که شـــخصی مقدس مرتکب چنین کاری شود؟* و در کمال اندوه شـــگفت‌زده می‌شویم. از قرار معلوم، مســـیحیان وقتی از حوض تعمید بیرون می‌آیند، باید به «خواجگان پادشـــاهی خدا» تبدیل شوند. روایت خاموش مـــا به‌جای تصدیق نیازی اصیل، به شـــرم و انـــکار دربارهٔ آن می‌انجامد.

روایت نادرست دنیوی: میل جنسی تماماً خوب است

روایت نادرست دوم برخاســـته از فرهنگ معاصر غربی است: «میل جنسی دربست خوب اســـت.» این روایت محصول سده‌های بیست یا بیست‌ویکم نیست. رویکردها و رفتارهای جنسی کالیگولا[۱] امپراتور روم یا برخی از فیلســـوفان یونانی، سرخی شـــرم را بر گونه‌های ما می‌نشاند. منتها آن رویکردها و رفتارها این روزها فراگیرتر شده‌اند.

روایتی که می‌گوید میل جنســـی تماماً خوب اســـت، در دههٔ ۱۹۶۰ در فرهنگ آمریکایی پذیرفته شـــد و جوانان این نسل به عشق آزاد روی آوردند. هیو هفنر[۲] «فلسفهٔ پلی‌بوی» را به‌وجود آورد، که می‌گفت آمیزش جنســـی عملی کاملاً طبیعی اســـت و اینکه هر کسی باید به هر اندازه که می‌خواهد، از آن بهره ببرد. امروزه ما همین را به آشـــکارترین شکل در تلویزیون و فیلم‌های سینمایی می‌بینیم، جایی که اکثر فعالیت‌های جنسی در بیرون از چارچوب زناشـــویی اتفاق می‌افتنـــد. در موزیک ویدیوها خوانـــندگان زن با پوششـــی اندک، با حالتـــی تحریک‌آمیز می‌رقصند و شـــهرها هم فحوای شـــهوانی دارند و به لذت‌های جنسی می‌پردازند.

1. Caligula; 2. Hugh Hefner

روایت تلویحی این است که یک زندگی خوب زندگی سرشار از شهوت است، زندگی‌ای که در آن روابط جنسی آزاد باشد.

تنها محدودیتی که امروزه بر رفتار جنسی حکمفرماست این است که هیچ‌کس نباید به شخص دیگری آسیب برساند یا از او سوءاستفاده کند. فعالیت جنسی همیشه باید با رضایت طرفین صورت بگیرد. از این که بگذریم، روایت متداول چنین است: «اگر مردم چیزی را می‌خواهند، پذیرفتنی است.» این روایت، فرهنگ ما را به روی اعمالی گشود که در طول تاریخ رد شده بودند. چیزهایی که سابق بر این ما را تکان می‌داد، اکنون به‌ندرت حتی توجه ما را جلب می‌کند. در عصر تسامح، ما به‌کل حساسیت‌مان را از دست داده‌ایم.

اندازه‌ای از حقیقت

این روایت‌ها چگونه توانستند فراگیر شوند؟ زیرا مانند هر روایت نادرست دیگری، هر دو تا اندازه‌ای دربرگیرندهٔ حقیقتند. آری، میل جنسی انسان را به‌سوی رفتارهایی می‌کشاند که بعدها از انجامش پشیمان می‌شود. این میل در پَسِ روابط نامشروع، بی‌بندوباری جنسی و پورنوگرافی اینترنتی است، اما اشتباه است اگر همهٔ گناه را به گردنِ میل جنسی بیندازیم. ما نمی‌گوییم که میل به غذا بد است، چون باعث می‌شود بعضی از مردم پرخوری کنند، یا اینکه تشنگی بد است زیرا موجب می‌شود برخی از مردم مست کنند.

روایت فرهنگ ما هم قدری حقیقت در بر دارد: میل جنسی در حقیقت خوب است. اولین فرمان خدا به آدم و حوا این بود: «بارور و کثیر شوید» که به رابطهٔ جنسی مربوط می‌شود. خدا آن را طراحی کرده است؛ از این طریق است که ما بقای گونه‌ها را حفظ می‌کنیم و همین است که ازدواج را ارتقا می‌بخشد. اما صِرف اینکه خدا آن را فرمان داده، بدین‌معنا نیست که هیچ حد و مرزی وجود ندارد؛ صِرف اینکه طبیعی است، دلیل نمی‌شود که همیشه درست باشد؛ صِرف اینکه احساس خوبی می‌دهد قرار نیست که همیشه هم خوب باشد. نه همهٔ امیال و رفتارهای جنسی خوب هستند و نه همگی بد.

روایت عیسی: مشکل اپیسومیا است

عیسی می‌دانست که میل جنسی تا چه اندازه مهم است، و تا چه اندازه می‌تواند زندگی را ویران کند یا آن را بهبود ببخشد. او در موعظهٔ بالای کوه دربارهٔ این موضوع سخن گفت. بدبختانه، سخنان او اغلب با سوءتفاهم روبه‌رو می‌شود، و مشکل ما با مسائل جنسی هم از همین جا نشأت می‌گیرد.

> «شنیده‌اید که گفته شده، "زنا مکن." اما من به شما می‌گویم، هرکه با شهوت به زنی بنگرد، همان دم در دل خود با او زنا کرده است. پس اگر چشم راستت تو را می‌لغزاند، آن را به درآر و دور افکن، زیرا تو را بهتر آن است که عضوی از اعضایت نابود گردد تا آن که تمام بدنت به دوزخ افکنده شود. و اگر دست راستت تو را می‌لغزاند، آن را قطع کن و دورافکن، زیرا تو را بهتر آن است که عضوی از اعضایت نابود گردد تا آن که تمام بدنت به دوزخ افکنده شود.»
> (متی ۵:‏۲۷–۳۰)

این عبارت خیلی‌ها را بر آن داشته که عیسی می‌گوید فقط یک نگاه شهوت‌آلود با ارتکاب زنا *برابر* است. قطعاً به‌نظر می‌رسد که این‌طور است. اما با نگاهی دقیق‌تر چیزی متفاوت آشکار می‌شود.

توضیح بدهید که چگونه شخص شهوتران از وضعیت درونی مشابه زناکار برخوردار است؟

واژه‌ای که در این عبارت برای شهوت به‌کار رفته، اپیسومیا[1] است. این واژه معنایی بسیار خاص داشت. *اپیسومیا* به جذابیت جنسی معمولی اشاره نمی‌کند، بلکه بدین معناست: *از روی عمد کسی را برای لذت خود در نظر مجسم کردن*. وقتی من راجع به این موضوع با دانشجویان

1. Epithumia

بحث می‌کنم، آن را بدین‌گونه توصیف می‌نمایم: *اپیسومیا* نه به نگاه اول، بلکه به نگاه دوم اشاره می‌کند. نگاه اول می‌تواند ناشی از جذابیت صِرف باشد، اما نگاه دوم چشم‌چرانی است. شهوت نه برای شخص، بلکه برای قسمت‌های به‌خصوصی از بدن او ارزش قایل می‌شود.

اپیسومیا فراتر از جذابیت جنسی صِرف است، و عمداً میل جنسی را برای خاطر خود احساس جنسی پرورش می‌دهد. این درست نقطهٔ مقابل عشق است. عشق به چشم‌ها نگاه می‌کند؛ *اپیسومیا* در پَسِ نگاه به‌دنبال مطلوب خود می‌گردد. عشق برای دیگری به‌عنوان شخص ارزش قایل می‌شود؛ *اپیسومیا* ارزش دیگری را پایین می‌آورد. ما باید میان جذابیت و شیء‌انگاری، و میان احساس میل جنسی و *اپیسومیا* تمایزی آشکار قایل شویم. وقتی نمی‌توانیم میان آنها فرق بگذاریم، روایت نادرست اول را اتخاذ می‌کنیم و می‌پنداریم که جذابیت جنسی به خودی خود چیز بدی است.

یک روز داشتم به اتفاق برادرم در ساحل دریا قدم می‌زدم و سخت درگیر یک مکالمه داغ در مورد خدا بودیم. زن جوانِ زیبا و بیکینی پوشیده‌ای داشت از روبه‌رو می‌آمد و توجه هر دوی ما به او جلب شد. وقتی او از کنار ما گذشت، هر دو نگاهی به یکدیگر کردیم و گفتیم: «اوه!» الآن ما مرتکب گناه شدیم؟ من گمان نمی‌کنم. اگر او توجه ما را به خود جلب نمی‌کرد، ما اشخاصی فاقد حس جنسی بودیم. از نظر من واکنش ما کاملاً طبیعی بود. حال، اگر ما برمی‌گشتیم و دنبال او می‌افتادیم، چشمان‌مان را بر بدن او می‌دوختیم، و در خیال‌مان رویای آمیزش جنسی با او می‌پروراندیم، آن‌وقت گناه کرده بودیم. در آن صورت از مرز جذابیت جنسی صِرف گذشته، وارد *اپیسومیا* شده بودیم. ولی ما این کار را نکردیم.

شخصی جدید

عیسی در اینجا در مورد تفاوت میان پارسایی درونی و بیرونی و نیز در مورد تبدیل شخصیت در پادشاهی خدا تعلیم می‌دهد. بیشترین

دغدغهٔ عیسی دل انسان، و به‌خصوص تبدیل کردن آن به دلی خوب است. دل خوب هیچ‌وقت کسی را برای لذت خود در نظر مجسم نمی‌کند. در پادشاهی خدا ما بر پایهٔ هویت تازه‌ای که یافته‌ایم، به شخص جدیدی تبدیل می‌شویم چون مسیح در ما ساکن است. چنین اشخاصی شخصیت درونی خود را پرورش می‌دهند تا دیگر میل جنسی بر ایشان مسلط نباشد.

در دوران عیسی زنا به معنای تماس جنسی دو فرد بود که با هم ازدواج نکرده بودند، و دستِ‌کم یکی از آن دو متأهل بود. فرق میان دوران عیسی با ما این است که اتهام زنا را تقریباً به‌طور انحصاری در مورد زن به کار می‌بردند. یک مرد، حتی اگر متأهل هم بود، می‌توانست با زنان دیگر، و از جمله با کنیزان و فاحشه‌ها رابطهٔ جنسی داشته باشد. اما یک زن تنها مجاز بود با همسر خود رابطهٔ جنسی داشته باشد. اتهام زنا معمولاً به اعدام زنِ متهم ختم می‌شد. اما روی سخن عیسی در متی ۵:۲۷-۳۰ مستقیماً با مردان است.

عیسی برای مردان توضیح می‌دهد که *اپیسومیا* شکل دیگری از زنا است. در عمل زنا، میل جنسی بر تعهدات فرد پیروز می‌شود. زنا تلویحاً این پیام را دارد که: «برآوردن میل جنسی‌ام از برآوردن تعهداتم مهم‌تر است. من اصلاً اهمیت نمی‌دهم که در این میان، دیگران لطمه ببینند؛ در حال حاضر به تنها چیزی که اهمیت می‌دهم، وجود خودم است.» در مورد شهوت هم همین امر صادق است: ارزش قایل شدن برای دیگری به‌عنوان یک موجود مقدس نادیده گرفته می‌شود. در اینجا عیسی با استادی لُب مطلب را بیان می‌کند. او ما را به پادشاهی خدا دعوت می‌کند تا انسان‌های جدیدی شویم- کسانی که برای دیگران ارزش قایل‌اند و به آنها احترام می‌گذارند.

اپیسومیا در مورد زنان

بعضی زنان به من گفته‌اند که فکر می‌کنند *اپیسومیا* یک معضل منحصراً مردانه است: «من هیچ‌وقت اندام‌های بدن یک مرد را مجسم

نمی‌کنم؛ من برای پروردن احساسات شهوت‌آلود به مردان نگاه نمی‌کنم.» ولی من اعتقاد دارم که هرچند زنانی هستند که از این طریق شهوت‌رانی نمی‌کنند، اما همچنان با *اپیسومیا* دست و پنجه نرم می‌کنند. فقط شیوهٔ ابرازش فرق می‌کند. (خواهش می‌کنم توجه داشته باشید که آنچه می‌خواهم بگویم در مورد همهٔ زنان صدق نمی‌کند، همچنان که همهٔ مردان هم مشمول آن نمی‌شوند.)

اپیسومیا معمولاً با تجسم کردن *بدن* همراه است. اما می‌تواند به‌صورت تجسم کردن شخصیت[1] هم همراه باشد. برخی از زنان در عین اینکه خود را درگیر تجسم کردن بدن مرد نمی‌کنند، اما شخصیت مرد را مجسم می‌سازند. برای مثال، رمان‌های عشقی یا فیلم‌های رومانتیک را در نظر بگیرید. مردی («درک»[2] یا «براک»[3]) زن تنها و درک‌نشده‌ای را نجات می‌دهد و او را سوار بر اسبی سپید با خود می‌برد (به سیندرلا فکر کنید تا ۹۰ ٪ طرح رمان‌های عشقی دستگیرتان شود). مرد در گوش زن نجوا می‌کند که او زن رویاهایش است و تا ابد او را دوست خواهد داشت، و از او مراقبت و محافظت خواهد کرد.

زنان، نیازهای عاطفی- احساس محبوب و ارزشمند بودن، احساس خاص و مقدس بودن- خود را از طریق رمان‌های عشقی برآورده می‌کنند. دِرک، این احساسات را برآورده می‌سازد. اما دِرک که واقعی نیست. و در اینجا است که مشکل بروز می‌یابد. او موجودی خیالی است. او شیئی است که ارزش تماشای دوباره و سه‌باره و چهارباره را دارد. نه تعاملی در میان است نه صمیمیتی نه رابطه‌ای. خواننده فقط خیال‌پردازی می‌کند، چون این کار به او احساس خوبی می‌دهد.

من یک‌بار خطاب به کلاس دانشجویان دورهٔ فوق‌لیسانس گفتم که به نظر من رمان‌های عشقی نسخهٔ زنانهٔ پورنوگرافی هستند. اکثر زنان از این مقایسه جا خوردند. اما چند ماه بعد زنی میانسال و مجرد به من گفت: «وقتی شما رمان‌های عشقی را با پورنوگرافی مقایسه کردید، من واقعاً

1. Persona; 2. Dirk; 3. Brock

رنجیده‌خاطر شدم چون من زیاد از این رمان‌ها می‌خوانم. اما بعد شروع کردم به فکر کردن در مورد گفته‌های شما، در مورد تجسم شخصیت، که واقعاً *اپیسومیا* است، و متوجه شدم که حق با شما است. من گنجینه‌ای مخفی از رمان‌های عشقی محبوبم دارم، و گوشهٔ صفحات پرشور و حرارت را تا زده‌ام تا بار دیگر بتوانم آن قسمت‌ها را بخوانم.» درک، با پوستر بزرگِ وسط مجله‌های پورن هیچ فرقی ندارد؛ فقط یکی در ذهن است و دیگری در دید.

اگر شما زنی هستید که رمان‌های عشقی نمی‌خوانید یا فیلم‌های عشقی نگاه نمی‌کنید، ممکن است با خودتان فکر کنید که *باز این یکی هم ربطی به من ندارد*. اما آیا تا کنون شده که فکر کنید «شوهر ایده‌آل» یا «دوست‌پسر ایده‌آل» شما باید دارای خصوصیاتی چنین و چنان باشد؟ آیا هرگز در مورد مرد رویاهاتان خیال‌پردازی نکرده‌اید؟ این هم می‌تواند شکل دیگری از *اپیسومیا* باشد.

در آخر، زنان زیادی درگیر پورنوگرافی اینترنتی هستند. بعضی از آنها عمیقاً مشکل دارند چون بیش از اندازه در مورد سکس فکر می‌کنند و به آن میل دارند. نکته در اینجا است که هم مردان و هم زنان با *اپیسومیا* دست به گریبانند. خبر خوش این است که راه‌حل مشکل هم برای مردان است و هم برای زنان.

اگرچه ممکن است شیوه‌های ابراز متفاوت باشند، موضوع اصلی و مشترک در مردان و زنانی که با اپیسومیا دست به گریبانند، چیست؟

درمانِ اپیسومیا، زیستن در پادشاهی خدا است

ما در پادشاهی خدا مجموعه‌ای از داستان‌های تازه را می‌آموزیم. وقتی در پادشاهی خدا زندگی می‌کنیم یاد می‌گیریم که خدا نیکو است، و می‌آموزیم که همه چیز را از روزنهٔ چشمان خدا ببینیم. زیستن در پادشاهی خدا، و به موجب آن تغییر روایت‌های نادرست به روایت‌های

پادشـاهی خدا، راه‌حل غلبه بر *اپیسومیا* اسـت. خیلی‌هـا به کرّات کوشـیده‌اند- و شکسـت خورده‌اند- تا با بهره‌گیری از نیروی اراده و دعاهای اشک‌آلودشان با شـهوت بجنگند، اما هیچ تغییر عمده‌ای اتفاق نیفتاده اسـت. ما صرفاً با عوض کردن رفتارمان نمی‌توانیم دل‌مان را هم عوض کنیم. به همین دلیل اسـت که عیسی می‌گوید اگر چشم‌مان باعث لغزش ما شد، بهتر است آن را به‌در آوریم.

نباید از گفتهٔ عیسی برداشت تحت‌اللفظی کرد. او، در واقع، از نوعی صنعت ادبی موسوم به تقلیل به پوچی[1] استفاده می‌کند، و این یعنی تقلیل دادن اسـتدلال به پوچیِ منطقی‌اش. او داشـت این باور متداول را مورد حمله قرار می‌داد کـه می‌گفت گناه در همان عضو خاطیِ بدن سـاکن است. از این‌رو است که در برخی از فرهنگ‌ها دست دزد را می‌برند. آنها استدلال می‌کنند که: عضو آلوده به گناه را قطع کنید، و گناه از بین خواهد رفت. عیسی می‌گوید: «چشم راستت تو را می‌لغزاند، آن را به‌درآر و دور افکن».

دالاس ویلارد اغلب به شوخی می‌گوید: «البته منظور عیسی این نیست که اعضای آلـوده را قطع کنیم، تا همچون کنده‌های خون‌آلود به‌سـوی آسـمان بغلطیم!» او از منطق خود آنها برای نشان دادن نتیجه‌گیری پوچ و بی‌معنای‌شـان استفاده می‌کند. مشکل در دست یا چشم ما نیست- این شـهوت است که در دل ما لانه می‌کند. البته جای تردید نیست که بدن ما در انجام گناه دخالت دارد، اما مقصر واقعی در درون است، یعنی در فکر و قلب ما است. من زمانی اسیر شهوت می‌شوم- یا شهوت (*اپیسومیا*) را در درونم می‌پرورانم- که احساس خلأ می‌کنم و جایی ندارم تا امیال قوی خود را در آن متمرکز کنم. وقتی در اتحاد و همبسـتگی نزدیک با خدا و پادشاهی‌اش نیستم، در روح من خلأیی وجود دارد. می‌خواهم چیزی را احسـاس کنم، چیزی مرا به خودش علاقمند کند، و وقتی ارتباطم با خدا و پادشاهی او قطع شده، یکی از پرهیجان‌ترین جایگزین‌ها *اپیسومیا* است.

1. Reductio ad Absurdum

اپیسومیا به من اجازه می‌دهد که حس و شور بسیار قوی و خوبی را احساس کنم. اما مثل راحت‌الحلقوم داستان *شیر، جادوگر و جالباسی*[۱] ما را سیر نمی‌کند و تازه اشتهای‌مان را برای بیشتر خوردن تحریک می‌نماید. میل چنان شدید است که حاضریم برای داشتنش هر کاری بکنیم. اما پادشاهی خدا چگونه به ما کمک می‌کند؟ وقتی در ارتباط درست با خدا و پادشاهی‌اش قرار داشته باشیم، متوجه می‌شویم که جای خالی پر شده است.

زندگی نزدیک و صمیمانه با خدا در پادشاهی او، چگونه می‌تواند در رویارویی با اپیسومیا به ما کمک کند؟

زیستن در پادشاهی خدا شبیه ماجراجویی است. من هرگز نمی‌دانم که خدا کِی و چطور در زندگی من کار می‌کند، اما همیشه چنین به‌نظر می‌رسد که خدا آن کار را در زمان درست و به روش درست انجام می‌دهد. چند وقت پیش مشغول کار کردن روی یک پروژهٔ خدمتی بودم که در آستانهٔ شکست قرار داشت. دقیقاً در لحظهٔ درست یک فرصت جدید به‌وجود آمد و منابع تازه‌ای در اختیار ما قرار گرفت. تنها کاری که می‌توانستم بکنم لبخند زدن بود. کار کردن با خدا و پادشاهی‌اش همیشه برای من مثل این بوده است.

در پادشاهی خدا ما می‌دانیم که هستیم و از آنِ چه کسی می‌باشیم. نیاز به احساس محبوب بودن، مهم بودن، و مقدس و خاص بودن، در یکی شدنِ ما با مسیح برآورده می‌شود. وقتی دل در امور بالا (پادشاهی خدا) می‌بندم، کشف می‌کنم که جزو چیزی تکان‌دهنده و هیجان‌انگیز- توطئهٔ الاهی- هستم و به هر طرف که رو می‌کنم، خدا را در کار می‌بینم. حالا من آن نمایش را که دنبالش بودم، پیدا کرده‌ام. اکنون من جایی دارم تا نیرویم را به‌سوی آن جهت دهم. راب بل[۲] می‌نویسد:

---

۱. The Lion, the Wizard, and the Wardrobe – رمانی نوشتهٔ سی. اس. لوئیس. م.

2. Rob Bell

> *اگر فقط من هستم که با شهوت مخالفم، پس هیچ‌وقت شانس با من یار نیست ... خلاصی از چیزی که قلابش را در وجود شما فرو کرده، اسمش هرچه می‌خواهد باشد، ممکن نیست، تا زمانی که چیز دیگری پیدا کنید که بیشتر خواهانش هستید. اصلاً صحبت خلاص شدن از شرّ امیال نیست. حرف سر تسلیم کردنِ خودمان به امیالی بزرگتر و بهتر و نیرومندتر است ... زندگی این نیست که امیال را در وجودتان خاموش کنید یا نیروی حیاتیِ خدادادی را سرکوب نمایید. باید این نیرو را در مجرایی صحیح جاری کرد و متمرکز ساخت و به چیزی زیبا تبدیلش نمود.*

در نهایت، چون من می‌دانم که هستم و در امنیت به‌سر می‌برم (خدا خوب است و امیال من هم خوبند)، آزادم تا دیگران را به روشی جدید ببینم. من دیگر آنها را اشیایی برای بهره‌کشی نمی‌بینم، بلکه آنها را اشخاصی واقعی می‌بینم که خدا از ته دل دوست‌شان دارد.

شادی. قدرشناسی. شکرگزاری. فیض. اینها واژگان پادشاهی خدا هستند. وقتی با خدا در پادشاهی‌اش زندگی می‌کنیم، دوست داشتنِ زندگی را نیز آغاز می‌کنیم. راب بل می‌گوید که این به‌طور خاص زمانی است که با *اپیسومیا* روبه‌رو می‌شویم: «قدرشناسی در کانون زندگی‌ای قرار دارد که خدا ما را برای آن آفریده است. تا زمانی که خودمان را روی آنچه که داریم، و آنچه که خدا به ما داده، و زندگی‌ای که داریم متمرکز نسازیم، پیوسته دنبال زندگیِ دیگری هستیم.» در واقع، شهوت، گرسنگی روحانی برای خدا و پادشاهی او است. از این‌رو مشکلات جنسی ما زمانی حل می‌شوند که به‌عنوان شاگردان عیسی در پادشاهی پرجلال او نام‌نویسی کنیم.

سطح نزدیکی فیزیکی مناسب

زمانی که به کالج می‌رفتم، پروفسور ریچارد فاستر برای پاسخ دادن به همان چیزی که در واقع پرسش پسرم هم بود، از یک نمودار مثلثی

شکل اســـتفاده می‌کرد: سطح نزدیکی فیزیکی مناسب چیست؟ یا چقدر دور بودن خیلی دور اســـت؟ نمودار مزبور خیلـــی به من کمک کرد، و من هم امیدوارم به پســـرم نیز کمک کند. مثلثی را در ذهن مجسم کنید با یـــک زاویه در بالا. دو ضلع این مثلـــث نمایندهٔ دو جنبه از یک رابطه‌اند: یکی سطح تعهد است و دیگری، سطح نزدیکی فیزیکی. قاعدهٔ مثلث هم نمایندهٔ رابطه‌ای عاری از هرگونه نزدیکی فیزیکی و تعهد می‌باشد.

در حالی که ســـطح تعهد بالا می‌رود، ســـطح نزدیکـــی فیزیکی هم می‌تواند بالا برود. نکتهٔ مهم در این نمودار نشـــان دادن این مطلب است که نزدیکی فیزیکی باید با ســـطح مناسبی از تعهد، هماهنگ باشد. برای مثال، در ملاقات اول و دوم تعهد چندانی وجود ندارد، بنابراین، بوسیدن کار مناسبی نیست. اما هرچه ســـطح تعهد بالاتر می‌رود، سطح نزدیکی و صمیمیت هم می‌تواند بالاتر برود، زیرا هر دو طرف به‌درســـتی ارزش یکدیگر را دریافته‌اند.

به کســـانی فکر کنید که بدون هیچ تعهدی درگیر روابط جنسی هستند. این کار آنها را کوچک می‌کند. بعدها (به‌ویژه هنگامی که در تدارک ازدواج با شـــخص دیگری هستند) از ایشـــان دربارهٔ گذشته‌شان ســـؤال کنید، و خواهید دید که ناگزیر احساس پشیمانی، افسوس و شرم خواهند کرد. یک چیز مهمی میان نزدیکی جنسی اشخاص روی می‌دهد. و آن چیزی نیست جز مثلث نبوغ‌آمیز ریچارد: ما موجودات مقدسی هستیم و باید با یکدیگر این‌گونه برخورد کنیم. جایی که دو طرف در رأس مثلث به هم می‌پیوندند، نشـــان‌دهندهٔ بالاترین سطح در نزدیکی فیزیکی- آمیزش جنسی- است که تنها می‌تواند در بالاترین سطح از تعهد- ازدواج- عملی شود.

مثلث، چیز دیگری را هم نشـــان می‌دهد که بسیاری از مسیحیان باید آن را بشـــنوند. هر نزدیکی فیزیکی طی فرایند رشـــد روابط، بد نیست و نباید ممنوع باشد. من در کالج مردی را می‌شناختم که می‌گفت تا زمانی که ازدواج نکنند، دوست دخترش را نخواهد بوسید. در عین‌حال که نیت ممکن اســـت شرافتمندانه باشـــد، اما در واقعیت سالم نیست و می‌تواند به دیدگاهی بســـیار منفی به مســـائل جنسی منجر شـــود. زوجی برایم

تعریــف می‌کردند که وقتی در دوران نوجوانی به کمپ کلیســایی رفته بودنــد، به آنها گفته بودند که نزدیکی فیزیکی کاری گناه‌آلود اســت. هر سال سخنرانان کمپ می‌گفتند که از قرار ملاقات گذاشتن دست کشیده بودند و همسر آینده‌شان را تا شب عروسی حتی لمس نکرده بودند. آنها به‌عنوان الگو و قهرمان مورد ستایش قرار می‌گرفتند. در نتیجه، نوجوانان پیامی روشن دریافت کرده بودند: نزدیکی فیزیکی تابو است. زوج مزبور با صداقت هرچه تمام‌تر گفتند: «زمانی که ما نامزد و بعد ازدواج کردیم، دوران سختی را برای ابراز نزدیکی فیزیکی گذراندیم چون همهٔ آنچه طی سال‌ها شنیده بودیم این روایت بود، "سکس بد و شریرانه است. پس آن را برای ازدواج نگاه دارید!"»

من این نمودار مثلثی را با پســرم در میان گذاشــتم، زیرا می‌خواستم به او نشــان بدهم که نزدیکی فیزیکی میان آدم‌هایی که نسبت به یکدیگر تعهد دارند، چیز خوبی اســت. با این‌حال، اکثریت شکست‌های جنسی زمانی اتفاق می‌افتند که نزدیکی فیزیکی از تعهد جلو می‌زند. اما این بدان معنا نیست که ما باید به‌کلی نزدیکی فیزیکی را رها کنیم. نزدیکی فیزیکی اگر در چارچوب درســت انجام بگیرد، هدیه‌ای خدادادی است که باید وجودش را گرامی داشت.

بــه یاد دارم کــه در حال اجرای مراســم ازدواج زوجی مســیحی، وقف‌شــده و دوست‌داشــتنی بودم. در خلال جلسهٔ مشــاوره پیش از ازدواج، زن در حضور نامزدش گفت: «نامزد من در گذشته با زنان زیادی رابطهٔ جنسی داشته اســت. این کار باعث رنجش خاطر من شده، چون من خودم را برای او نگاه داشــتم. اما او زمانی که جوان بوده این کار را نکرده، و از وقتی پیروی مسیح را آغاز کرده رویه‌اش را تغییر داده است. حالا ما در انتظار زمان ازدواج هستیم. ولی من باید به شما بگویم که یک روز هنگامی که مشغول دعا کردن دربارهٔ این موضوع بودم، متوجه شدم که باید تا ابد با این موضوع روبه‌رو باشــم. این بخشی از روح او است.» سخنان زن بســیار آموزنده بود. ما نه فقط با بدن، که با روح هم سروکار داریم. اهمیت این موضوع هم از همین جا ناشی می‌شود.

چند روز پس از گفتگوی آن روز با پسـرم، از او پرسیدم: «خوب، بالاخره آن دختر را بوسیدی یا نه؟» مراقب بودم که حالت تحکم در گفتارم نباشد، بلکه به او اجازه بدهم تا خودش را ابراز کند. مردم به آسانی در برابر تحکم سر به طغیان برمی‌دارند؛ حکمت خیلی بهتر است.

«نه.»

پرسیدم: «چرا نه؟»

«دلیل اینکه از شما سؤال کردم این بود که بعضی از بچه‌های مدرسه مدام می‌گفتند که بوسیدن یکی دیگر برای تفنن، خیلی کیف دارد، و یکی از بچه‌ها هم به‌خاطر اینکه تا حالا هیچ دختری را نبوسیده بودم، سر به سرم می‌گذاشت. اما به نظرم این کار درستی نباشد. آن مثلثی که نشانم دادی بامعنی بود. من به آن دختر تعهدی ندارم، و او را خیلی خوب هم نمی‌شناسم.»

من خیلی به پسرم افتخار کردم. نسبت به سنش خیلی عاقل بود. دوست داشتم کمی از آن را به حساب خودم بگذارم، اما به گمانم حتی اگر با او حرف هم نمی‌زدم، باز هم دوستش را نمی‌بوسید. یک چیز را مطمئن هستم که جیکوب می‌داند: مسیح در او ساکن است. از وقتی که بچه بود این را به او گفته بودم (خوب راستش روح‌القدس گفته بود). واقعیتی که او بر زبان آورد («به نظرم این کار درستی نباشد») باعث شد که من یقین حاصل کنم که او تصمیم درستی گرفته است، نه به‌خاطر تبعیت از یک قاعده یا قانون، بلکه چون می‌داند که چه کسی است. او نیازی به مثلث نداشت، ولی حالا آن را در ذهن خود دارد. حالا هر وقت می‌خواهد سر قرار حاضر شود، مادرش به او می‌گوید: «مثلث یادت نرود.» بعد همگی لبخند می‌زنیم.

کلام آخر

من طی سال‌ها با آدم‌های زیادی- البته اکثراً مردان- کار کرده‌ام، که با *اپیسومیا* دست به گریبان بوده‌اند. داستان‌های این افراد دردناک و اندوه‌شان بسیار واقعی است. آنها چیزهایی از این قبیل می‌گویند: «من بیش از هر چیز، می‌خواهم عوض شوم.» و با این همه، دوباره و دوباره

بازمی‌گردند و می‌گویند: «من باز هم شکست خوردم.» با وجود این، بعضی‌ها هم دوباره برگشته و تعریف می‌کنند که متوجه واقعی بودن تغییر در زندگی‌شان بوده‌اند، اینکه دیگر مغلوب امیال جنسی نیستند. تفاوت در کجاست؟ آیا میان آنهایی که آزادی را یافته‌اند و کسانی که نیافته‌اند، وجه مشترکی وجود دارد؟

به بیان ساده: *ما باید واقعاً خواهان تغییر باشیم*. من می‌دانم که این حرف‌ها ساده‌لوحانه به‌نظر می‌رسند و حتی برای آنانی که شکست خورده‌اند ناگوارند. «اما من می‌خواهم تغییر کنم! چطور جرأت می‌کنی بگویی که من نمی‌خواهم!» وقتی اعماق قلب شخص را کاویده‌ام، متوجه شده‌ام که واقعاً خواهان تغییر نبوده است؛ این قبیل افراد صرفاً از پیامدهای شکست (حس تقصیر، شرمساری، خجالت) ناخشنودند. برای یافتن آزادی از شهوت، شخص باید واقعاً از ته دل آن را بخواهد و طبیعتش را درک کند. خیلی‌ها گفته‌اند که می‌خواهند عوض شوند، ولی در واقعیت عشق به شهوت را در دل‌شان نگاه داشته‌اند. قول‌ها، وعده‌ها و راه‌حل‌ها در مورد دلی که در نهان گناه را گرامی می‌دارد و فقط از پیامدهای آن ناخشنود است، تأثیری ندارند.

کسانی که بر *اپیسومیا* غلبه کرده‌اند، دلیلش را آشکار ساخته‌اند: یک احساس لذت کاذب و کوتاه‌مدت که در نهایت به زندگی آسیب می‌زند. تنها زمانی می‌توانیم تغییر کنیم که *اپیسومیا* را همان‌گونه که هست، ببینیم. سپس لازم است چیز دیگری را به‌جای آن در دل‌مان پرورش دهیم: حسی قوی از ارزش، عشق و قدردانی نسبت به زندگی در پادشاهی خدا، و روابط سالمی که نزدیکی و صمیمیت مطلوب را به ما می‌بخشد. آنگاه آزادی را خواهیم یافت. اگر شما هم با این موضوع دست به گریبانید، این خبر باید مایهٔ دلگرمی‌تان باشد. انسان‌های بی‌شماری بر شهوت غالب شده‌اند.

با دعا برای میل به تغییر آغاز کنید. از خدا بخواهید که به آهستگی حکمت را به شما عطا کند تا ماهیت حقیقی *اپیسومیا* را به چشم خود ببینید. برای میل شدید به پاکی دعا کنید. اغلب، این دعای قدرتمند نخستین گام به‌سوی تغییر واقعی و ماندگار است.

پرورش روح

روزهٔ رسانه‌ای

ما در این فصل پیرامون این موضوع بحث کردیم که چطور فرهنگ ما از مسائل جنسی اشباع شده است. این هفته از شما می‌خواهم برای مدت دو روز از همهٔ وسایل رسانه‌ای پرهیز کنید. این کاری چالش‌انگیز خواهد بود، اما مضطرب نشوید: تا کنون هیچ‌کس از انجام این کار نمرده است. چهل‌وهشت ساعت روزهٔ رسانه‌ای یعنی دوری از:

- اینترنت
- تلویزیون
- روزنامه و مجله
- رادیو
- بازی‌های ویدیویی
- mp3 player, iPad و غیره

حال، وقت‌تان را چگونه خواهید گذراند؟ چگونه خودتان را سرگرم خواهید ساخت؟ سعی کنید با دوستان‌تان بازی‌هایی مثل تخته نرد یا شطرنج بکنید. کتاب بخوانید. زن جوانی می‌گفت: «من روزانه حدود چهار تا پنج ساعت از وقتم را با MySpace و Facebook می‌گذرانم. بنابراین، با وقت آزادم توانستم دو تا از کتاب‌هایی را که دوست داشتم،

بخوانم. محشر بود. من طی این چهل‌وهشت ساعت اصلاً دلم برای دیدن اینترنت تنگ نشد.»

قدمی بزنید، با دوستان‌تان قهوه‌ای بنوشید، ورزش کنید. شما در آستانهٔ تغییر ذهن‌تان (*متانویا*) که با روایت‌های نادرست در مورد هویت شما و مفهوم زندگی‌تان پر شده بود، هستید. ذهن شما برای چهل‌وهشت ساعت از هجویات خلاص است؛ قدری به روح‌القدس وقت بدهید تا فکرتان را نو سازد. با این کار می‌گویید: «من زیر سلطهٔ رسانه‌ها نیستم. من نشان خواهم داد که می‌توانم بدون آنها هم زندگی کنم.»

اگرچه تا کنون هیچ‌کس از انجام این تمرین نمرده یا آسیب ندیده است، اما باز می‌تواند چالش‌انگیز باشد. مرد جوانی می‌گفت که وسوسهٔ چک کردن صفحهٔ فیسبوکش دشوارترین و دردناکترین وسوسه‌ای بوده که در طول زندگی مسیحی تجربه کرده است. اما او آموخت که می‌تواند آن کار را بکند. او می‌گفت: «بدین‌ترتیب، من فهمیدم که اگر توانستم به آن- که واقعاً، وسوسه‌کننده بود- نه بگویم، پس می‌توانم به وسوسهٔ *اپیسومیا* هم نه بگویم.» چه ارتباط بی‌نظیری! بعضی‌ها فکر می‌کنند که غلبه بر شهوت ناممکن است، گویی که نیرویی گریزناپذیر مانند قدرت نیروی جاذبه دارد. اما این‌طور نیست. ما خودمان انتخاب می‌کنیم در دام *اپیسومیا* بیفتیم، درست همان‌گونه که انتخاب می‌کنیم چهار ساعت از وقت‌مان را در چت روم‌ها[1] بگذرانیم یا صرف تماشای فیلم سینمایی کنیم. می‌توانیم به اینها نه بگوییم!

1. Chat room

فصل ششم

چگونه بدون دروغ گفتن زندگی کنیم

در میهمانی شام آن شب ده زوج با تحصیلات بالا حضور داشتند. یکی از آنها من را به شخصی دیگر این‌گونه معرفی کرد: «اسم ایشان جیم است. او در کالج تدریس می‌کند.» مرد دیگر گفت: «آه، شخصیتی دانشگاهی. عالی است! من عاشق حرف زدن با همکاران دانشگاهی هستم.» جهت اطلاع خوانندگان می‌گویم که من هرگز در مورد خودم فکر نکرده‌ام که یک شخصیتی دانشگاهی هستم. من فقط درس دادن و آموزش را دوست دارم. به‌هرحال، مرد شروع کرد به سخن گفتن با من دربارهٔ دوره‌ای که در زمینهٔ ادبیات تدریس می‌کرد. او گفت: «به نظر من هاوثورن[1] از هر نظر برجسته‌ترین نویسندهٔ نسل خودش بود. شما این‌طور فکر نمی‌کنی، جیم؟»

با وجودی که هرگز حتی جمله‌ای از هاوثورن نخوانده بودم، گفتم: «خب، او نویسندهٔ خیلی خوبی بود.»

---

۱. Nathaniel Hawthorne - نویسندهٔ آمریکایی سدهٔ نوزدهم.

«خیلی خوب؟ بگو بهترین. منظورم این است که نکتهٔ نبوغ‌آمیز کتاب *داغ ننگ*[۱] در طعنِ نهفته در آن است. منظورم این واقعیت است که گناهکاران حقیقی متهم‌کنندگان هستند، و گناهکار متهم، در واقع، پارساترین شخصیت داستان است. موافقی جیم؟»

«خب، آ...، آره، آره، موافقم.»

من اصلاً در عمرم از هاوثورن نخوانده بودم، اما اکنون چیزی را که نوشته بود، دریافته بودم. گفتگوی ما ده دقیقهٔ دردناک دیگر طول کشید، و هر بار که او از من سؤالی می‌پرسید، با دروغی که با دقت ساخته و پرداخته شده بود، پاسخ می‌دادم. عصبی شده بودم و هر لحظه می‌ترسیدم از من سؤالی بکند که نتوانم به آن جواب بدهم، چون آشکار می‌شد که من هرگز آن کتاب را نخوانده‌ام، و همه می‌فهمیدند که من شیاد، متقلب و دروغگو هستم.

پس چرا تا این اندازه پافشاری کردم؟ با اینکه چیزی نمی‌بردم، اما خیلی چیزها برای باختن داشتم. چرا به اولین پرسش او این‌گونه پاسخ ندادم: «راستش، شاید برای شما عجیب به‌نظر برسد، اما من هرگز از هاوثورن مطلبی نخوانده‌ام»؟ چه چیز مانع روراستی من شد؟ این پرسش واقعاً ژرف‌اندیشانه است چون من هم مانند اکثر آدم‌های دیگر، فکر می‌کنم دروغگویی گناه است. و مثل اکثر مردم، دوست ندارم دروغ بگویم. این کار در پایین‌ترین حالت، بی‌ادبانه است. بنابراین، من دوست ندارم دروغ بشنوم، چون فکر می‌کنم که این کار گناه است، و می‌دانم که به بهای ریسک بالا، چیزی هم عاید انسان نمی‌سازد.

به این پرسش‌های واقعاً دشوار چگونه پاسخ می‌دهید: آیا شما اغلب دروغ می‌گویید؟ آیا شما خودتان را دروغگو می‌دانید؟ قدری روی این موضوع در زندگی خود تأمل کنید.

---

۱. The Scarlet Letter – داستان زنی است که مرتکب عمل زنا شده و وی را محکوم به پوشیدن لباسی می‌کنند که حرف A به نشانهٔ Adulteress (زانیه) به رنگ سرخ روی آن حک شده است. م.

باید حتماً روایتی وجود داشته باشد که باعث بروز این رفتار نامطلوب شده است. راستش را بخواهید، من زیاد دروغ می‌گویم. و به گمانم، شما هم همین‌طور. همهٔ ما بسیار بیشتر از آنچه فکر می‌کنیم، دروغ می‌گوییم زیرا روش عقلانیِ نیرومند و پیچیده‌ای داریم که فریب‌های ما را توجیه می‌کند. من می‌خواهم کند و کاو کنم که چرا ما دروغ می‌گوییم، عیسی در این باره چه گفته و چگونه می‌توانیم نیازمان به دروغ گفتن را درمان کنیم.

دروغگویان و متقلبان

از قرار معلوم، من تنها کسی نیستم که دروغ می‌گوید. به فهرست زیر نگاه کنید و ببینید که آیا شما هم از این دروغ‌ها گفته‌اید یا نه:

- بله، من آن کتاب را خوانده‌ام (یا آن فیلم را دیده‌ام).
- بله، حتماً به‌زودی دور هم جمع خواهیم شد.
- او توی جلسه است.
- او در خانه نیست.
- نه، آن لباس تو را چاق نشان نمی‌دهد.

طبق مطالعه‌ای که از سوی رابرت فلدمن[1] انجام گرفته، ما در یک مکالمهٔ ده‌دقیقه‌ای به‌طور میانگین ۳/ ۳ دروغ می‌گوییم- یعنی هر سه دقیقهٔ یک دروغ. تکان‌دهنده‌ترین تحقیقی که من تا به‌حال خوانده‌ام حاکی است که ما هر پنج دقیقه یک دروغ، یا به‌طور میانگین روزی دویست دروغ می‌گوییم. رالف کیز[2] نویسنده‌ای که کتابی بی‌نظیر در مورد دروغگویی نوشته، به این نتیجه رسیده که «در دوسوم مکالمات نوعی فریب اتفاق می‌افتد.» در تحقیقی دیگر آمده که از دوهزار والدین آمریکایی شرکت‌کننده در یک نظرسنجی ۵۹٪ اقرار کرده‌اند که به‌طور مرتب به فرزندان‌شان دروغ می‌گویند: «شرکت تلویزیون کابلی ما فلان سریال

---

1. Robert Feldman; 2. Ralph Keyes

تلویزیونی را پخش نمی‌کند»؛ «اگر به این دکمه دست بزنی ممکن است برق بگیردت»؛ «شکلات فروشی بسته است.» با این همه، تقریباً هیچ‌یک از والدین نمی‌خواهند به فرزندان‌شان دروغ بگویند و وقتی فرزندان به ایشان دروغ می‌گویند، به هیچ وجه با قضیه کوتاه نمی‌آیند. کیز چنین نتیجه می‌گیرد که «اگر تحقیق انجام شده روی این موضوع را بپذیریم، تقریباً همهٔ ما دروغ می‌گوییم، و بیش از آنچه فکر می‌کنیم، دروغ می‌گوییم.»

نویسندهٔ دیگری به نام دیوید کالاهان دامنهٔ دروغگویی را آن‌قدر گسترده می‌کند که تقلب را هم دربرمی‌گیرد، زیرا تقلب کردن هم شکل دیگری از دروغگویی است. تقلب کردن یعنی فریب دادن با نیت کسب چیزی است. به چند موردی که کالاهان به‌عنوان مثال‌هایی از تقلب در کتابش آورده، توجه کنید:

- خیلی از والدین ثروتمند فرندان‌شان را به خریدِ «تشخیص پزشکی» می‌برند. یعنی اینکه سراغ پزشکان متعدد می‌روند تا یکی پیدا شود و به آنها بگوید که فرزندشان ضعف خفیفِ یادگیری دارد، چون «این تشخیص پزشکی به فرزندشان امکان می‌دهد زمان بیشتری را برای SATs (ارزشیابی تحصیلی ملی در نظام آموزشی ایالات متحده. م.) صرف کنند.» آنها از این طریق می‌توانند امتیاز بالاتری برای رفتن به یک کالج بهتر به‌دست بیاورند.
- کارمندان پرسنلی برآورد می‌کنند که تقریباً ۲۵٪ از اطلاعات مندرج در رزومه‌های استخدامی، نه فقط «گزافه‌گویی» بلکه «اطلاعات غلط» هستند.
- حدوداً دو میلیون آمریکایی حساب‌های بانکیِ غیرقانونیِ برون مرزی دارند و از آنها برای شانه خالی کردن از پرداخت مالیات استفاده می‌کنند.
- هزاران آمریکایی دانسته و به‌عمد از تلویزیون کابلیِ دزدی استفاده می‌کنند. «امروزه آمریکایی‌ها سالیانه ۶ میلیارد دلار از حق اشتراک ایستگاه‌های تلویزیونی می‌دزدند.»

- طی یـک عملیات مخفی که در سـال ۲۰۰۲ در نیوجرزی صـورت گرفت، ۳۵۰ نمونه از موارد تقلـب در مراکز تعمیر خودرو کشف شد. «اکثر این تقلب‌ها سرکیسه کردن صاحبان خودرو به‌خاطر تعمیرهـای غیرضروری بود. برخی مبلغ این تقلب را در سـطح کشـور، چیزی بالغ بر ۴۰ میلیارد دلار در سـال تخمین زده‌اند.» تازه آنها فقط شش مرکز تعمیر خودرو را مورد بررسی قرار داده بودند.

کالاهان چنیـن جمع‌بنـدی می‌کند کـه «آمریکایی‌ها نـه تنها در عرصه‌های بیشـتری تقلب می‌کنند، بلکه کمتر هم از انجام آن احساس تقصیر می‌نمایند.» از قرار در همین چند دهـهٔ گذشـته چیزی تغییر کرده اسـت. و با وجود این، در بررسی‌های پیاپی مردم همچنان راستگویی را یکی از مهمترین فضایل می‌شمارند. وقتی مردم می‌فهمند که به آنها دروغ گفته شده، عصبانی می‌شوند. با همهٔ اینها، ما (آمریکایی‌ها) ملتی دروغگو هستیم. ما بر سر این موضوع کشمکش داریم: «همزمان با اینکه از اشاعهٔ بی‌صداقتی به وحشت می‌افتیم، دروغ‌هایمان را هم توجیه می‌کنیم.»

حال باید به عمق موضوع برویم و علل دروغگویی را کشـف کنیم. وقتی به موضوع وقوف کامل پیدا کردیم، آن‌وقت می‌توانیم منشأ مشکل را ببینیم و راه‌هایی برای تغییر آن بیابیم.

روایت نادرست:
من برای گذران زندگی مجبورم دروغ بگویم

رفتار ما ریشــه در روایت‌های ما دارد. بنابراین، اگر ما ملتی دروغگو هسـتیم، حتماً باید روایتی در پَسِ آن نهفته باشد که ما را به دروغگویی تشـویق می‌کند یا دستِ‌کم مجوز دروغ گفتن به ما می‌دهد. از آنجا که ما عمیقاً نیاز داریم خودمان را خوب بدانیم، وقتی دروغ می‌گوییم، باید آن را توجیه کنیم.

- من نمی‌خواهم مجبور باشم با احساسات جریحه‌دار کسی دیگر سروکار داشته باشم.
- آن فقط یک دروغ مصلحت‌آمیز بود. من که نمی‌خواستم ضرری بزنم.
- اگر حقیقت را می‌گفتم، تو دردسر می‌افتادم.
- هدف وسیله را توجیه می‌کند.

جوهر همهٔ این توجیه‌ها سودمداری است. این روایت سودمدار می‌گوید: «من مهم هستم، و مأموریت اصلی من تأمین صحت و سلامت خودم است. برخی مواقع مجبورم دروغ بگویم تا آنچه را که می‌خواهم به‌دست آورم یا از چیزی که نمی‌خواهم جلوگیری کنم. به همین‌خاطر است که دروغ‌گویی اشکالی ندارد.» این همان توجیه وسیله برای رسیدن به هدف است. وسیله (دروغ‌گویی) شاید خودش از لحاظ اخلاقی درست نباشد، اما هدف (آنچه به‌دست می‌آوریم یا مجازاتی که از آن اجتناب می‌کنیم) وسیله را توجیه می‌کند. از این گذشته، دو عامل اصلی وجود دارند که ما را به‌سوی دروغ گفتن سوق می‌دهند: ۱) ترس از عواقب راست‌گویی، و ۲) میل به سود شخصی در صورتی که دروغ بگوییم. بیایید از نزدیک نگاهی به این دو عامل بیندازیم.

ترس. اکثر ما از سر ترس دروغ می‌گوییم: ما دروغ می‌گوییم تا از دردسر جلوگیری کنیم. برای مثال، مادری وارد آشپزخانه می‌شود و می‌بیند که کودک دوساله‌اش با آرد سفید شده و می‌پرسد: «بیلی، آیا تو ظرف آرد را انداختی؟» پسربچه به عواقب گفتن حقیقت فکر می‌کند، و بدون لحظه‌ای درنگ می‌گوید: «نه، مامان.» چرا؟ ترس. او از عواقب بیان حقیقت ترسیده. از این گذشته، بچه‌ها معمولاً دروغ‌گوهای افتضاحی هستند. سال‌ها زمان می‌برد تا انسان در دروغ‌گویی کارکشته شود، زیرا دروغ‌گوییِ مؤثر، مستلزم مستولی شدن بر بدن است. حتی آن موقع هم گول زدن ماشین دروغ‌سنج کار دشواری است. از قرار معلوم بدن ما با دروغ‌گویی مخالف است.

دروغی را که همین اواخر گفته‌اید بررسی کنید. آیا عاملش ترس بوده یا میل؟

وقتی از ما سؤال‌هایی از این قبیل می‌کنند: «آیا در امتحان تقلب کردی؟» «آیا پیش از آشنایی با من کس دیگری را دوست داشتی؟» «آیا این بهترین پیشنهاد شما است؟»، در این فکر هستیم که آیا جواب‌مان برای ما مایهٔ دردسر می‌شود یا لذت، و مسلم است که ما لذت را ترجیح می‌دهیم. یک‌بار مچ دانشجویی را گرفتم که داشت از روی مقالهٔ کسی دیگر کپی‌برداری می‌کرد. متوجه شدم که کل مقالهٔ او- کلمه به کلمه- از روی اینترنت برداشته شده است. از او خواستم به دفترم بیاید. پرسیدم: «آیا می‌گویی که این مقاله تماماً نوشتهٔ خودت است و از هیچ منبع دیگری استفاده نکرده‌ای؟»

او با صدایی که دفاع در آن موج می‌زد گفت: «بله.»

من یک کپی از مقالهٔ اینترنتی بیرون کشیدم و به او دادم. او صورتش را با دستان خود پوشاند. سپس اعتراف کرد که مقاله کار خودش نبوده است. او یک‌بار با دادن مقالهٔ تقلبی به من دروغ گفته بود، و بار دیگر مستقیماً به من دروغ گفت. یک دروغ به دروغ بعدی منجر شد تا جایی که فهمید مشتش پیش من باز شده است. چرا او این کار را کرد؟ ترس. او به من گفت که انجام پروژه را پشت گوش انداخته و در دقیقهٔ آخر از اینترنت به‌عنوان میان‌بر استفاده کرده است. او معتقد بود که اگر کار خودش را تحویل دهد، نمره بدی خواهد گرفت. او از نگرفتنِ نمرهٔ قبولی می‌ترسید- و همین ترس کافی است تا یک دانشجو عملی غیراخلاقی با پیامدهای وخیم مرتکب شود.

میل. همچنین وقتی فکر می‌کنیم ممکن است چیز مطلوب‌مان را به‌دست آوریم، دروغ می‌گوییم. طی چند سال گذشته به‌طور فزاینده‌ای داستان آدم‌هایی را شنیده‌ایم که در مورد رزومهٔ کاری خود دروغ گفته‌اند تا شغلی را به چنگ آوردند. میل، ایشان را به دروغ گفتن سوق داده است. مردم دربارهٔ سن، وضعیت تأهل، تحصیلات و شغل‌شان دروغ می‌گویند

تا چیزی را که می‌خواهند به‌دست آورند. آنها می‌گویند که قصد ندارند به کسی آسیبی بزنند؛ آنها فقط می‌خواهند محبوب یا مقبول باشند یا شغلی دست‌وپا کنند. ما از توجیه متداولی استفاده می‌کنیم که با یکی از روایت‌های غالب گره خورده است. به خودمان می‌گوییم: نیازهای من مهمتر از هر چیز دیگر است.

روایت‌های دستوری نادرست که در فصل مربوط به خشم به آنها پرداختیم، در مورد لزوم دروغ گفتنِ هم صادقند: «همه چیز به من مربوط می‌شود، و من تنها هستم.» عبارت اول همهٔ اعمال ما را توجیه می‌کند؛ عبارت دوم هم ما را وامی‌دارد تا از منابع خودمان- که محدود هم هستند- برای به‌دست آوردن آنچه که می‌خواهیم، استفاده کنیم. یکی از منابع نفسانیِ ما فریب است. وقتی ما دروغ می‌گوییم، قطعاً در پادشاهی خدا زندگی نمی‌کنیم. ما با توان خودمان عمل می‌کنیم. و این اغلب می‌تواند کارساز باشد، و هست. مردم در مورد رزومهٔ خود دروغ می‌گویند تا شغلی به‌دست آورند. در مورد قیمت فروش دروغ می‌گویند تا پول بیشتری به چنگ بزنند. آنها با پادشاهی خدا در هماهنگی یا در شراکت نیستند، بلکه دارند آنچه را که می‌خواهند به‌دست می‌آورند. و این همان چیزی است که برای توجیه اعمال‌شان بدان نیاز دارند.

ما به دو دلیل عمده دروغ می‌گوییم: ۱) تا آنچه را که می‌خواهیم به‌دست آوریم، یا ۲) از چیزی که نمی‌خواهیم اجتناب کنیم. و اگر دنیا دور محور ما بگردد، آن‌وقت دروغگویی توجیه‌پذیر است. اکنون ما روایتی داریم که به ما اجازه می‌دهد شب‌ها سر راحت بر بالین بگذاریم. متأسفانه، ما داریم صداقت و یکپارچگیِ وجودمان را از دست می‌دهیم. به قول عیسی، حتی اگر همهٔ دنیا را ببریم اما جان‌مان را ببازیم، مسلماً مهمترین چیز را باخته‌ایم.

روایت عیسی دربارهٔ دروغ

در بخش بعدیِ موعظهٔ بالای کوه، عیسی به موضوع سخن کذب در گفتار می‌پردازد. بیایید به تعلیم او در باب این موضوع نگاهی بیندازیم:

«و باز شنیده‌اید که به پیشینیان گفته شده، ”سوگند خود را مشکن، بلکه به سوگندهای خود به خدا وفا کن.“ اما من به شما می‌گویم، هرگز سوگند مخورید، نه به آسمان، زیرا که تخت پادشاهی خداست، و نه به زمین، چون کرسی زیر پای اوست، و نه به اورشلیم، زیرا که شهر آن پادشاه بزرگ است. و به سر خود نیز سوگند مخور، زیرا حتی مویی را سفید یا سیاه نمی‌توانی کرد . پس ”بله“ شما همان ”بله“ باشد و ”نه“ شما ”نه“، زیرا افزون بر این، شیطانی است.» (متی ۵:۳۳-۳۷)

عیسی به موضوع «سوگند خوردن» می‌پردازد، که منظور از آن، دادنِ قول و وعدهٔ لفظی برای اثبات راستی گفتار است، یعنی همان قسم یاد کردن. یک‌بار دیگر، او میان آنچه که در آن زمان رفتار «پارسایانه» تلقی می‌شد و رفتاری که از ایشان در پادشاهی خدا انتظار می‌رفت، تمایز قایل می‌شود.

«شریعت قدیم» می‌گوید که ما نباید زیر قول‌مان بزنیم. وقتی کسی سوگند می‌خورد که «حقیقت را بگوید، تمام حقیقت را بگوید، و جز حقیقت نگوید»، برابر قانون، ما از او انتظار داریم که چنین کند. گواهی دروغ، و نگفتن حقیقت پس از ادای سوگند، در زمان عیسی هم مانند زمان ما، تخلف محسوب می‌شد و مرتکب این تخلف به مجازات می‌رسید. گفتن حقیقت برای رسیدن به عدالت امری ضروری است، و به همین‌خاطر است که دادگاه‌ها بر آن اصرار دارند. اگر جامعه‌ای می‌خواهد بقا داشته باشد، اعضای آن باید بتوانند به گفته‌های یکدیگر اعتماد کنند. ولی ما نمی‌توانیم روی کسانی حساب کنیم که حقیقت را به نفع خودشان برمی‌گردانند- به‌ویژه اگر از پیامدهایش می‌ترسند، یا میل به کسب چیزی دارند.

مثلاً بازیکنان حرفه‌ای بستکبال را در نظر بگیرید که به مصرف داروهای نیروزا متهم شده بودند. برخی از آنها به‌رغم ادای سوگند، مصرف استروئیدها را منکر شدند، اما بعدها مشت‌شان باز شد. دیگران

به مادهٔ پنجم قانون متوسل شدند، تا مقصر قلمداد نشوند. دقیقاً به همین‌خاطر است که ما از مردم انتظار داریم پس از ادای سوگند، حقیقت را بگویند. بدون سوگند نمی‌توانیم روی راستگویی آنها حساب کنیم. بدبختانه، بعضی از مردم حتی پس از سوگند نیز دروغ می‌گویند.

در زمان عیسی، سوگند خوردن در خارج از دادگاه مرسوم بود و مردم هر روزه پای مبادلات تجاری و حتی در گفتگوهای روزمره سوگند می‌خوردند. برای مثال، موقع فروختن گاو، فروشنده برای اثبات بیان حقیقت در مورد وضعیت حیوان، اغلب می‌گفت: «به خدا قسم» یا «به جان ...» امروزه برخی برای اثبات اعتبار، سوگند می‌خورند که راست می‌گویند. تعلیم عیسی پیرامون این موضوع خیلی صریح است: ما نباید سوگند بخوریم- نه به خدا یا به آسمان، و نه به جان خودمان.

آیا تا به‌حال شده که در تلاش برای جلب اعتماد دیگران، بگویید «قسم می‌خورم» یا «قول می‌دهم»؟ چرا این کلمات را به‌کار بردید؟

اما اگر مرا برای ادای شهادت بخوانند چه باید بکنم؟

برخی مسیحیان کلام عیسی را در مورد پرهیز از سوگند، تحت‌الفظی درک کرده‌اند. کسانی نظیر کویکرهای اولیه[1] لئو تولستوی[2] و کاتارهای[3] سده‌های میانی، تحت هر شرایطی از خوردن سوگند سر باز می‌زدند، و حتی دادگاه هم نمی‌توانست آنها را وادار به ادای سوگند کند. همین امر باعث شد که صدها کویکر روانهٔ زندان شوند. ضمن ادای احترام به کویکرهای اولیه، فکر می‌کنم که

---

1. Early Quakers; 2. Leo Tolstoy

۳. Cathars -کاتاریسم فرقه‌ای است دوگانه‌انگار که در سدهٔ یازدهم در لانگدوک فرانسه پایه‌گذاری شد و رشدش طی سده‌های دوازدهم و سیزدهم موجب برپایی جنگ‌های صلیبی برای نابودی این فرقه از سوی کلیسای کاتولیک گردید. رویارویی با کاتاریسم، یکی از علل پا گرفتن پدیده تفتیش عقاید در سده‌های میانی است. م.

آنها سخن عیسی را اشتباه فهمیده بودند. خودداری از ادای سوگند ضرورتاً عملی بنیادین نیست و می‌تواند با نیت قلبیِ فریبکارانه و در ستیز با نظامی خاص انجام شود. طبیعتِ بنیادینِ سخنان عیسی این نبود که هرگز و تحت هیچ شرایطی نباید سوگند خورد، بلکه منظور این است که کل سخنان ما باید صادقانه، عاری از دغل، راست و قابل اعتماد باشد- آری ما آری و نه ما نه باشد. عیسی می‌گوید که در پادشاهی خدا ما تحت هر شرایطی مکلف به گفتن حقیقت هستیم. پادشاهی خدا با فریب اداره نمی‌شود. فقط همین. اصلاً منظور این نیست که ما هرگز نباید سوگند بخوریم.

اگر منظور سوگند خوردن نیست، پس چیست؟ اگر ما این‌گونه زندگی کنیم، چه تأثیری بر زندگی ما خواهد گذاشت؟

در مورد دادگاه، آیا (به‌عنوان شهروند پادشاهی خدا) باید از دست گذاشتن روی کتاب‌مقدس و سوگند خوردن به حقیقت‌گویی، *خودداری* کنیم؟ آیا مقصود عیسی این بود؟ مسلماً نه. این هم خودش شکل دیگری از شریعت‌گرایی است. عیسی سوگند خوردن در دادگاه قانونی را برای ما قدغن نکرده و نگفته که وقتی از ما می‌خواهند قول بدهیم حقیقت را بگوییم، به هیچ وجه زیر بار نرویم. حرف او این است: تبدیل به انسانی شوید که ذاتاً راستگوست. این کار را اغلب و به‌طور پیوسته انجام دهید، و آن‌وقت دیگر نیازی نیست برای مردم «سوگند» بخورید چون همیشه راست می‌گویید.

هدف‌گیری برای صداقت و یکپارچگیِ شخصیت

اگرچه من در سطور بالا از کویکرها به‌خاطر موضع‌شان در پرهیز از سوگند انتقاد کردم، لازم است ایشان را به‌خاطر اینکه دیگر قسمت‌های این پیام را درست و *از صمیم قلب*، رعایت می‌کنند، تحسین کنم. کویکرهای اولیه در همه حال بسیار پایبند به گفتن حقیقت بودند، که *هدف واقعی* است. همهٔ هم و غم‌شان بر این بود که مردمانی نیک‌گفتار

و درست‌کردار باشند. یکی از واقعیت‌های نه‌چندان شناخته‌شده در مورد کویکرها این است که آنها برچسب قیمت را به‌وجود آوردند. تا پیش از کویکرها، همهٔ داد و ستدها با چانه‌زنی انجام می‌شد. فروشنده قیمتی بالاتر از ارزش واقعی کالا تعیین می‌کرد، و خریدار هم پیشنهادی پایین‌تر می‌داد. چانه‌زدن آن‌قدر ادامه می‌یافت تا اینکه دو طرف سر قیمتی به توافق می‌رسیدند.

کویکرها بر این باور بودند که چانه‌زدن مستلزم دروغ گفتن است. فروشنده و خریدار قیمتی روی جنس می‌گذارند که خود می‌دانند منصفانه نیست. شاید چانه‌زدن عملی بی‌ضرر به‌نظر برسد، اما به دل کویکرها نمی‌نشست. از این‌رو کویکرها قیمتی روی کالاهای خود می‌گذاشتند که ارزش واقعی آنها بود و از این طریق از چانه‌زدن خودداری می‌کردند. آنان روی اقلام فروشی برچسب قیمت می‌زدند و به همین سادگی جلوی چانه‌زنی را می‌گرفتند. پس از مدتی این ایده با استقبال دیگران نیز مواجه شد. از این طریق نه تنها در وقت صرفه‌جویی می‌شد، بلکه شمار دروغ‌هایی که مردم به‌طور روزمره می‌گفتند، تا حد چشمگیری کاهش یافت. کویکرها نامش را «ساده‌گویی» گذاشته بودند. ساده‌گویی یعنی سخنی که عاری از پیچ و تاب و فریب باشد. آری یعنی آری.

درمان دروغگویی از طریق زیستن در پادشاهیِ خدا

دروغگویی همواره میان انسان‌ها اتفاق می‌افتد، و ما باید بین گفتن چیزی غیردرست و گفتن دروغ تمایز قایل شویم. دروغ «عبارتی نادرست است که آگاهانه و با قصد فریب به زبان می‌آید.» دروغگویی ربطی به درست بودنِ گفته‌های شخص ندارد، بلکه به نیت قلبی گوینده ارتباط پیدا می‌کند. کسی که به‌عنوان شاگرد عیسی در پادشاهی پرجلال او زندگی می‌کند، در قبال دروغگویی چه باید بکند؟

خدا حقیقت است: او نمی‌تواند دروغ بگوید (تیتوس ۱:۲)، و پیروانش نیز باید در حقیقت و راستی گام بردارند و سخن بگویند. روح خدا نه تنها ما را به تمامی حقیقت رهبری می‌کند (یوحنا ۱۶:۱۳)، بلکه خودش

حقیقت است (اول یوحنا ۶:۵). قوم پادشاهی خدا کسانی هستند که در روح‌القدس راه می‌روند و به‌وسیلهٔ او هدایت می‌شوند. از این‌رو، باید در راستی سلوک کنند. یوحنای رسول هم‌کیشان مسیحی خود را به‌خاطر این کار ستود: «زیرا بسیار شاد شدم چون برادران آمدند و بر راستی تو شهادت دادند، چنانکه تو در راستی سلوک می‌نمایی» (سوم یوحنا ۳:۱). و پولس کسانی را که تحت مراقبتش بودند تشویق نمود تا حقیقت را بگویند: «پس، از دروغ روی برتافته، هر یک با همسایهٔ خود، سخن به راستی گویید، چرا که ما همه اعضای یکدیگریم.» (افسسیان ۲۵:۴)

زندگی در پادشاهی خدا چگونه در پرهیز از دروغ گفتن یا فریب دادنِ دیگران، به ما کمک می‌کند؟

برای شاگردان عیسی، این خط مبدأ و نقطهٔ آغاز است. ما با «کنار گذاشتنِ ناراستی» (نه دروغگویی) شروع می‌کنیم، یا به بیانی مثبت، ما راست می‌گوییم. این کار را می‌کنیم چون ما «اعضای یکدیگریم.» دروغ گفتن به دیگری، دروغ گفتن به خود است. مسیح در هر دوی ما ساکن است.

ساکنان پادشاهی آسمان، دروغ را کمتر و کمتر جزو زندگی خود خواهند یافت. بدین‌خاطر که پادشاهی آسمان روی همهٔ دلایلی که ما برای دروغگویی ارائه می‌کنیم، انگشت می‌گذارد. اول اینکه در زندگی با خدا (پادشاهی خدا) ما می‌توانیم از ترس‌هایمان رها شویم. مادامی که زیر حاکمیت و فرمانروایی خدا زندگی می‌کنیم، نباید از تبعات راستگویی بترسیم. گفتن حقیقت شاید باعث ناراحتی یا شرمساری بشود، ولی ما با خدایی زندگی می‌کنیم که از ما محافظت می‌کند و برای‌مان تدارک می‌بیند. اگر دروغ را برگزینیم، دیگر در هماهنگی با پادشاهی خدا نیستیم، و از دست دادن این هماهنگی بسیار بدتر از پیامدهای راستگویی است.

درک هویت‌مان در مسیح، در پرهیز از دروغ گفتن به ما کمک می‌کند. پولس کولسیان را چنین تشویق می‌کند: «به یکدیگر دروغ مگویید، زیرا آن انسان قدیم را با کارهایش از تن به‌در آورده‌اید» (کولسیان ۹:۳).

به عبارت دوم توجه کنید: «زیرا آن انسان قدیم را با کارهایش از تن به‌در آورده‌اید.» از آنجایی که عیسی در ما ساکن است و به ما دلخوش، ما هم برای پایان دادن به فریب در زندگی‌مان، سر از پا نمی‌شناسیم.

پادشاهی خدا گرفتار مشکل نیست، و ما ساکنان آن نیز در مشکل گرفتار نمی‌مانیم. از این‌رو می‌توانیم خطر کرده، حقیقت را بگوییم. می‌توانیم از عهدهٔ عواقب بیان حقیقت برآییم. هدف ما فقط پرهیز از دروغگویی نیست. ما می‌خواهیم سخن‌مان نه تنها برای مخاطبان، بلکه برای خدا هم مقبول باشد. معیار بالا است. کلمات ما باید صادقانه و راست باشند، اما این سخنان از دل جاری می‌شوند، پس دل ما هم باید صادق و راست باشد. شاید اکنون این‌طور نباشد، اما تا زمانی که به «درست کردنِ خیارشور»[1] در پادشاهی خدا ادامه می‌دهیم، این امر به‌طور فزاینده‌ای انجام خواهد شد. وقتی دل‌مان راست و صادق شود، کلام‌مان هم چنین خواهد شد.

متحول ساختن گفتارمان

من این روزها در تلاشم تا زبان پرتغالی بیاموزم، چون یک‌بار در برزیل افتخار خدمت در کنار ادواردو پدریرا[2] نصیبم شد و امکان دارد در آینده این اتفاق تکرار شود. اکنون که در حال نوشتن این سطور هستم، ادواردو به همراه همسرش، مارسیا[3] برای استراحت به ایالات متحده آمده‌اند. آنها در آموختن زبان پرتغالی به من کمک می‌کنند، و البته خودشان هم می‌کوشند انگلیسی‌شان را ارتقا ببخشند. خلاصه هر دو طرف سعی داریم گفتارمان را بهتر کنیم، تا بتوانیم به زبان دیگری گفتگو کنیم. اما مهمترین راه برای بهتر کردن گفتار- به هر زبانی- این است که ورای پرهیز از دروغ گفتن برویم، و این‌گونه همدیگر را برکت بدهیم. یکی از آیه‌های محبوب من افسسیان ۴:۲۹ است که می‌گوید: «دهان‌تان به هیچ سخن بد گشوده

---

۱. اشارهٔ نویسنده به مطلبی است که در فصل ۹ کتاب دیگرش «خدای خوب و زیبا» مفصلاً شرح داده. خوانندگان را به مطالعهٔ آن کتاب دعوت می‌کنم. م.

2. Eduardo Pedreira; 3. Marcia

نشـــود، بلکه گفتارتان به تمامی برای بنای دیگـــران به‌کار آید و نیازی را برآورده، شنوندگان را فیض رساند.» (افسسیان ۲۹:۴)

«فیض رساندن» در گفتار ما به چه شـــکل است؟ من برای توصیف روش‌های فیض رساندن از طریق گفتار، اصطلاحات زیر را ابداع کرده‌ام.

دلگرمی پادشـــاهی. پس از اینکه مشکل توان‌فرسایی را برای یکی از دوستان شـــرح دادم، او این‌گونه پاسخ داد: «خوب، به یاد داشته باش که خدا ســـپر و علم تو است.» سخن او به من فیض رساند، از این جهت که یکی از اصول مربوط به پادشـــاهی خدا را با من در میان گذاشت؛ منظور او این بود که خدا با ما و برای ما می‌ایستد. کلمات او- که فقط یک جمله بود- مرا دلگرم کرد.

مهربانی پادشـــاهی. یک‌بار که داشـــتم با یکی از دوستانم، که شاگرد راســـتین عیسی اســـت، دربارهٔ فقدان اندوهباری ســـخن می‌گفتم، او با حساســـیت و عطوفت حیرت‌آوری بـــا من حـــرف زد. مهربانی او که برخاسته از پادشاهی خداســـت با بازخوردهای عمیقی همراه بود که از دقتش در گوش دادن به حرف‌های من ناشـــی می‌شـــد. این بازخوردها معمولاً با واکنش‌های اندیشمندانه و پاسخ‌های همدلانه همراهند.

اینها راه‌هایی برای بیان قانون طلایی کتاب‌مقدس به دیگران هستند، یعنی به دیگران چیزی بگوییم که به خودمان نیز می‌گوییم.

در پادشاهی خدا ما با کنار گذاشتن نادرستی آغاز می‌کنیم، اما به‌عنوان شـــاگردان عیســـی خیلی بیشـــتر از اینها از گفتار ما انتظار می‌رود. گفتنِ حقیقت، آغاز بزرگی است، اما طی ســـلوک و پیشرفت‌مان در پادشاهی خدا، برای برکت دادن و تشویق کردنِ دیگران زبان‌مان را به‌کار می‌گیریم.

محدوه‌های صداقت

برد بلنتن[1] پایه‌گذار جنبشی اســـت موسوم به "صداقتِ بنیادین".[2] او در این باب چندین کتاب نوشته، و سمینارهای آموزشی برپا می‌کند تا به

1. Brad Blanton; 2. Radical Honesty

مردم بیاموزد چگونه در هر شرایطی راست بگویند. بلنتن حامیِ صداقتِ مطلق است، حتی اگر این صداقت به دیگران آسیب بزند. وی معتقد است که صداقت بر هر ملاحظهٔ دیگری اولویت، و اهمیت بیشتر دارد. احساس جریحه‌دار اصلاً دلیل خوبی برای دروغگویی نیست.

آیا حق با بلنتن است؟ اگر ما در هر موقعی حقیقت را بگوییم، آدم‌های بهتری خواهیم بود؟ من فکر می‌کنم که این حرف تا اندازه‌ای درست است. به گمانم، ما بی‌جهت از پیامدهای صداقت می‌ترسیم. و اغلب، صداقت خیرخواهانه‌ترین کاری است که از ما برمی‌آید.

اما با توجه به مبحث قبلی که به برکت و تشویق در گفتار ما مربوط بود، به اعتقاد من برای صداقت نیز محدوده‌هایی وجود دارد. در فیلم *چند مرد خوب*[1] شخصیتی که زیر سوگند وادارش می‌کنند حقیقت را بگوید، این جمله را بر زبان می‌آورد: «شما حقیقت را می‌خواهید؟ اما تحمل شنیدن حقیقت را ندارید!» ما تاب و تحمل برخی حقایق را نداریم، و نیازی هم نیست که تحمل‌شان کنیم. من اگرچه از دروغ و فریب جانبداری نمی‌کنم، اعتقاد دارم که برخی مواقع محبت کردن به دیگران (که برترین هدف است) ممکن است بدین‌معنا باشد که همهٔ آنچه را که می‌دانیم یا می‌اندیشیم، در هر شرایطی به کسی نگوییم.

تصمیم‌گیری در مورد اینکه صداقت کِی مفید است و کِی مضر، نیازمند تمییز و حکمت است. از نظر من، وقتی در چنین شرایطی قرار می‌گیریم، «تفتیش دل» جداً ضرورت دارد. من پیش از آنکه لب به این‌گونه سخنان باز کنم، برای شنونده دعا می‌کنم. می‌خواهم کلماتم حاویِ حال و هوای پادشاهی خدا- که محبت است- باشد. پولس می‌گوید: «بلکه با بیان محبت‌آمیز حقیقت، از هرحیث تا به حد او که سر است، یعنی مسیح، رشد خواهیم کرد» (افسسیان ۱۵:۴). این عبارتی است فوق‌العاده: *بیان محبت‌آمیز حقیقت*. و محبت خیر و صلاح دیگران را در نظر می‌گیرد. گاهی «مصلحت‌خواهی» به معنای بیان حقیقت در لفافه است. در

1. A Few Good Men

برخی مواقع نیز یعنی کتمان کردنِ حقیقت. موضوع سـاده‌ای نیست، اما خوشبختانه ما با دعا و یاری و هدایت روح‌القدس مجهز شده‌ایم.

داغ ننگ من

من در مورد شـبی که گذاشـتم شـخصی دیگر تصور کند کتاب *داغ ننگ* را خوانده‌ام، خیلی فکر کردم. به گمانم آن شـب من دروغ گفتم چون می‌خواستم همرنگ جماعت شـوم. می‌خواستم دیگران از من خوش‌شان بیاید. اگر می‌گفتم: «نه، من آن کتاب را نخوانده‌ام»، ممکن بود آدم کم‌هوشی به‌نظر برسم. بعد چنان احساس تقصیر کردم که گویی لازم است حرف "د" را درشت و به رنگ سرخ بر پیراهنم حک کنند. من به‌خاطر آن شب توبه کردم.

حالا گفتن این جمله عادت هرروزهٔ من شـده: «نه، من با فلان چیز هیچ آشنایی‌ای ندارم.» یک‌بار از من پرسیدند که آیا نظریهٔ مربوط به فلان چیز را می‌دانم؟ من اول فکر کردم که می‌دانم، اما وقتی متوجه شـدم که نمی‌دانم، حرف گوینده را قطع کردم و گفتم: «ببخشید، تازه حالا فهمیدم شـما دربارهٔ چه موضوعی صحبت می‌کنید. بایـد اعتراف کنم که با آن هیچ آشـنایی‌ای ندارم.» و در کمال تعجب، از چشم شخص مخاطب نیز نیفتادم. او گفت: «من شما را به‌خاطر راستگویی‌تان تحسین می‌کنم.» این همان متناقض‌نمایِ صداقت و روراستی است. در نهایت ما نه تنها احمق به‌نظر نمی‌رسیم، بلکه شـخصی باصداقت جلوه می‌کنیم، که برای مردم بسیار مهمتر از آن است که کسی سعی کند تحت تأثیرشان قرار دهد.

وقتی بدانیم کِه (قوم خدا که مسیح در آنها سلوک دارد) هستیم و کجا زندگی (در پادشـاهی خدا) می‌کنیم، آن‌وقت بیشتر می‌توانیم روراست، سـاده، صریح و صادق باشیم. وقتی خلوص قلبی داریم و عاری از نیت شرورانه‌ایم، می‌توانیم ناراستی را کنار بگذاریم و با کلام ساده و بی‌پیرایه با دیگران صحبت کنیم. از اینجا به بعد، می‌توانیم از گفتارمان برای فیض رساندن به مردم اسـتفاده کنیم، و این یکی از دلایلی است که خدا به ما توانایی سخن گفتن بخشیده اسـت. ما می‌توانیم بیاموزیم که بله‌مان بله باشد و چگونه دیگران را برکت دهیم.

پرورش روح

سکوت

کســانی که زندگی رهبانی دارند (یعنی راهبــان و راهبه‌ها) به‌طور مرتب انضباط ســکوت را تمرین می‌کنند. آنها دلایــل زیادی برای این کار دارند، اما یکــی از این دلایل مقابله کردن با گناهان زبان، نظیر دروغ یا غیبت اســت. تمرین این انضباط قدرت کلمات را به آنها می‌آموزد و کنترل بیشتری بر زبان‌شــان می‌بخشد. اکثر ما نه راهبیم نه راهبه، ولی ما هم برای آموختن نحوۀ مهار زبان‌مان می‌توانیم از این تمرین بهره بگیریم.

اگر سکوت کنیم، دروغ هم نمی‌گوییم، غیبت هم نمی‌کنیم، به دیگران هم زخم زبان نمی‌زنیم. پس ما تمرین سکوت را انجام می‌دهیم تا بر زبان خود تســلط بیشتری پیدا کنیم. یک‌شــبه نمی‌توان در این کار خبره شد، اما به مرور زمان (و با بهره‌گیری از این روش‌ها) پیشــرفت را مشــاهده خواهیم کرد.

برای ایــن هفته دو تمرین انتخاب کــرده‌ام. تمرین اصلی، انضباطی است بسیار چالش‌انگیز، که نیاز به آمادگی فراوان دارد.

یک روز را در سکوت سپری کنید

تمرین اول ســپری کردن یک روز در سکوت است. این اولین روش روحانی ما در این هفته اســت، پس اگر از میان این دو تمرین تنها یکی

را می‌توانید انجام دهید، این یکی را انتخاب کنید. این تمرین بسیار چالش‌انگیز و مستلزم برنامه‌ریزی و آمادگی زیاد است.

در دنیای ما، چگونه چنین کاری امکان‌پذیر است؟

اول، روزی را انتخاب کنید که در آن کمترین مشکل و گرفتاری را دارید. برای خیلی‌ها آخر هفته بهترین زمان است. شما می‌توانید از غروب آن روز تا غروب روز بعد را انتخاب کنید. مثلاً عصر جمعه تا عصر شنبه.

چند هشدار:

۱) لطفاً خانواده را در جریان این موضوع قرار دهید. سکوت باعث ایجاد سوءظن و نگرانی می‌شود. دیگران از شما می‌پرسند که آیا حال‌تان خوب است. اگر کسی به شما زنگ بزند و جوابش را ندهید، ممکن است بی‌دلیل نگران شود. بدین‌ترتیب، شاید بد نباشد که برای اعضای خانواده و دوستان نزدیک، ایمیل یا پیامکی بفرستید تا آنان بدانند سرگرم چه تمرینی هستید.

۲) اگر از شما خواستند حرف بزنید و این کار ضرورت داشت، پس حرف بزنید. هیچ انضباطی بالاتر از نیکوکاری نیست. اگر نزدیک است اتوبوس به کسی بزند، با تمام وجود فریاد بزنید.

۳) اگر احساس می‌کنید که ناگزیرید با دیگران ارتباط داشته باشید، در بسیاری از موارد، می‌توانید از حرکات دست یا نوشتن یادداشت استفاده کنید. راهنمایی: *یک دفتر یادداشت کنار خود داشته باشید تا در مواقع ضروری بتوانید با دیگران ارتباط برقرار کنید.* (با این‌حال، این کار شامل پیامک‌بازی نمی‌شود!)

اکثر مردم از این تمرین سود خواهند برد. از آن نترسید. متوجه گفتار، مردم و امور اطراف باشید، که به‌طور چشمگیری افزایش می‌یابند.

یک روز را بدون دروغ گفتن سپری کنید

برای بعضی‌ها تمرین اول ناممکن است. اگر چنین است، پس این هفته یک روز را به‌عنوان «روز بدون دروغ» انتخاب کنید. نهایت تلاش

خودتان را بکنید تا در تمام طول آن روز به هیچ‌کس دروغ نگویید. اگر دروغ گفتید، سعی کنید بلافاصله تصحیحش کنید. به‌سادگی بگویید: «می‌دانی، چیزی که به تو گفتم راست نبود. راستش این است که ...» شاید از این می‌ترسید که مردم از شما عصبانی یا نومید شوند، اما من خلافش را دیده‌ام. اکثر مردم از این کار شاد می‌شوند. و در ضمن تصحیح کردن دروغ به شما کمک می‌کند تا جلوی دروغ بعدی را بگیرید.

فصل هفتم

چگونه برای نفرین‌کنندگان برکت بطلبیم

دوستم جین[1] مربی بسکتبال زنان کالج است و بیشتر سالیان عمرش را به این کار مشـــغول بوده. او در کارش فوق‌العاده موفق بوده و تا کنون بیش از چهارصد جایزهٔ NCAA را برده اســـت. او یکی از وقف‌شده‌ترین پیروان مسیح است که من می‌شناسم. جین پیش از هر بازی روی دست خود می‌نویســـد K.C. که مخفف Kingdom Coach (مربی پادشـــاهی) اســـت. او می‌گوید که این کار برای آن است که به خودش یادآوری کند که کیست و کجا است. اینکه چگونه او کارش را از چشم‌انداز پادشاهی خدا انجام می‌دهد، مرا شگفت‌زده می‌کند. در واقع، جین می‌پرسد که اگر عیسی مربی تیم بسکتبال کالج بود، چگونه عمل می‌کرد؟

جین در طول زمان راه‌هایی برای انجام این کار پیدا کرده اســـت. او خشـــم و نیاز به تلافی کردن را کنار گذاشته است. او با صداقت و راستی زندگی کرده اســـت. بازیکنان، رؤســـا، هواداران و رسانه‌ها همگی او را دوست داشـــتند. او برای دنیای خود نور بوده است. از قضا، در سومین

---

1. Jane

سال، تیم جدیدی که تعلیم می‌داد، شروع به باختن کرد. در پایان فصل، آنها به ته جدول سقوط کرده بودند. بلافاصله رسانه‌ها انگشت اتهام را به سوی او نشانه رفتند، و حتی با کمال حیرت از لـزوم آوردن یک مربی جدید سخن می‌گفتند. آنها در نهایت خیلی صریح خواهان اخراج او شدند.

از قضای روزگار، یکی از نویسندگان ستون‌های ورزشی که بیشترین انتقادها را به مربی‌گری جین کرده بـود، روزی به او زنگ زد تا تقاضای بزرگی بکند. واقعاً که چه رویی داشت، بعد از آن همه نکوهش و تقبیح! اما جین به من گفت: «من تصمیم گرفته‌ام که از او کینه‌ای به دل نگیرم. او فقط کارش را انجام می‌داد. من در پادشاهی خدا زندگی می‌کنم، بنابراین، تصمیم دارم کسـی را که مرا نفرین کرده، برکت بدهم.» اگرچه سال بعد برای تیم او لحظاتی عالی وجود داشت، اما در ستون برد و باخت‌ها تغییر چندانی اتفاق نیفتاد و از او خواستند استعفا بدهد.

وقتی من این خبر را شــنیدم، با او تماس گرفتم؛ تماسی که دعا کرده بودم هیچ‌وقت مجبور به گرفتنش نشـوم. کاملاً معلوم بود که احساسات جین جریحه‌دار شـده، و پیدا بود که گریه کرده اسـت. خیلی حرف‌ها برای گفتن داشـتم، اما یک نفس عمیق کشـیدم و فقـط چیزی را گفتم که می‌دانسـتم کاملاً درست اسـت: «جین، فقط به خاطر داشته باش که پادشاهی خدا گرفتار مشکل نیست. و تو هم در مشکل گرفتار نمی‌مانی.» تأثیرگذارتـر از همه اینکه او از تعلیم عیسـی پیروی کرده بود، هرگز به مغرضان، حمله نکرده، در عوض برای‌شان برکت طلبیده و دعا کرده بود.

روایت نادرست: ضربه را با ضربهٔ محکم‌تر پاسخ بده

در پادشـاهی این دنیا، مردم احساس می‌کنند قدرت از ایشان سلب شــده، آسـیب‌پذیر، ناتوان و بی‌پناهند. سـریع‌ترین راه برای مقابله با این عدم امنیت، کسب قدرت و در دست گرفتن زمام امور است. آیا احساس ضعف می‌کنید؟ به باشـگاه بروید و ماهیچه‌هایتان را بسـازید. از لحاظ مالی احساس آسیب‌پذیری می‌کنید؟ ثروت بیندوزید. احساس می‌کنید مردم با شما غیرمنصفانه برخورد کرده‌اند؟ با آنها بجنگید، آنان را به دادگاه

بکشانید، از حقوق‌تان دفاع کنید. روایت غالب این است: *اگر کسی به تو ضربه‌ای زد، تو محکم‌تر به او ضربه بزن.*

این روایت خون‌های بسیاری بر زمین ریخته است. پروتستان‌ها و کاتولیک‌ها در ایرلند شمالی، یهود و اعراب در کرانهٔ باختری، و هوتوها و توتسی‌ها در رواندا با این ایدئولوژی زندگی می‌کنند: از زور و تلافی‌جویی برای محافظت از خودت استفاده کن. این قضیه به زمین بازی دورهٔ کودکی برمی‌گردد. وقتی من حدوداً نه سال داشتم، پسر زورگوی سیزده‌ساله‌ای بود که همهٔ بچه‌های کوچک اطرافش را هول می‌داد. او پول‌مان را می‌دزدید، لوازم ورزشی‌مان را برمی‌داشت و محض خنده و تفریح ما را به زمین می‌انداخت. وقتی موضوع را به پدرم گفتم، او گفت: «خوب، یک کسی باید جلوی او بایستد.» راستش آن روزها من کمی اهل دعوا بودم، پس نصیحت پدرم را شنیدم. فردای آن روز من جلوی پسر زورگو وا ندادم و همین منجر به دعوای ما شد. پسر قلدر از اینکه من جلویش ایستاده بودم، حسابی بهت‌زده شده بود. گرچه من پیروز میدان نشدم، اما بازنده هم برنگشتم، و می‌دانستم که او دیگر هرگز مزاحمم نخواهد شد. و نشد.

کدام تجربه‌های کودکی به شما آموخته‌اند که برای محافظت از خودتان از زور و خشونت استفاده کنید؟

این رویداد، روایتی نادرست را در ذهن من حک کرد: تنها راه برای محافظت از خودت این است که از زور و خشونت استفاده کنی. درست مانند به‌کارگرفتنِ حس تقصیر برای شکل دادن به رفتار، استفاده از زور هم در کوتاه‌مدت مؤثر است، اما هیچ تغییر ماندگاری به‌وجود نمی‌آورد. و از آن بدتر اینکه معمولاً به خشونت بیشتر منجر می‌شود. وقتی با بی‌عدالتی روبه‌رو می‌شوید، خواه سرافکندگی در ملأ عام باشد، یا برخورد غیرمنصفانه یا صدمهٔ عمدی، واکنش طبیعی این است که «چشم به عوض چشم» مطالبه کنید. اما چنانکه گاندی گفته: «چشم به عوض چشم، کل دنیا را کور می‌کند.»

جوجیتسوی[1] پادشاهی خدا

بخش بعدی در موعظهٔ بالای کوه حاوی چالش‌انگیزترین و سخت‌ترین مواردی است که طالبان شاگردی عیسی می‌بایست آنها را رعایت کنند:

> «نیز شنیده‌اید که گفته شده، "چشم به عوض چشم و دندان به عوض دندان." اما من به شما می‌گویم، در برابر شخص شرور نایستید. اگر کسی به گونهٔ راست تو سیلی زند، گونهٔ دیگر را نیز به‌سوی او بگردان. و هرگاه کسی بخواهد تو را به محکمه کشیده، قبایت را از تو بگیرد، عبایت را نیز به او واگذر. اگر کسی مجبورت کند یک میل با او بروی، دو میل همراهش برو. اگر کسی از تو چیزی بخواهد، به او بده و از کسی که از تو قرض خواهد، روی مگردان.» (متی ۵:۳۸-۴۲)

بار دیگر عیسی تضادی ارائه می‌کند («شنیده‌اید که گفته شده ...، اما من به شما می‌گویم ...»). او تعلیم مرسوم در مورد عدالت، یعنی همان «چشم به عوض چشم» را به ما یادآوری می‌کند، که قانون "مقابله به مثل" است. قانون مقابله به مثل، یا قصاص[2] را هر کسی می‌فهمید: «اگر کسی به همسایهٔ خود آسیب رسانَد، با وی همان شود که خود کرده است: شکستگی در عوض شکستگی، چشم در عوض چشم، دندان در عوض دندان؛ به همان‌گونه که به آن شخص آسیب رسانیده است، باید به او رسانیده شود» (لاویان ۲۴:۱۹-۲۰). مقابله به مثل، معیار راستی، انصاف و عدالت به‌شمار می‌رفت.

قصاص برای جامعه خوب است چون نمی‌گذارد مردم از روی میل طبیعی برای تلافی‌جویی آسیب بیشتری وارد آورند: «به همان‌گونه که به آن شخص آسیب رسانیده است، باید به او رسانیده شود.» روال معمول

---

1. Jujitsu; 2. lex talionis

کار از این قرار بود که: «اگر شما سگ مرا بکشید، من هم سگ و گاو و مرغ و خروس‌های شما را خواهم کشت- به شما نشان خواهم داد که با من نمی‌توانید از این شوخی‌ها بکنید!» حال می‌فهمیم که چرا کسانی که قانون مقابله به مثل را مراعات می‌کردند، احساس می‌کردند آدم‌های خوب و درستکاری هستند. آنها در دل‌شان می‌خواستند که بیش از تلافی انجام بدهند. اما با تخطی نکردن از قانون مقابله به مثل عادل به‌شمار می‌رفتند.

عیسی به ما می‌آموزد که در پادشاهی خدا طریقی بهتر و والاتر از قصاص وجود دارد. او برای بی‌عدالتی چهار مثال عینی ارائه می‌کند و آشکار می‌سازد که در پادشاهی خدا چگونه باید در برابر هر یک از آنها واکنش نشان داد. این شیوهٔ واکنش به بی‌عدالتی من را به یاد جوجیتسو می‌اندازد. جوجیتسو هنری رزمی است، اما خیلی‌ها تصور می‌کنند شکلی از مبارزه است. با وجود این، معنای این واژه «انعطاف‌پذیری» با بهره‌گیری از نیروی فرد حمله‌کننده بر ضد خود او است. به‌جای تلاش برای استفاده از زور، جوجیتسو به شخص می‌آموزد که چطور بدون سلاح و تنها با استفاده از هوش، بر حریف مسلح فایق شود.

این دقیقاً همان چیزی است که عیسی تعلیم می‌دهد. تا زمانی که این اصل را متوجه نشویم، این عبارت می‌تواند آسیب زیادی به بار آورد. مردم از تعالیم عیسی چنین نتیجه می‌گیرند که ما باید قربانیان منفعل سوءاستفاده باشیم. اما بررسی دقیق‌تر نشان می‌دهد که عیسی روشی عالی برای واکنش به سوءاستفاده و حمله ارائه می‌کند که مبنی بر موضعِ امنیت پادشاهی خدا است. در تک‌تک مثال‌های چهارگانه، عیسی یک چیز را تعلیم می‌دهد: در پادشاهی خدا نیازی به مقابله به مثل نداریم، چون راه بهتری وجود دارد.

۱) *کسی به ما حمله یا اهانت می‌کند.* «اگر کسی به گونهٔ راست تو سیلی زند، گونهٔ دیگر را نیز به‌سوی او بگردان» (آیهٔ ۳۹). در زمان عیسی سیلی خوردنِ بردگان از ارباب، امری عادی بود. ارباب می‌توانست مطابق میلش، با برده‌اش رفتار کند. اما کسی نمی‌توانست

به گونهٔ فردی از طبقهٔ بالاتر از خود سیلی بزند. از آنجایی که هیچ‌وقت از دست چپ برای سیلی زدن استفاده نمی‌شد، سیلی زدن به گونهٔ راست به معنای سیلی زدن با پشت دست راست بود. معمولاً وقتی این اتفاق می‌افتاد، برده به نشانهٔ اطاعت خم می‌شد. این وضعیت به زننده امکان می‌داد تنبیه را ادامه دهد. اگر سیلی‌خورنده از درجه یا طبقهٔ اجتماعی برابر برخوردار بود، می‌توانست سیلی‌زننده را به دادگاه بکشاند. در زمان عیسی سیلی زدن تخلفی سزاوار کیفر بود. با این‌حال، عیسی نظری تکان‌دهنده دارد: گونهٔ دیگر را نیز به‌سوی او بگردان.

در واقع، چنین کاری باعث سردرگمی مهاجم می‌شود و نمی‌داند که حال چه باید بکند. این همان جوجیتسوی پادشاهی خدا است. شهروندان پادشاهی خدا به‌جای تلافی کردن یا دادخواهی یک جایگزین دیگر دارند. آنان می‌توانند یک رویکرد عاری از خشونت و حتی عدم مقاومت پیش بگیرند. با این کار، شخص متجاوز ممکن است بیدار شود و به عمل اشتباه خود پی ببرد- و البته ممکن است پی نبرد؛ شخص مزبور به هر جهت برای زدن ضربهٔ دوم ناگزیر است یک‌بار دیگر فکر کند.

البته ما نمی‌توانیم این را به قانون تبدیل کنیم: شاگردان عیسی هرگز نباید به مردم اجازهٔ سوءاستفاده بدهند. این دقیقاً همان شریعت‌گرایی است که عیسی به باد انتقاد می‌گیرد (پارسایی فریسیان و کاتبان). ممکن است برخی مواقع لازم باشد که ما از خود محافظت کنیم. عیسی قانون جهان‌شمول صادر نمی‌کند، بلکه این اصلی مربوط به پادشاهی خداست که برای نحوهٔ واکنش مردم در برابر یکدیگر، جایگزینی ارائه می‌کند. وقتی ما در جایگاهی باثبات (پادشاهی خدا) با هویتی استوار (شخصی که مسیح در او ساکن و از او خشنود است) قرار داریم، می‌توانیم پرهیز از حملهٔ متقابل را به‌عنوان واکنش مطلوب انتخاب کنیم.

۲) کسی ما را به‌خاطر آنچه که حقش بوده، مورد پیگرد قانونی قرار می‌دهد. «هرگاه کسی بخواهد تو را به محکمه کشیده، قبایت را از تو

بگیرد، *عبایت را نیز به او واگذار*» (آیهٔ ۴۰). در روزگار عیسی، فقیران اغلب اسیر ثروتمندان بودند. مردمان فقیر بسیاری بودند که هیچ چیز جز لباس تن‌شان نداشتند. اگر می‌خواستند از ثروتمندی پولی قرض کنند، مجبور بودند لباس‌شان را، که اغلب قبایی بلند بود (و البته در برخی ترجمه‌ها به غلط "کت" ترجمه شده)، پیش وی گرو بگذارند. قبا جامه‌ای بود که پوست بدن را می‌پوشاند. قرض‌دهنده هر وقتی می‌توانست پول خود را مطالبه کند، و اگر فرد مسکین نمی‌توانست بدهی خود را بپردازد، طلب‌کار می‌توانست شکایت کند و قبا را برای خود نگاه دارد. بدین‌ترتیب، شخص فقیر می‌ماند و عبایی که روی قبا می‌پوشید، که حداقل تنش را می‌پوشاند. به لحاظ فنی این عملی منصفانه بود. اما در واقعیت، کل این نظام غیرمنصفانه و ستمگرانه بود.

عیسی یک‌بار دیگر راه‌حلی حیرت‌آور ارائه می‌دهد: عبایت را نیز به او واگذار. این کار کاملاً غیرضروری و بسیار فراتر از خواستهٔ قانونیِ قرض‌دهنده بود. مضافاً، عبا کاربرد دیگری هم داشت و به‌عنوان رو‌انداز از آن استفاده می‌کردند، و در ضمن حکمی (خروج ۲۲:۲۵-۲۷) هم گرفتن عبای فرد دیگر را قدغن کرده بود. پس چرا عیسی می‌گوید که آن را به رایگان تقدیم کنید؟ چون اصل راهنمای پادشاهی خدا، محبت است. اگر کسی چیزی از ما بگیرد، واکنش طبیعی این است که به آن بچسبیم. آنانی که از برکات پادشاهی خدا خبر دارند می‌توانند رویکردی دیگر اتخاذ کنند: «بیا این پیراهن من. آیا کتم را هم می‌خواهی؟»

بار دیگر، ما نباید این را یک قانون تلقی کنیم. این یک رویکرد درونی است، نه یک فرمان. اگر کسی از ما چیزی می‌خواهد، لازم نیست که حتماً چیزی اضافه بر آن به او بدهیم. عیسی، در واقع، واکنشی منحصربه‌فرد به یک درخواست را به تصویر می‌کشد. محبت، فرمان بزرگ پادشاهی خدا است، و محبت همیشه سؤال می‌کند که چگونه می‌توانیم به دیگران کمک کنیم. از آنجایی که ما در قحطی نیستیم، می‌توانیم از دارایی‌های خودمان آزادانه بدهیم.

۳) *کسی چیزی را بر ما تحمیل می‌کند.* «اگر کسی مجبورت کند یک میل با او بروی، دو میل همراهش برو» (آیهٔ ۴۱). در زمان عیسی، اگر یک سرباز رومی از یک یهودی می‌خواست باری را حمل کند، فرد یهودی موظف بود آن را به مسافت یک میل حمل کند. به سخن عیسی توجه کنید: «اگر کسی *مجبورت کند* یک میل با او بروی.» هیچ یهودی‌ای نمی‌خواست به رومیان منفور خدمت کند. رومیان که می‌دانستند ممکن است سربازان از این حق سوءاستفاده کنند، قانونی وضع کردند که به سرباز اجازه نمی‌داد یک یهودی را برای مسافتی نامشخص وادار به حمل بار کند. پس آنها روی مسافت یک میل به توافق رسیدند. یک‌بار دیگر عیسی از شاگردانش می‌خواهد که کاری غیرممکن انجام دهند: دو میل بروند. این کار با سوار کردن کسی که کنار جاده ایستاده و می‌خواهد سواری مفت بگیرد، یا کمک کردن به یک دوست برای اسباب‌کشی فرق می‌کند. سرباز از یهودی درخواست کمک نمی‌کرد؛ یهودی مجبور به کمک کردن بود.

عیسی پندی شگفت‌انگیزتر ارائه می‌کند: میل دوم را هم بروید. چرا؟ زیرا اصل راهنمای پادشاهی خدا محبت است، و محبت در پی نیکویی کردن به دیگران است. آنانی که قلب بخشنده ندارند، غرولندکنان یک میل را خواهند رفت و یک قدم نیز بیش از آن برنخواهند داشت. اما سالکانِ پادشاهی خدا، می‌توانند بگویند: «آیا می‌خواهید این بار را مسافت بیشتری حمل کنم؟» در پادشاهی خدا سؤالی که اغلب تکرار می‌شود این است: «چطور می‌توانم به شما کمک کنم؟» که حتی شامل کسانی می‌شود که در حق ما دشمنی می‌کنند.

کسی از ما چیزی می‌خواهد. «اگر کسی از تو چیزی بخواهد، به او بده و از کسی که از تو قرض خواهد، روی مگردان» (آیهٔ ۴۲). در فرهنگ زمان عیسی تعلیم رایج دربارهٔ بخشیدن پول این بود: فقط به خویشاوندانت بده، و حتی در آن صورت هم به حداقل اکتفا کن.

> «اگر در میان شما، در یکی از شهرهای سرزمینی که یهوه خدای‌تان به شما می‌بخشد، یکی از برادران‌تان فقیر شود، دل خود را سخت مسازید و دست خویش را به روی برادر فقیر خود مبندید، بلکه با گشاده‌دستی، به‌قدر کفایت، هرآنچه نیاز دارد به او قرض بدهید.» (تثنیه ۱۵:۷-۸)

طبق شریعت، پول دادن باید برای کسانی باشد که جزو اجتماع خود ما هستند، و فقط به اندازهٔ رفع احتیاج‌شان. همه از این تعلیم آگاه بودند. با وجود این، عیسی این موانع را برمی‌دارد. او شرط نمی‌گذارد که بخشش باید منحصر به آشنایان باشد، و هیچ محدودیتی هم برای بخشیدن نمی‌گذارد.

درخواست کردن و بخشیدن اعمالی است که ما را آسیب‌پذیر می‌سازد. محتاجان باید خود را فروتن کنند، و دهنده‌گان باید از اموال خود بگذرند. *آیا کسی که از ما درخواست پول می‌کند، واقعاً بدان نیاز دارد؟ آیا او شخص تنبلی است؟ آیا من توانایی دادن آن پول را دارم؟ و اگر آن پول را بدهم آیا خودم پول کم نخواهم آوَرد؟* درخواست کردن مستلزم فروتنی زیاد است؛ به اختیار دادن هم مستلزم اعتماد زیاد است. در پادشاهی خدا امنیت داریم و می‌توانیم بدون ترس از اینکه مورد سوءاستفاده قرار بگیریم، ایثار کنیم.

بار دیگر خاطرنشان می‌سازیم این قانون نیست. برخی مواقع، بخشیدنِ غیرمشروط کار غیرعاقلانه‌ای است. اسقف ما، اسکات جونز، می‌گفت که یک‌بار حین قدم زدن در خیابانی در لندن، به زنی همراه کودک خردسالش برخورد می‌کند. زن از او درخواست پول برای خریدن غذا می‌کند. او به زن پولی می‌دهد و به راه خود می‌رود. بعد تصمیم می‌گیرد زن را تعقیب کند و ببیند آیا او واقعاً غذا می‌خرد. زن مستقیماً وارد مشروب‌فروشی می‌شود و مشروب می‌خرد. اسقف جونز می‌گوید: «تصمیم گرفتم که دیگر هرگز به آن طریق به کسی پول ندهم. به جایش به سازمان‌های مددکاری پول می‌دهم. آنها به روش‌های مطمئنی پول را

به‌دست آدم‌های مستحق می‌رسانند و این‌گونه، پول خرج نیازهای واقعی آنها می‌شود.» این یک راه‌حل است.

عیسی در هر چهار وضعیت از شاگردانش می‌خواهد که کاری غیرطبیعی و ناشدنی انجام دهند. دنیا محدوده‌های طبیعی تعیین می‌کند (جریمه برای سیلی زدن، محدویت برای دادخواهی، مسافت‌های از پیش تعیین شده، و موانعی برای بخشیدن) تا عدالت حاصل و از سوءاستفاده جلوگیری شود. ولی پادشاهی خدا روی چیزی بالاتر از عدالت متمرکز است. ما زمانی که در پادشاهی خدا می‌ایستیم، در موقعیت متفاوتی قرار داریم. به‌کار بردن جوجیتسوی پادشاهی خدا مردم را بهت‌زده می‌کند و ایشان را برمی‌انگیزد تا بپرسند چه جور آدمی دست به چنین کاری می‌زند؟ این بهترین روش برای بشارت دادن است.

آیا تا کنون کسی را دیده‌اید که جوجیتسوی پادشاهی خدا را به‌کار گرفته باشد؟ این کار چه تأثیری بر کسانی که درگیر قضیه بوده‌اند، گذاشته است؟

دشمنان‌تان را محبت کنید

موعظه چنین ادامه پیدا می‌کند:

> «شنیده‌اید که گفته شده، "همسایه‌ات را محبت نما و با دشمنت دشمنی کن." اما من به شما می‌گویم دشمنان خود را محبت نمایید و برای آنان که به شما آزار می‌رسانند، دعای خیر کنید، تا پدر خود را که در آسمان است، فرزندان باشید. زیرا او آفتاب خود را بر بدان و نیکان می‌تاباند و باران خود را بر پارسایان و بدکاران می‌باراند. اگر تنها آنان را محبت کنید که شما را محبت می‌کنند، چه پاداشی خواهید داشت؟ آیا حتی خراجگیران چنین نمی‌کنند؟ و اگر تنها برادران خود را سلام گویید، چه برتری بر دیگران دارید؟ مگر حتی

بت‌پرستان چنین نمی‌کنند؟ پس شما کامل باشید چنانکه پدر آسمانی شما کامل است.» (متی ۵:۴۳-۴۸)

همهٔ یهودیان با قانون محدوده‌های محبت و حق گرفتن انتقام آشنا بودند. این قوانین مستقیماً از کتاب لاویان گرفته شده بود: «از فرزندان قوم خویش انتقام مکش و از آنان کینه به دل مگیر، بلکه همسایه‌ات را همچون خویشتن محبت کن: من یهوه هستم» (لاویان ۱۸:۱۹).

چنانکه از نظر شریعت پول دادن به خویشان انتظاری اساسی بود، محبت کردن به همسایه نیز انتظاری اساسی به‌شمار می‌رفت. اما اگر کسی همسایه یا خویشاوند شما نبود، در آن‌صورت، موظف نبودید به او محبت کنید. نفرت ورزیدن به دشمنان هم که به‌طور کامل امری پذیرفتنی بود. اینها روایت‌های غالب کسانی بود که در حال گوش دادن به موعظهٔ بالای کوه بودند.

اما عیسی چیزی بیشتر می‌خواهد. او به قوم خود فرمان می‌دهد که دشمنان‌شان را محبت کنند. محبت کردن کسی دیگر، به چه معنا است؟ برای اکثر مردم محبت یعنی احساس و عاطفه. اما واژهٔ یونانی آگاپائو (یا آگاپه)[1] نه به احساس، بلکه به عمل اشاره می‌کند. محبت کردن (یا آگاپائو) یعنی *خوبی دیگری را خواستن.* آن لزوماً متضمن احساس، دوست داشتن یا خوش آمدن از دیگری نیست. ما خوبی طرف را می‌خواهیم و آن را در عمل نشان می‌دهیم. این نکتهٔ حساسی است. محبت کردن دشمنان کاری ناممکن به‌نظر می‌رسد، چون فکر می‌کنیم: *من هرگز نمی‌توانم کسی را که از من سوءاستفاده کرده دوست داشته باشم.* عیسی از شاگردانش نمی‌خواهد *احساس* عشق و محبت کنند، بلکه می‌خواهد با محبت نسبت به هر کس، و از جمله دشمنان‌شان، *عمل* کنند.

آیا می‌توانید به افرادی فکر کنید که نسبت به ایشان احساس محبت ندارید، اما می‌توانید خوبی‌شان را بخواهید؟ خوبی آنها را خواستن چگونه رابطهٔ شما را با آنان عوض می‌کند؟

---

1. Agapao (or agapē)

محبت کردن کسانی که ما را محبت می‌کنند، کار آسانی است: حتی خراجگیران هم چنین می‌کنند. اما محبت کردن کسانی که به ما آسیب می‌رسانند کار دشواری است. دعا کردن برای کسانی که دوستشان داریم کار راحتی است، ولی نه برای کسانی که ما را آزار می‌دهند. با این همه، این کار شدنی است. و وقتی انجامش می‌دهیم، در واقع، مانند پدر آسمانی‌مان رفتار می‌کنیم (متی ۵:۴۴). خدا با عمل کردن برای خیریت دشمنانش، به آنها محبت می‌کند.

> «اما خدا محبت خود را به ما این‌گونه ثابت کرد که وقتی ما هنوز گناهکار بودیم، مسیح در راه ما مرد ... زیرا اگر هنگامی که دشمن بودیم، به‌واسطهٔ مرگ پسرش با خدا آشتی داده شدیم، چقدر بیشتر اکنون که در آشتی هستیم، به‌وسیلهٔ حیات او نجات خواهیم یافت.» (رومیان ۵:۸ و ۱۰)

وقتی دشمنانمان را محبت می‌کنیم، مانند پدرمان و عیسی عمل می‌کنیم.

شخصیت مسیح را در بر کردن

عیسی هرآنچه موعظه می‌کرد، به کار می‌بست. او را زدند و به رویش آب دهان افکندند، با این‌حال تلافی نکرد. او را شکنجه کردند اما لب به دشنام نگشود. او کسانی را که به وی نفرت می‌ورزیدند محبت کرد و آنانی را که بر صلیبش کشیدند، بخشود. عیسی از ما نمی‌خواهد کاری کنیم که خودش انجام نداده است. او ما را به روشی از زندگی دعوت می‌کند که فراتر و متعالی‌تر از روال طبیعی است. باز، بیرون از پادشاهی خدا و بدون سلوک در مسیح، چنین کاری غیرممکن است. ما در نَفْس[1] خود ظرفیت لازم برای رفتار کردن طبق این روش‌های فوق عادی را نداریم. با این‌حال، از خدایی فوق‌العاده پیروی می‌کنیم که مواهب فوق‌العاده‌ای در اختیارمان قرار می‌دهد.

---

1. Sarx

چگونه دریافته‌اید که مسیح در وجودتان به شما قوت پیروی از نمونهٔ خودش را عطا فرموده است؟

دیوید آگزبرگر[1] می‌نویسد: «[عیسی] راه صلیب را به‌عنوان آشکارترین شیوهٔ مقابله و برخورد خدا با شرارت انسان برگزید؛ نه با مقابل به مثل و پاسخ دادن بدی با بدی، بلکه با فدا کردن خود و ابراز محبتی مقاومت‌ناپذیر.» ما شاگردان عیسی از خشونت می‌پرهیزیم نه بدین‌خاطر که اصلی انتزاعی است، بلکه چون شاگردان او هستیم؛ ما همان کارهایی را می‌کنیم که او می‌کرد. ما همان کارهایی را می‌کنیم که او تعلیم داد، تا به انسانی از جنس خودِ او تبدیل شویم.

وقتی تلافی می‌کنیم، در واقع، بر اساس روایت‌های پادشاهی این جهان عمل می‌کنیم. هر بار که دشمنان‌مان را لعن و نفرین می‌کنیم، بر ایمان خودمان به روایت‌های زندگی بدون خدا پافشاری می‌کنیم. وقتی از بخشش بی‌دریغ امتناع می‌کنیم، سرسپردگی خودمان را به روایت‌های دنیا در مورد امنیت و ترس، نشان می‌دهیم. وقتی از دشمنان نفرت داریم به خدایی که دشمنانش را محبت کرد، خیانت می‌کنیم. برعکس، وقتی برای کسانی که ما را لعن می‌کنند، دعا می‌کنیم و برکت‌شان می‌دهیم، خود را با خدا و پادشاهی او متحد می‌سازیم و کاری را می‌کنیم که عیسی کرد.

مردمی بسیار دولتمند

برای گذر از خودخواهی به سخاوتمندی، به چیزی بیش از روایت‌های جدید نیاز داریم؛ ما به قدرت مسیحِ سالک در درون‌مان محتاجیم. میروسلاو وولف[2] در دو عبارت زیبا تشریح می‌کند که چطور مسیحیان مردمانی "بسیار دولتمندند".

> *اگر همان مسیح، که فقیر شد تا ما دولتمند گردیم، در ما سالک است،* پس *ما دولتمندیم. فرقی نمی‌کند که چقدر*

1. David Augsburger; 2. Miroslav Volf

ناچیزیم، باز مردمانی "بسیار دولتمند" خواهیم بود ... اما اگر مردمانی "بسیار دولتمند" نباشیم، همیشه خواسته‌هامان بر داشته‌هامان سبقت می‌گیرند، و در نهایت از پا می‌افتیم و همیشه ناراضی می‌مانیم.

ما مردمانی "بسیار دولتمند" هستیم، نه به‌خاطر پر بودن حساب بانکی یا میزان موفقیت‌هامان، بلکه به‌خاطر مسیح که در ما سلوک دارد. ارزش ما بی‌کران و دنیای ما امن است؛ امن است تا بدهیم و دارائی‌مان را ایثار کنیم.

خارج از پادشاهی خدا، ما مردمانی فقیریم، که همواره در چیزهای مادی به دنبال هویت و خوشبختی می‌گردیم؛ «همیشه خواسته‌هامان بر داشته‌هامان سبقت می‌گیرند». وولف کسی را که مسیح در وجودش ساکن است، «نَفْسِ دولتمند» توصیف می‌کند:

> نَفْسِ دولتمند با اطمینان به استقبال آینده می‌رود. بیش از آنچه نگه می‌دارد می‌بخشد و از کم آوردن ترسی به دل راه نمی‌دهد، زیرا به وعدهٔ خدا ایمان دارد که خدا مراقب او است. نَفْسِ دولتمند اگرچه فانی و در معرض خطر، باز می‌بخشد، چون زندگی‌اش در خدای جاودان، شکست‌ناپذیر و بی‌نهایت سخاوتمند «با مسیح پنهان» است. خداوندِ حال، گذشته و آینده.

نَفْسِ دولتمند از لحاظ روحانی شخصی است "بسیار دولتمند" که از وجود مسیح در درونش آگاهی دارد. چنین شخصی قادر است از خودمحوری گذر کرده به سخاوت برسد، چون از کم آوردن ترسی ندارد. خدا با ما و برای ما است و می‌تواند برای ما تدارک ببیند.

خدا با ما است- بنابراین، تلافی کردن لزومی ندارد. خدا منابع بی‌پایانی در اختیار دارد- بنابراین، چسبیدن به مال و دارایی هم کاهش می‌یابد. خدا مراقب نیازهای ماست- بنابراین، می‌توانیم وقت صرف

کنیم، و یک میل اضافه‌تر برویم. مالک اصلی هر آنچه داریم، خداست- بنابراین، لزوم انباشتن و پاییدن نیز منتفی می‌گردد. هویت پادشاهی خدا (مسیح در من سلوک دارد) و *آگاهی* پادشاهی خدا (من در پادشاهی خدا قوی و در امنیتم)، کلید انجام کارهایی است که عیسی ما را برای آنها فراخوانده است. ما با اینها می‌توانیم سخاوتمندی بنیادین را بیاموزیم و زندگی فوق‌العاده‌ای داشته باشیم.

آیا زمانی بوده که شما شخصی "بسیار دولتمند" باشید؟ اگر بوده، چه احساسی داشته، و چگونه رفتارتان عوض شده؟

جرأت برای فوق‌العاده بودن

عیسی شاگردانش را فرامی‌خواند تا فوق‌العاده باشند. او پیش‌تر در موعظهٔ بالای کوه گفته بود که می‌توانیم نمک زمین و نور جهان باشیم. عیسی ما را به زندگی کردن با معیاری بالاتر از عدالتِ صرف، تشویق می‌کند. او به ما می‌گوید که این‌چنین، مانند پدر آسمانی‌مان که کامل است، «کامل» می‌شویم (متی ۴۸:۵). واژهٔ *کامل* برای بسیاری از ما دردسر ایجاد کرده، چون فکر می‌کنیم به معنایِ بی‌عیب بودن از لحاظ اخلاقی است، که می‌دانیم غیرممکن است. واژهٔ یونانی مورد نظر "تِلِیوس"[1] است، که بر نوعی بلوغ روحانی دلالت می‌کند. ما نباید انتظار داشته باشیم که بتوانیم همهٔ خواسته‌های عیسی را بی‌درنگ انجام دهیم. بلوغ زمان می‌برد. ما باید به پادشاهی خدا اجازه دهیم که در زندگی ما عمل کند. در زیر داستان سه نفر را که جرأت کردند فوق‌العاده باشند، می‌آوریم.

پاپ ژان پل دوم

در ماه می ۱۹۸۱، پاپ ژان پل دوم فقید هدف گلولهٔ فردی به نام محمد اقصی[2] قرار گرفت که برای ترور پاپ، دست به تلاشی نافرجام

---

1. Teleios; 2. Mohammed Agca

زد. حدود دو سال بعد، لنس مارو[1] از سلولی در زندان ربیبا[2] در رُم خبری را گزارش کرد. در این سلول بی‌روح که دیوارهای سفید داشت، پاپ ژان پل دوم دستی را در دست خود گرفته بود که زمانی به قصد کشتن پاپ، به‌سویش شلیک کرده بود. پاپ به مدت ۲۱ دقیقه کنار قاتل خود نشست ... آن دو به آرامی با هم گفتگو کردند. اقصی یک یا دو بار خندید. پاپ خطای او را بخشود. در پایان این دیدار، اقصی یا انگشتر پاپ را بوسید یا به رسم مسلمانان، به نشانهٔ احترام دست پاپ را به پیشانی خود سایید.

استیون

بابی، پسر استیون، طی حملهٔ ۱۱ سپتامبر کشته شد. استیون در حالی که کلاه بیسبال پسرش را بر سر کرده بود، سخن می‌گفت. او درد و خشمی را که به سبب مرگ بی‌معنای پسرش، در او به‌وجود آمده بود، با شنوندگان در میان گذاشت. اما این را هم افزود: «ولی حتی لحظه‌ای باور نداشته‌ام که خشونت بیشتر، می‌تواند مشکلی را حل کند. من نمی‌خواهم هیچ پدری دردی را احساس کند که من احساس می‌کنم.» استیون گروهی تشکیل داد به نام «حامیانِ فردای صلح‌آمیز»[3] که شعارشان این است: «اندوه ما دلیلی برای جنگ نیست!»

مادران بویل هایتس[4]

در اوایل دههٔ ۱۹۹۰، خشونت دسته‌های بزهکار در بویل هایتس، بخش شرقی لوس آنجلس، غوغا می‌کرد. هشت دستهٔ خلاف‌کار در حوالی حوزهٔ میسیون دولورس[5] کلیسای کاتولیک به جان هم افتاده بودند. هر روزه زدوخوردها منجر به جرح و قتل می‌شد. گروهی از زنان که برای دعا جمع شده بودند، در حال خواندن داستان راه رفتن عیسی بر آب بودند (متی ۱۴:۲۲-۳۳). سپس یکی از مادران که از خواندن متن

1. Lance Morrow; 2. Rebibba; 3. Families for Peaceful Tomorrows; 4. Boyle Heights; 5. Dolores Mission

مزبور به هیجان آمده بود، به شباهت‌های میان مَثَل‌های داستان عیسی و داستان خودش پی بُرد.

او نبرد خلاف‌کران بویل هایتس را با توفان دریای جلیل مقایسه کرد؛ مردمی که خود را در خانه حبس کرده بودند، همان شاگردان بودند که در توفان گیر کرده بودند؛ صدای شلیک گلوله‌ها هم با غرش رعد یکی شد؛ در هر دو مورد مرگ قریب‌الوقوع بود. سپس عیسی پدیدار شد و آنها به نجاتی جادویی امید بستند. اما او در عوض گفت: «از قایق بیرون بیایید.» «روی آب راه بروید.» «به صحنهٔ خشونت قدم بگذارید.» ...

آن شب، هفتاد زن *راهپیمانی*[1] را از این محله به محلهٔ دیگر آغاز کردند. آنها با خود غذا، گیتار و محبت آوردند. در حالی که با خلاف‌کاران چیپس و سس می‌خوردند و کوکا می‌نوشیدند، سرودهای قدیمی Chiapas, Jalisco و Michoacán را خواندند. خلاف‌کاران گیج و مبهوت بودند، مناطق جنگی را سکوت فراگرفته بود.

مادران هر شب راهپیمایی می‌کردند. آنها با ورود و مداخلهٔ عاری از خشونت «قواعد جنگ را درهم‌شکستند». قانون کهنهٔ "مقابله به مثل" و جنگ‌افروزیِ حاصل از آن را به چالش کشیدند و تغییر دادند. تصادفی نبود که زنان نام راهپیمایی‌های شبانه را «راهپیمایی محبت» گذاشته بودند.

همچنان که رابطهٔ دوستانهٔ میان زنان و خلاف‌کاران مستحکم می‌شد، جوانان شروع کردند به بازگفتن داستان‌هاشان. نگرانی از بی‌کاری؛ خشم به‌خاطر وحشی‌گری پلیس؛ غضب شدید در اثر ناامیدی ناشی از فقر. آنها دست به دست هم داده، یک کارخانهٔ چیپس‌سازی، یک نانوایی، یک مهد کودک، برنامهٔ

---

1. Peregrinación

آموزشی برای شغل‌یابی، کلاس آموزش فنونی برای حل مشکلات بغرنج، یک مدرسه، یک گروه محلی برای نظارت و گزارش رفتارهای ناهنجار پلیس، و غیره به‌راه انداختند.
و همهٔ اینها از چالش «از قایق بیرون بیایید» و «بر آب راه بروید» شروع شد.

چیزی که من خیلی در مورد این داستان‌ها دوست دارم نحوهٔ شهادت دادنِ این افراد دربارهٔ خدا است. ما این‌گونه رفتار می‌کنیم، چون خدا بدین‌طریق رفتار می‌کند. خدا دشمنانش را دوست دارد و کسانی را که از او نفرت دارند، می‌بخشد. ما به مرور زمان با این واقعیت وفق پیدا می‌کنیم، و نباید انتظار تغییر یک‌شبه را داشته باشیم. طی زمان می‌آموزیم کسانی را که زمانی رقیب می‌دانستیم، دوست بداریم و برای‌شان دعا کنیم، و شاید روزی برسد که با دشمنان‌مان روبه‌رو شویم و بتوانیم برای‌شان طلب نیکویی کنیم.

از چه طرقی برای شبیه شدن به عیسی اقدام کرده‌اید؟

یکی از مربیان پادشاهی خدا

من این فصل را با حکایت دوستم جین آغاز کردم، که از مربیگری تیم اخراج شد، با این‌حال با کسانی که از او انتقاد کرده بودند، با متانت درخور پادشاهی خدا برخورد کرد. چیزی نگذشت که او شغل دیگری در زمینهٔ مربیگری پیدا کرد. او که در میانهٔ فصل، تیم جدیدش را تحویل گرفته بود، این نامه را برای من فرستاد:

صبح به خیر جیم، کسی که مسیح در او مسکن گزیده است ...
تو در دوران سخت زندگی با من بودی، و به من آموختی که به‌عنوان مربی پادشاهی خدا چطور سکان هدایت را در

دســـت بگیرم، پس لازم بود که این مطلـــب را با تو در میان بگذارم. امیدوارم که باعث خوشحالی تو شود.

تیم جدید من در این فصل خیلی خوب بازی کرد. چند بازی را بردیم و چندتایی را هم باختیم. بعد مقابل تیم شـــماره ۷ کشـــور قرار گرفتیم. من قبلاً در لحظاتی احساس کرده بودم که خدا همچون مربی با من اســـت، اما این بار وضعیت فرق می‌کرد. نگذاشـــتم چیزی اذیتم کند و احساس می‌کردم که به‌شدت میل دارم شبیه عیسی ... مربی اصلی پادشاهی خدا باشم. در روز مســـابقه خیلی دعا کردم- از آخرین باری که بـــازی مهمی را، که از تلویزیون هم پخش می‌شـــد، رهبری می‌کردم زمان زیادی می‌گذشت. اما آرام بودم ... و از بودن با بچه‌ها احساس خوبی داشتم. طی بازی اتفاقات زیادی افتاد، ولی سرت را درد نیاورم، ما بردیم!

دانشگاه ما هرگز در طول تاریخش، تیمی را در چنین رده‌ای از جدول نبرده بود. هواداران تیم شـــادمان بودند و بچه‌های تیم هم فریاد می‌کشـــیدند ... سرشار از خوشی ... و حسی که بر من غالب شـــده بود، حس قدرشناسی بود ... نه انتقام به‌خاطـــر آنچه که مردم به من گفته و با من کرده بودند، بلکه فقط شکرگزاری از عیسی ... بخشندهٔ همه چیز.

جیم، من در طول زندگی‌ام بازی‌های زیادی را برده‌ام، اما این یکی فرق داشت. عمیقاً پادشاهی خدا را احساس می‌کردم، و این حس بســـیار بهتر از هر بردی بود که در گذشته نصیبم شده بود. نه به تأیید کسی احتیاج داشتم نه برای اثبات ارزشم احســـاس نیاز می‌کردم، چون بر این حقیقت واقف بودم که کی و کجا هســـتم، و الآن این ارزش اصلی من به حســـاب می‌آید. ممنون از حکمت و تعلیم تو ...

پایدار در ایمان

جین، کسی که مسیح در او مسکن گزیده

پس از خواندن نامه، کتاب *دسیسهٔ الاهی* نوشتهٔ دالاس ویلارد را گشودم و از صفحه‌ای که خیلی وقت پیش علامت‌زده بودم، کلمات زیر را خواندم، چون مطالب مزبور مرا به یاد چیزی انداخت که جین تجربه کرده بود. دالاس توصیف می‌کند که چطور آنانی که در پادشاهی خدا زندگی می‌کنند، حتی در آزمایش آرامی می‌یابند و حتی زیر فشار و سختی محکم می‌ایستند:

> *ما می‌دانیم که در هر شرایطی مورد عنایتیم. می‌توانیم آسیب‌پذیر باشیم، زیرا سرانجام آسیب‌ناپذیریم. وقتی نیروی خشم و میل مفرط به زندگی را در هم بشکنیم، درمی‌یابیم که روش مسیح در پاسخ به لطمات و تحمیل‌های شخصی همیشه راهی آسان‌تر است. این تنها راهی است که به ما امکان می‌دهد در میان صدمات، و فراتر از آن، با آرامش حرکت کنیم.*

جین دلیل زنده‌ای است بر اینکه پادشاهی خدا گرفتار مشکل نیست، و همچنین کسی که در این پادشاهی سالک است، گرفتار نخواهد بود.

پرورش روح

دعا کردن برای موفقیت رقیبان

اکثر ما در این هفته در شرایطی قرار نخواهیم گرفت که بر گوش‌مان سیلی بزنند یا مورد پیگرد قانونی قرار بگیریم، و امیدوارم که هیچ‌یک از ما را نفرین نکنند یا آزار نرسانند. به همین دلیل می‌توانیم از این بخش از موعظهٔ بالای کوه کناره بگیریم و فکر کنیم: *چقدر خوب است که من مجبور نیستم گونهٔ دیگرم را پیش بیاورم یا همهٔ لباس‌هایم را به طلبکارم بدهم.* اما اصل تعلیم همچنان پابرجا است: دیدن کسانی که برای ما تهدید محسوب می‌شوند، با عینکی دیگر. عیسی از ما می‌خواهد که به‌جای تلافی کردن، کسانی را که به ما صدمه زده‌اند، برکت بدهیم. شاید تمرین خوبی باشد که به کسی که دشمن‌تان است فکر کنید- کسی که می‌دانید فعالانه در پی هلاکت شما است. برای بسیاری از ما فکر کردن به چنین دشمنی کار سختی است.

از این‌رو، مقیاس دشمنی را قدری پایین بیاورید و در اطاعت از فرمان‌های عیسی قدم‌های کوچکتری بردارید. از شما می‌خواهم برای موفقیت یکی از رقیبان‌تان دعا کنید. رقیب کسی است که خودتان را با او می‌سنجید، *کسی که موفقیتش به‌نوعی از موفقیت شما می‌کاهد.* او می‌تواند رقیب کاری باشد یا کسی که در مدرسه یا ورزش با او رقابت می‌کند. شاید پدر یا مادری باشد که فرزندش در مسابقات ورزشی یا هنرهای زیبا، با فرزند شما رقابت می‌کند. اگر شبان هستید، می‌توانید برای موفقیت کلیساهای مجاورتان دعا کنید.

از خدا بخواهید این افراد یا نهادها را بر شما مکشوف سازد.

بعضی‌هــا گفته‌اند: «من واقعاً هیچ رقیبی نــدارم.» در این‌صورت، به کسی فکر کنید که عامل برخی مشکلات در زندگی شما است. همسر من این قبیل افراد را «اشخاص غیرعادی» می‌نامد- کسانی که موی دماغمان می‌شــوند یا با کارشــان دردســر ایجاد می‌کنند. یک رقیب یا شخص مشکل‌ساز را انتخاب کنید. در دعا از روح‌القدس هدایت بطلبید که برای چه کسی باید دعا کنید.

معمولاً تشــخیص اشــخاص یا نهادهای رقیب، دشوار نیست، ولی به محض اینکه برای آنها دعا می‌کنیم، متوجه تنشــی درونی می‌شــویم؛ منظورم این اســت که واقعاً نمی‌خواهیم آنها موفق شــوند. در اوایل کار ما فقط چیزی را بر زبان می‌آوریم و لزوماً آنچه را که می‌گوییم احســاس نمی‌کنیم. اشــکالی ندارد. در این مورد تشــویش به دل راه ندهید. این فرایند آهســته اســت. وقتی به مرور زمان آن را انجــام می‌دهیم، کم‌کم متوجه می‌شــویم که احساس‌مان هم عوض می‌شود. هروقت درگیر این تمرین می‌شوم، چیز عجیبی اتفاق می‌افتد. به شما نمی‌گویم که این اتفاق عجیب چیست. خودتان به‌زودی آن را کشف خواهید کرد. و هنگامی که آن را کشــف کنید، از حکمت عیسی و فرمانش مبنی بر دعا کردن برای دشمنان، قدردانی خواهید کرد.

در واقعیت، چگونه این را انجام خواهیــم داد؟ در زیر چند راهکار مفید را با شما در میان می‌گذارم.

- هر روز چند دقیقه‌ای را صرف دعا برای رقیب‌تان کنید، از خدا بخواهید که او و کارش را برکت دهد.
- آن شــخص یا نهاد را در حضور خدا بالا ببرید، و دعا کنید که هر چیز خوبی که به فکرتان می‌رسد، برایش اتفاق بیفتد.
- این کار را روزی یک بار و به مدت چهار یا پنج روز در این هفته انجام بدهید. ببینید که آیا در دل‌تان چیزی نســبت به این شخص شروع به تغییر می‌کند یا نه.

فصل هشتم

چگونه فارغ از خودستایی زندگی کنیم

از من دعوت شده بود تا سه روز پیاپی در عبادتگاه یک دانشگاه مسیحی سخنرانی کنم. آن دانشگاه که به‌عنوان یک نهاد آکادمیک ممتاز شناخته شده، دانشجویان بااستعداد بسیاری را جذب می‌کند. برنامهٔ عبادتگاه دانشگاه مزبور به‌خاطر حضور بهترین سخنرانان و نوازندگان و نیز میهمانان هفتگی، زبانزد است. این عبادتگاه دوهزار و پانصد نفر ظرفیت دارد و دانشجویان باید در هفته چند بار به این عبادتگاه بیایند. برای من افتخار بزرگی بود که سه روز در آنجا سخنرانی کنم. هم اشتیاق داشتم و هم ترسیده بودم. کمی قبل از من در همان نیم‌ترم، بیلی گراهام پشت منبر آن عبادتگاه ایستاده بود؛ هفتهٔ بعد از سخنرانی‌های من هم قرار بود محبوب‌ترین گروه موسیقی مسیحی در آنجا برنامه اجرا کند. احساس ناشایستگی می‌کردم.

روز اول سخنرانی من خیلی خوب پیش رفت. متوجه شدم که میان من و دانشجویان وجه مشترکی وجود دارد: همه می‌خواستیم برای خدا دستاورد بزرگی داشته باشیم، یعنی این که همگی به سمت شریعت‌گرایی متمایل بودیم. من داستانم را به حاضران گفتم، و از قرار معلوم با آنها

ارتباط برقرار کرد. همچنین مکاشفه‌ای را که در مورد محبت غیرمشروط خدا داشتم، که پادزهر شریعت‌گرایی است، با آنها در میان گذاشتم. سخنان من در روز دوم حتی از روز اول هم بهتر پیش رفت. اما در درون خودم سنگینی باری عظیم را احساس می‌کردم: دوست داشتم محبوب باشم، دانشجویان و اعضای هیئت علمی را تحت تأثیر قرار دهم و در مقام برنده، دانشگاه را ترک کنم. در صورتی که تنها دلیل واقعی حضور من در آنجا، گفتن کلمات تشویق‌آمیز و جلب کردن توجه حاضران به خدا بود. خلاصه قرار بود که سخنان زبان و تفکر دلم برای دانشجویان مایهٔ برکت باشد. کشمکش، من را رها نکرد.

پیش از سخنرانی روز سوم، زمانی را برای دعا سپری کردم و مسئله را به خدا سپردم. دلم می‌خواست به دانشجویان کمک کنم، و با این اشتیاق محض از پله‌های جایگاه بالا رفتم و پشت میکروفن قرار گرفتم تا ابزاری باشم در دستان خدا، و نه چیزی بیش از آن. به دردها و تردیدها، ترس‌ها و چالش‌های تک‌تک دانشجویان فکر کردم و دلم می‌خواست کلامی تسلی‌بخش و تشویق‌آمیز از جانب خدا به آنها بگویم. آن روز صبح خودم را در حالی یافتم که از ته دل و با دلیری، ایمان و شور سخنرانی می‌کنم. وقتی سخنرانی تمام شد، از آنها تشکر کردم که به حرف‌هایم گوش داده بودند و بعد در برابرشان تعظیم کردم تا قدردانی خودم را نشان داده باشم.

دانشجویان کف زدند. اگرچه سرم پایین بود، اما متوجه شدم که تشویق‌ها بلندتر شدند. وقتی سرم را بالا آوردم، دیدم که همه سرپا ایستاده‌اند. با خودم فکر کردم: *وای، این دانشجویان خیلی باادبند.* به‌سوی صندلی‌ای که برای من تعیین شده بود رفتم و نشستم، و رئیس دانشگاه به طرفم خم شد و نجواکنان گفت: «حسابی خودت را در این تشویق‌ها غرق کن. آنها به‌ندرت برای کسی ایستاده ابراز احساسات می‌کنند.» ناگهان احساس سرفرازی و نشاط همهٔ وجودم را فراگرفت.

در حالی که داشتم به‌سوی خانه رانندگی می‌کردم، هنوز در درونم جدالی برپا بود. من با ملغمه‌ای از چند انگیزه به آن کالج رفته بودم.

می‌خواستم خدمت کرده باشم، و دانشجویان را برکت داده، دلگرم‌شان کنم. همچنین می‌خواستم محبوب و مقبول باشم، دیگران مرا حسابی تحویل بگیرند و آنها را تحت تأثیر قرار دهم. می‌گویند که قلب واعظ زمانی در پادشاهی خدا است که پس از اتمام وعظش، مردم به‌جای گفتن: «چه واعظ بزرگی»، بگویند: «چه خدای بزرگی است، خدایی که این واعظ می‌شناسد.» در مورد کشش غرور، میل به ستوده شدن و حسرتِ تعریف و تمجید دیگران، قدری فکر کردم- اینکه اینها از کجا می‌آیند و چگونه امکان دارد ما آنها را با خود وارد پادشاهی خدا کنیم. حتی با وجودی که هنوز خودم در این کار خبره نشده‌ام، اما اکنون نسبت به آنچه که باعث می‌شود بخواهیم دیگران در موردمان فکرهای خوب بکنند، آگاهی بیشتری دارم، و می‌دانم چگونه می‌توانیم در برابر حاکمیت این امیال بر دل‌مان بایستیم.

روایت نادرست: ارزیابی شما ارزش من را تعیین می‌کند

روایتی که موجب پیدایش نیاز ما به تأیید می‌شود، داستانی است که ما آن را از سنین اولیهٔ زندگی می‌آموزیم. هروقت کار خوبی انجام می‌دهیم، اطرافیان تأییدمان می‌کنند؛ وقتی کارمان چندان چشم‌گیر نیست، از تأیید هم خبری نیست، و حتی ممکن است انتقاد هم بشنویم. «همهٔ نخودفرنگی‌هایت را خوردی- آفرین.» یا «نخودفرنگی‌هایت را نخوردی! برو به اتاقت، از دسر خبری نیست!» زندگی در هر مرحله‌ای- از مدرسه گرفته تا ورزش و کار- بدین منوال پیش می‌رود. اگر کارهای خوب و بزرگ بکنی، ارزشت بالا می‌رود؛ اگر شکست بخوری، ارزشت پایین می‌آید. ما به مرور زمان تشنه تأیید دیگران می‌شویم چون تأیید دیگران است که ارزش ما را تعیین می‌کند. ارزیابی مثبت می‌تواند از خوب بودن و درست انجام دادن مهمتر شود.

همهٔ ما می‌خواهیم که دوست‌مان داشته باشند. همهٔ ما شیفته احساس ارزشمندی، ارزندگی و عالی بودن هستیم. به تعبیری، ما از همهٔ این ارزش‌ها برخورداریم. ما صرف‌نظر از ظاهر، استعداد یا توانایی‌هایمان،

موجوداتی شــگفت‌انگیزیم که به صورت خدا آفریده شــده‌ایم. اما دنیا این را به مــا نمی‌گوید. به‌ندرت پیش می‌آید که ما ایــن را از والدین یا عزیزان‌مان بشــنویم. حتی کلیســاهای ما هم دچار ایــن معضل‌اند. ما موفقیت را می‌ســتاییم و بعضی از مردم را به‌خاطر پرهیزکاری‌شان مورد احترام قرار می‌دهیم. اگرچه اذعان بــه موفقیت‌های خدمتی یا تقدیر از یک شــخص دیندار هیچ ایرادی ندارد، اما روایتی که می‌گوید: «موفقیت تعیین‌کنندهٔ ارزش است» ممکن است ملکهٔ ذهن مردم شود.

چگونه خودســتایی کنترل ما را در دســت می‌گیــرد، و چگونه می‌توانیم با آن مقابله کنیم؟

دنیا ارزش ما را بر مبنای ظاهر، بهره‌وری و کارایی‌مان می‌سنجد- که به‌نظر می‌رسد تنها چیزهایی هســتند که به حساب می‌آیند. این روایت می‌گوید که ارزیابی دیگران ارزش ما را تعیین می‌کند. اگر آنها بگویند که خوبیم، پس هســتیم. در دنیای کنونی، وجهه یعنی همه چیز. ما نسبت به تقدیر و ستوده و تأیید شــدن، و احترام به‌خاطر اعمال‌مان، احساس نیاز می‌کنیم. وقتی این نیاز برآورده شــود، در مورد خودمان احساس خوبی می‌کنیم. با تحســین دیگران، نیاز به محبت در ما موقتاً فروکش می‌کند؛ این تنها جایگزینی است که می‌توانیم بیابیم. متأسفانه تحسینی که به‌خاطر ظاهر یا کارایی ماست ناپایدار و زودگذر است. ما فقط به حد کارآیی‌مان مورد تحسینیم.

خودستایی: هشتمین گناه مهلک

عیســی در موعظهٔ بالای کوه به‌طور زنجیره‌ای مــا را با موضوعات مختلف درگیر می‌کند. او با معضل فراگیر خشــم آغاز کرده، مطلب را با چالش محبت کردن و برکت دادن دشمنان به اوج می‌رساند. اگر تا اینجا آمده باشیم، برای تبدیل شدن به شخصی کامل راه درازی طی کرده‌ایم. با این‌حال عیسی می‌داند که کار ما هنوز تمام نشده است. ما هنوز در دل‌مان مشکلی داریم که همهٔ تلاش‌ها را برای نزدیکتر شدن به خدا، دستخوش

آفت می‌کند. معلمان و نویسندگان اولیهٔ مسیحی واژه‌ای را به‌کار می‌بردند که این مشکل را به‌طور کامل توصیف می‌کند: خودستایی.[1] اگرچه اکثر ما با هفت گناه مهلک آشنا هستیم، اما کلیسای ارتودکس از هشت گناه مهلک سخن می‌گوید که در فهرستش، خودستایی هم جای دارد. خودستایی اساساً ریشه در عدم امنیت دارد و نیاز ما به تأیید دیگران محرک آن به‌شمار می‌رود. این پدیده بسیار ظریف و شناسایی آن دشوار است.

وقتی برای سخنرانی به کالج رفتم، دلم می‌خواست که آنها فکر کنند که جیم واقعاً هم واعظ خبره‌ای است و هم خیلی فروتن است. چنین واکنشی واقعاً می‌توانست در من احساسی خوبی نسبت به خودم ایجاد کند. دیگران ارزش من را تأیید تعیین می‌کردند. برعکس، اگر واکنش مثبتی نمی‌دیدیم (که بسیار هم اتفاق افتاده بود)، ارزشم زیر سؤال می‌رفت. این مثال مناسبی است، چون خودستایی، در عین‌حال که برای همه یک مشکل است، به‌طور خاص برای آدم‌های مذهبی یک معضل به‌شمار می‌رود.

دامی ظریف برای افراد مذهبی

در بیرون از پادشاهی خدا، راهی جز این نداریم که دیگران با چیزهایی که دربارهٔ ما می‌گویند، ارزش‌مان را تعیین کنند. اگر کار خوبی بکنیم و هیچ‌کس توجهی نکند، دیوانه می‌شویم، چون آن چیز مطلوب‌مان را- یعنی تأیید و تمجید- از دست داده‌ایم. چندان دشوار نیست که ببینیم ما همین روایت را به زندگی روحانی‌مان نیز منتقل کرده‌ایم. بیشتر مردم فعالیت‌های روحانی را ارج می‌نهند. از این‌رو کسانی که به بلوغ روحانی رسیده‌اند، یعنی آنهایی که دعا می‌کنند و کتاب‌مقدس می‌خوانند و روزه می‌گیرند، اغلب مورد ستایش‌اند و همین امر ایشان را دچار وسوسهٔ خودستایی می‌سازد. همچنین کسانی که با گناهانی چون خشم، شهوت

---

1. Vainglory

و دروغگویی کلنجار نمی‌روند نیز در معرض این وسوسه قرار دارند. خودستایی همچون زهر کشنده‌ای است برای متقیان.

جان کاسیان[1] یکی از پدران کلیسا نوشته: «کسی که مقهور شرارت‌های نَفْس نمی‌شود ممکن است بیش از همه نسبت به خودستایی آسیب‌پذیر باشد.» آنها چون مغلوب «گناهان نَفْسانی‌تر» نمی‌شوند، امکان دارد وسوسه شوند چنین تصور کنند که بهتر از دیگران هستند، و زندگی روحانی‌شان برتر از زندگی کسانی است که آشکارا طعم شکست را می‌چشند.

وقتی شریر کسی را می‌بیند که در مورد زندگی روحانی خود جدیت دارد، مأیوس نمی‌شود. او برای نابودی چنین شخصی از یک حربهٔ شرارت‌بار ویژه استفاده می‌کند: خودستایی. کسانی که از لحاظ روحانی با چالش روبه‌رو هستند، معمولاً دچار خودستایی نمی‌شوند. آنها می‌دانند که از نظر روحانی زبده نیستند، و شخصیت اخلاقی‌شان هم چنگی به دل نمی‌زند. اما وسوسهٔ خودستایی هرروزه در خانهٔ کسانی را می‌زند که پرهیزکار و پاکند، و می‌تواند زندگی‌ای درست کند که از بیرون درخشان ولی در درون تیره و تار است. اندرو موری[2] می‌نویسد: «هیچ غروری خطرناک‌تر، ظریف‌تر و موذی‌تر از غرور تقدس نیست.»

خودستایی فریبنده‌ترین گناه در میان گناهانی است که تا کنون بدانها اشاره کردیم. این گناه خود را در پس نقاب پرهیزکاری مخفی می‌سازد: «این بیماری دقیقاً از همان نقطه‌ای ضربه می‌زند که پرهیزکاری شخص در آن نهفته است.» خودستایی تنها گناهی است که واقعاً برای بقای خود به یک فضیلت *نیاز* دارد. از آنجایی که خود را در پَس یک فضیلت پنهان می‌کند، دیدنش دشوار است. مردم در نامه‌های کریسمس از موفقیت پشت موفقیت دم می‌زنند- همهٔ چیزهای خوب. اما این چه اشکالی می‌تواند داشته باشد؟ هیچ. جز اینکه در بسیاری از موارد نیت حقیقی نویسنده آن است که خواننده را تحت تأثیر فوق‌العاده بودن خانواده‌اش

1. John Cassian; 2. Andrew Murray

قرار دهد. هیچ‌کس از فشـارهای روابط زناشویی، از کودکی که به‌خاطر اختلال اضطراب تحت درمان است، یا عضوی از خانواده که در مسابقهٔ خوانندگی نفر آخر شده سخنی نمی‌گوید. ما هیچ‌گاه از رنج، شکست یا کشمکش‌ها چیزی نمی‌شنویم، فقط دستاوردها خودنمایی می‌کنند.

خودسـتایی در زندگی من از طرق متعددی بروز پیدا می‌کند. در هر یک از مثال‌های زیر متوجه یک چیز خوب می‌شوید و یک چیز بد:

- هروقت کاری را به انجام می‌رسانم یا برای کاری که کرده‌ام تمجید می‌شوم، بلافاصله می‌خواهم دیگران از آن باخبر شوند.
- من ســعی می‌کنم دیگران را از ضعف‌ها و شکســت‌هایم بی‌خبر نگاه دارم. این همان‌قدر به خودستایی مربوط می‌شود که علاقه‌ام به جــار زدنِ موفقیت‌هایم. من در هر دو مورد به دنبال آن هستم که دیگران در موردم فکرهای خوب بکنند.
- در بیشتر گفتگوها سعی می‌کنم آدم فروتنی به‌نظر برسم، و با وجــود این، خیلی هم دلم می‌خواهد که طرف مقابل بداند که من چه انسان فوق‌العاده‌ای هستم. اگر هم چنین اتفاقی نیفتد، راه‌های زیرکانه‌ای برای پراندن دستاوردهایم در لابلای گفتگو پیدا می‌کنم. اگر این کار را خوب انجام بدهم، آنها حتی متوجه هم نخواهند شد.
- من زیاد اســم‌پرانی می‌کنم. دوستان نزدیکم همهٔ اشخاص معروفی را که با آنها وقت گذرانده‌ام، خوب می‌شناسند.
- دیگران تقریباً از هر خدمتی که تا کنون انجام داده‌ام آگاهند- و من هیچ‌وقت جلوی درز کردن این خبرها را نگرفته‌ام.
- وقتی فرزندانم مشــغول ورزش یا اجــرای کارهای هنری هســتند، بیش از آنکه علاقمند لذت‌بردن‌شان از آن امور باشم نگران این هســتم که پیش دیگران چقدر خوب کارشــان را انجام می‌دهند.

درست زمانی که فکر می‌کنیم «*خب، من برخشم، شهوت و دروغگویی غلبه کرده‌ام و یاد گرفته‌ام کسانی را که نفرینم می‌کنند برکت بدهم- من واقعاً پدیده نوینی هستم!*» متوجه می‌شویم که در مسیر زندگی در پادشاهی خدا با مانع دیگری روبه‌رو شده‌ایم: خودستایی. احتیاج به اینکه دیگران در مورد ما فکرهای خوب کنند تا ما احساس ارزشمندی کنیم.

عیسی سه عمل خودستایانه را به باد انتقاد می‌گیرد (صدقه، دعا و روزهٔ خودنمایانه) که در آن روزگار چیزهایی بدیهی بودند. در دنیای معاصر چه نمونه‌هایی از خودستایی را می‌توان در کلیساها دید؟

روایت عیسی

عیسی در یکی از طولانی‌ترین قسمت‌های موعظهٔ بالای کوه به موضوع خودستایی می‌پردازد. او دربارهٔ کسانی که با نیت ستوده‌شدن، کارهای خوب می‌کنند، و از پرهیزکاری به‌عنوان ردایی برای پوشاندن این نیت استفاده می‌کنند، سه مثال ذکر می‌کند. سه فعالیت دینی باعث می‌شوند که دیگران دربارهٔ ما فکرهای خوب کنند: صدقه دادن، دعا و روزه. هر سه را خدا به ما عطا فرموده تا با انجام صحیح‌شان با پادشاهی خدا همدل شویم. با این‌حال، همین سه عمل را می‌توان به‌گونه‌ای انجام داد که به ما زیان هم برسانند. عیسی درک عمیق خود را از دل انسان نشان می‌دهد:

> «آگاه باشید که پارسایی خود را در برابر دیدگان مردم به‌جا میاورید، به این قصد که شما را ببینند، وگرنه نزد پدر خود که در آسمان است، پاداشی نخواهید داشت. پس هنگامی که صدقه می‌دهی، جار مزن، چنان که ریاکاران در کنیسه‌ها و کوچه‌ها می‌کنند تا مردم آنها را بستایند. آمین، به شما می‌گویم، اینان پاداش خود را به تمامی یافته‌اند. پس تو چون صدقه می‌دهی، چنان کن که دست چپت از آنچه دست

راســـتت می‌کند، آگاه نشود، تا صدقهٔ تو در نهان باشد؛ آنگاه پدر نهان‌بین تو، به تو پاداش خواهد داد.
هنگامی که دعا می‌کنی، همچون ریاکاران مباش که دوست می‌دارند در کنیسه‌ها و سر کوچه‌ها ایستاده، دعا کنند تا مردم آنها را ببینند. آمین، به شـــما می‌گویـــم، اینان پاداش خود را به تمامی یافته‌اند. اما تو، هنگامی که دعا می‌کنی به اتاق خود بـــرو، در را ببند و نزد پدر خود که در نهان اســـت، دعا کن. آنگاه پدر نهان‌بین تو، به تو پاداش خواهد داد.
همچنین، هنگام دعا، عباراتی توخالی تکرار مکنید، آن‌گونه که بت‌پرستان می‌کنند، زیرا می‌پندارند به سبب زیاده گفتن، دعایشان مستجاب می‌شـــود. پس مانند ایشان مباشید، زیرا پدر شـــما پیش از آنکه از او درخواست کنید، نیازهای شما را می‌داند.
هنگامی که روزه می‌گیرید، مانند ریاکاران ترشـــرو مباشید، زیـــرا آنان حالت چهرهٔ خود را دگرگون می‌کنند تا نزد مردم، روزه‌دار بنمایند. آمین، به شـــما می‌گویم، که پاداش خود را به تمامـــی یافته‌اند. اما تو چون روزه می‌گیری، به ســـر خود روغن بزن و صورت خود را بشوی تا روزهٔ تو بر مردم عیان نباشد، بلکه بر پدر تو که در نهان است، و پدر نهان‌بین تو، به تو پاداش خواهد داد.» (متی ۶:۱-۸ و ۱۶-۱۸)

من ســـعی می‌کنم این متن را در زمینهٔ اصلی آن تشـــریح کنم تا بهتر آشکار شود که عیسی چه چیزی را محکوم می‌کرد.

اول، عیسی یکی از فرایض مرســـوم یعنی صدقه دادن (دادن پول به فقرا) را توصیف می‌کند. کنیســـه در ســـدهٔ اول برای مراقبت از فقیران، نظامی شـــبیه به تأمین اجتماعی امروز داشت. مردم بخشی از پول خود را به کنیســـه می‌دادند، و این پول‌ها بعدا به دســـت نیازمندان می‌رسید. وقتی کســـی مبلغ قابل‌ملاحظه‌ای می‌داد، رســـم بر این بود که آن را در

کنیسه تصدیق می‌کردند (سیراخ ۱۱:۳۱). پول دادن به مردم نیازمند هیچ اشکالی ندارد؛ در واقع، کاری است خوب و خداپسندانه. تصدیق این عمل از سوی دیگران هم اشکالی ندارد. عیسی از تصدیق عمومی انتقاد نمی‌کند، بلکه می‌پرسد که آیا ما این پول را می‌دهیم تا از سوی دیگران مورد تصدیق قرار بگیریم؟ اگر چنین است، پس ما پیشاپیش آنچه را که دنبالش بوده‌ایم، به‌دست آورده‌ایم.

آیا تا به‌حال وسوسه شده‌اید که بگذارید دیگران از کارهای نیک‌تان باخبر شوند؟

دوم، عیسی صحنهٔ مرسوم دیگری را از زمانهٔ خود به تصویر می‌کشد: دعا در کنیسه و در گوشهٔ خیابان. یهودیانِ مؤمن روزی سه بار و غالباً در ملأ عام دعا می‌کردند. مردم اغلب در ساعت نهم (۳-۴ بعدازظهر)، برای دعا به کنیسه می‌رفتند، و به رسم آن زمان با صدای بلند و ایستاده دعا می‌کردند. بنابراین، شخصِ در حال دعا، عیان بود. باز، رفتن به مکانی مذهبی به منظور دعا هیچ اشکالی ندارد. ولی عیسی چیزی را که آنان دنبالش بودند زیر سؤال می‌برد. آیا می‌خواهیم مردم ما را در حال دعا کردن ببینند و فکر کنند که چقدر پرهیزکار و خداترسیم؟ اگر چنین است، پس آنچه را که دنبالش بوده‌ایم، به‌دست آورده‌ایم.

سوم، عیسی به توصیف فریضهٔ مرسوم روزه می‌پردازد. فریسیان دو روز در هفته، معمولاً دوشنبه‌ها و پنجشنبه‌ها روزه می‌گرفتند (ن.ک. لوقا ۱۲:۱۸). بعضی‌ها پلاس یا لباس عزا به تن می‌کردند. آنان اغلب به نشانهٔ توبه و سوگواری خاک و خاکستر به صورت خود می‌ریختند، به این قصد که شخص را به خدا نزدیک‌تر کند.

پول دادن به فقرا، دعا کردن، روزه گرفتن؛ هر سه از روحانی‌ترین اعمالند. پس این سخنان تند عیسی برای چیست؟ در واقع، او علیه این *فرایض* سخن نمی‌گوید. عیسی دلیل *انجام فرایض* مزبور را به باد انتقاد می‌گیرد. دغدغهٔ او *انگیزه* است نه شیوهٔ انجام فرایض. چنانکه قبلاً دیدیم، عیسی با معیار دنیا در خصوصِ درستی آغاز می‌کند (قتل نکردن،

سوگند دروغ نخوردن)، سپس روکش را برمی‌دارد تا معلوم شود آیا درون درست است یا نه. در اینجا هم وضع به همین منوال است. او سه عمل پارسایانه و مقدس را برمی‌گزیند و نشان می‌دهد که چطور وضعیت درونیِ شخص تعیین می‌کند که آن فریضه مبارک است یا مانع.

عیسی در تشخیص نحوۀ عملکرد دل انسان، نابغه است. او درون کسانی را که فرایض دینی را به‌جا می‌آورند فاش می‌کند. همه چیز به‌خاطر تصدیق شدن توسط دیگران است. آنها کاری را انجام می‌دهند که «دیده شود»، تا احترام و تمجید دیگران را به‌دست آورند.

عیسی می‌گوید که اگر آنها می‌خواهند دیگران تصدیق‌شان کنند، پس «ایشان به‌راستی پاداش خود را دریافت کرده‌اند.» واژۀ یونانی که برای "پاداش" به‌کار رفته مفرد است و نشان می‌دهد که پاداشی یک‌باره است. آنها آنچه را که می‌خواستند به‌دست آورده‌اند. اما خدا با اینها کاری ندارد چون او در ذهن اشخاص گرفتار به خودستایی نیست. اینان تمجید دیگران را می‌خواهند، نه صمیمت با خدا را.

تسهیل بار فقیران از طریق صدقه، یا تمسک به مشارکت نزدیک با خدا در دعا، یا تطهیر و تربیت بدن از طریق روزه، هدف این افراد نبوده، بلکه انگیزه‌شان، نیاز به تصدیقِ دیگران بوده است. ولی از کجا بدانیم که آیا انگیزۀ شخص خودستایی است یا اشتیاق خالصانه به انجام کارهای نیک؟

دست بی‌خبر، نهانگاه، چهرۀ شاد

اما راه‌حل خودستایی چیست؟ رهنمود عیسی برای پیروانش این نیست که چقدر باید صدقه بدهند، دعا کنند یا روزه بگیرند، بلکه مهم این است که با چه نیتی قرار است این کارها را انجام دهند. توجه کنید که عیسی نمی‌گوید: «اگر روزه می‌گیرید»، یا «وقتی روزه می‌گیرید»، و این نشان می‌دهد که او از شاگردانش انتظار داشته اینها را انجام دهند. نکته بر سر خود فرایض نیست، بلکه دربارۀ وضعیت درونی ما در حین انجام آنها است.

اول، وقتی که صدقه می‌دهیم نباید بگذاریم دست چپ‌مان از آنچه دست راست‌مان می‌کند خبردار شود. برخی از محققین بر این باورند که عیسی احتمالاً به صندوق هدایا اشاره می‌کند که درست در طرف راست ورودی معبد قرار داشته، و مردم هنگام ورود هدایا را با دست راست درون آن می‌انداختند. این امر حاکی است که ما باید چنان یواشکی کارهای خیر بکنیم (بخشیدن قسمتی از دست‌رنج‌مان به دیگران) که حتی دست چپ‌مان از آنچه دست راست می‌کند، باخبر نشود. مثلاً اگر کسی بعداً از ما پرسید: «ببینم، یک دقیقه قبل شما بودید که به فقیر پول دادید؟» در جوابش بگوییم: «ها، من بودم؟ چیزی یادم نمی‌آید.» و واقعاً هم چنین باشد.

دوم، در مورد دعا، عیسی ما را تشویق می‌کند تا به اتاق رفته در را پشت سر خود ببندیم و به حضور پدرمان که «در نهان است، دعا کنیم. آنگاه پدر نهان‌بین ما، به ما پاداش خواهد داد.» دعا در ملاء عام نمونهٔ خوبی از بازی با کلمات است. این مثال‌ها در مورد کسانی صدق می‌کند که دوست دارند دیده شوند، ولی خدا نادیدنی است. خدا نه تنها در نهان می‌بیند، بلکه هستی‌اش نهانی است. به‌عبارت دیگر، خدای ما خدایی خودستا نیست. آر. تی. فرانس[1] می‌نویسد: «[خدا] برخلاف پرستندگان متظاهرش، که فقط می‌خواهند دیده شوند، نادیدنی است.»

دعا عمیقاً شخصی و خصوصی است. «اتاقی» که عیسی بدان اشاره می‌کند، احتمالاً انباری است، چون انباری تنها اتاقی بود که قفل داشت. ما باید در را پشت سرمان قفل کنیم تا کسی دعای ما را نبیند. این پنهان کاری به ما اطمینان می‌دهد که نه تنها توسط دیگران «دیده نمی‌شویم» بلکه مشارکت نزدیکی هم با خدا خواهیم داشت. یوحنای زرین‌دهان می‌نویسد: «چرا باید دعا کنیم؟ نه برای اینکه به او رهنمود بدهیم، بلکه تا با او پیروز شویم؛ تا با تضرع مدام به درگاهش با او صمیمی شویم؛ فروتن گردیم؛ گناهان‌مان را به یاد آوریم.» به‌زعم او، چنین دعایی را تنها می‌توان «در نهان» انجام داد.

1. R. T. France

ســوم، عیسی به ما می‌آموزد که روزه باید بی‌هیاهو باشد. وقتی روزه می‌گیریم قرار نیســت که جامهٔ ندامت و اندوه بر تــن کنیم و خاک و خاکســتر به روی بمالیم تا همه بفهمند که مــا روزه‌داریم. ظاهر ما باید عادی باشــد. شستن صورت و تدهین مو در زمان عیسی اموری عادی و روزمره به‌شــمار می‌رفتند. آگاه ساختن دیگران نسبت به روزه‌داری‌مان، نیــت ما را در تصدیق طلبیدن از دیگران نشــان می‌دهد، نه تمایل‌مان به انضباط یا ارتقاع صمیمیت‌مان با خدا را.

فروتنی: نقطهٔ مقابل خودستایی

عیسی ما را تشــویق می‌کند تا کارهای خوب را مطلقاً بدون اهمیت دادن به آنچه دیگــران در مورد ما فکر می‌کنند، انجــام دهیم. این یعنی فروتنــی؛ نقطهٔ مقابل خودســتایی. بهترین نمونهٔ فرق میــان فروتنی و خودســتایی را می‌توان در مَثَل فریسی و خراجگیر یافت که هر دو برای دعا کردن به معبد رفته بودند:

> «فریســی ایستاد و با خود چنین دعا کرد: "خدایا، تو را شکر می‌گویــم که همچون دیگر مردمــان دزد و بدکاره و زناکار نیســتم، و نه مانند ایــن خراجگیرم. دو بــار در هفته روزه می‌گیرم و از هرچه به‌دســت مــی‌آورم، ده‌یک می‌دهم." اما آن خراجگیر دور ایســتاد و نخواســت حتی چشمان خود را به‌سوی آســمان بلند کند، بلکه بر سینهٔ خود می‌کوفت و می‌گفت: "خدایا، بر من گناهکار رحم کن." به شما می‌گویم که این مرد، و نه آن دیگر، پارســا شمرده شده به خانه رفت. زیرا هرکه خود را برافرازد، خوار خواهد شد، و هر که خود را خوار سازد، سرافراز خواهد گردید.» (لوقا ۱۸:۱۱-۱۴)

فریسیِ این داستان نمونهٔ کاملی است از خودستایی. او با صدای بلند دســتاوردهای خود را ردیف می‌کند تا همه بشــنوند. بر خلاف او، خراجگیر بر ســینهٔ خــود کوفته، به گناهکار بودنــش اعتراف می‌کند و

رحمت می‌طلبد. فروتنی مستلزم آن نیست که ما حتماً به سینه بکوبیم و گناهــکار بودن خود را اعلام کنیم. در این مورد به‌خصوص خراجگیر به ما نمونه‌ای از فروتنی خود را نشان می‌دهد.

عیسی برترین نمونهٔ فروتنی است. شاه شاهان و خداوند خداوندان در هیئت نوزادی درمانده و در خانواده‌ای فقیر زاده می‌شود، مدتی همچون پناهنده زندگی می‌کند و در شــهری گمنام بزرگ می‌شود. پسرخاله‌اش او را تعمید می‌دهد، ســپس گروهی متشکل از زحمت‌کشان بی‌سواد و غیرمهم را گرد خود جمع می‌کند، روستا به روستا می‌رود و با گناهکارانِ معروف و رانده‌شــدگان همسفره می‌شود. پسر خدا انسانی بی‌آوازه شد، قدرت را با ناتوانی معاوضه کرد و ســرانجام هم با بخشــندگی و وقار، مرگــی ناعادلانه را پذیرفت. به قول هنری نوون:[1] «کل زندگی عیســای ناصری با حرکتِ رو به بالا مقاومت می‌کرد.»

درمان خودستایی

روایت‌های پادشاهی خدا مخالف روایت‌های دنیا هستند: شما برای خدا ارزشمندید. خدا شما را تحت هر شرایطی دوست دارد. ارزش شما به عملکردتان یا اینکه دیگران در مورد شــما چه فکری می‌کنند، وابسته نیست. ارزش شما را می‌توان در چشمان پرمحبت خدا یافت. اگر ببرید، خدا دوست‌تان دارد، اگر ببازید هم خدا دوست‌تان دارد. اگر روزه بگیرید و دعا کنید و پول‌تان را به فقرا بدهید، خدا دوست‌تان دارد. اگر گناهکار و خودخواه باشید، باز خدا دوست‌تان دارد. او خدای عهد است، و محبتش هرگز تغییر نمی‌کند. شما ارزشمند و گران‌بها هستید و ارزش دارید که او برای شما بمیرد- درست همین‌طور که هستید.

پولس به زیبایی می‌گوید: «نه آنکه خود کفایت داشته باشیم تا چیزی را به حساب خود بگذاریم، بلکه کفایت ما از خداست» (دوم قرنتیان ۵:۳). مــا نیازی به تأیید دیگران نداریم. ارزش ما از نظری که خدا در موردمان

---

1. Henri Nouwen

دارد ناشی می‌شود، نه از نظرات دیگران دربارهٔ ما: ما ارزشمند و گران‌بهاییم.

«فقط برای یک تماشاگر بازی کن.» این جملهٔ کوتاه پیوریتن‌ها به کامل‌ترین شکل بازتاب‌دهندهٔ زندگی در پادشاهی خدا است. اکثر ما زندگی خود را صرف بازی کردن برای تماشاگران بسیار، و متمرکز شدن بر اینکه در مورد ما چه فکر می‌کنند و می‌گویند، می‌کنیم. وقتی نوبت به خدا می‌رسد، به‌ندرت پیش می‌آید که همین کار را بکنیم. زمانی که به آنچه در بالا است دل ببندیم (کولسیان ۱:۳)، از تماشاگران بسیار به‌سوی یک تماشاگر روی می‌گردانیم. تنها چیزی که واقعاً اهمیت دارد، کارهایی است که برای خدا انجام می‌دهیم.

آیا احساس کرده‌اید که روایت‌های اصلی پادشاهی خدا به دل‌تان راه یافته‌اند؟ اگر چنین است، چه تغییری در رفتار شما به‌وجود آورده‌اند؟

ژان کالون تعریف می‌کند که چطور تمرکز کردن روی خدا به حسی حقیقی از هویت ما منجر می‌شود: «روشن است که انسان هرگز به خودشناسی حقیقی نایل نخواهد شد، مگر اینکه از قبل در چهرهٔ خدا بیندیشد، و پس از آن تأمل، بر خویشتن بنگرد.» خودشناسی حقیقی از نگریستن به چهرهٔ عیسی حاصل می‌شود، نه به چهرهٔ دیگران.

این به معنای بی‌توجهی به آنچه دیگران دربارهٔ ما می‌گویند، نیست، و یقیناً مراد این نیست که مشورت‌های خوب را نادیده بگیریم. بلکه ما افکارمان را متوجه خدا می‌کنیم و همیشه در اعمال‌مان او را مد نظر داریم. پس ما آزادیم تا- با بصیرت- به ارزیابی‌های دیگران گوش بسپاریم. ما به نظرات دیگران گوش می‌دهیم، اما از سوی آنها کنترل نمی‌شویم.

پادشاهی خدا تنها جایی است که ما در آن آرامش حقیقی می‌یابیم. چنانکه آگوستین می‌گوید: «دل‌های ما بی‌قرار است ای خدا، تا زمانی که در تو آرام گیرند.» مهم نیست که چه تعداد «جوایز» دنیوی می‌بریم، باز نمی‌توانیم سرمان را در آرامش بر بالین بگذاریم، چون هر روز فراز و نشیب‌های خودش را دارد. اما پدر پرمحبت ما- تنها کسی که اهمیت

دارد- بــه ما می‌گوید که دوســت‌مان دارد، و ما را بی‌اندازه ارزشــمند می‌داند.

هنگامی که روایت‌های پادشـاهی خدا جای روایت‌های نادرست را بگیرند، می‌توانیم بدون نیاز به بردن، بازی کنیم، بدون نیاز به محبت شدن، محبت کنیم، فارغ از زهد و ریا دعا کنیم و بدون نیاز به قدردانی، خدمت کنیم. ارزش ما سـر جایش هسـت؛ ارزش ما بکر و استوار است. مردم هرچه می‌خواهند بگویند، ما محبوب و ارزشــمندیم. وقتی این روایت در دل‌مان رسـوخ کند، به‌راستی انسـان‌های آزادی خواهیم شد. دعایی منسوب به سنت فرانسیس، قلب پادشاهی خدا را بازتاب می‌دهد:

> ای استاد آسمانی، عطا فرما
> تا بیش از آنکه تسلی گیرم، مایهٔ تسلی شوم؛
> تا بیش از آنکه درک شوم، درک کنم؛
> و بیش از آنکه محبت شوم، دیگری را محبت نمایم.

چنین انسان‌هایی «بسیار دولتمندند». آنان بر بنیاد مستحکم پادشاهی خدا زندگی می‌کنند و چندان علاقمند تسـلی گرفتن، و درک و محبت شدن از سوی دیگران نیستند، چون خدا از پیش همهٔ اینها را بدیشان داده اسـت. آنان در عوض، دیگران را تسلی می‌دهند، درک می‌کنند و محبت می‌نمایند. شــگفت آنکه، مردمی که این را آموخته‌اند، شادترین مردمان روی زمین هستند.

سه چیزی که هنوز در حال آموختن‌شان هستم

از زمانی که من در عبادتگاه دانشــگاه سخنرانی کردم سه اتفاق افتاده کــه هنوز برایم آموزنده‌اند. اول اینکه، چند ماه پس از بازگشـتم به خانه از یکی از دانشــجویان نامه‌ای دریافت کردم که در آن شــمه‌ای از درد و رنجش را با من در میان گذاشــته بود؛ دســت و پنجه نرم کردن با افکار تیــره و خواب‌های بد، طی ماه‌های پیش از ســخنرانی مــن در آنجا. او نوشته بود که خدا سخنان مرا در عبادتگاه برای شفای دل او به‌کار گرفته،

روح‌القدس به‌نوعی روح او را عمیقاً تحت تأثیر قرار داده و او اکنون می‌داند که ارزشمند و مورد محبت غیرمشروط خدا است، و این برایش خیلی اهمیت دارد. این سخنان به من آموخت که خدا می‌تواند از طریق شخصی که تا اندازه‌ای در درونش گرفتار خودستایی است، کار کند.

دوم، دو سال بعد از سخنرانی‌ام شخصی به من اطلاع داد که صحبت من در «آرشیو عبادتگاه» قرار گرفته و به قول معروف در وب‌سایت دانشگاه در ردیف ۳۰ موعظهٔ برتر جای داده شده است. خیلی خشنود شدم که به من یادآوری شد که غیر از خودستایی، چیزهای دیگری هم دارم.

سوم، به‌رغم تشویق‌ها و ابراز احساسات دانشجویان، و قرار گرفتن موعظه‌ام در ردیف برترین‌های سایت دانشگاه، دیگر هیچ‌وقت از من نخواستند تا دوباره در آن کالج سخنرانی کنم. بدبختانه، به‌نظر می‌رسد که هنوز این مسئله برایم مهم است. بخشی از وجودم دوست دارد که دوباره برگردم تا ببینم آیا قلبم تغییری کرده یا نه؛ ببینم آیا می‌توانم پشت آن منبر بایستم و هیچ مقصودی جز نشان دادن خدای خوب و زیبا به دانشجویان نداشته باشم یا نه. با وجود این، می‌دانم که پادشاهی خدا در مورد من نیست، بلکه در مورد عیسی است. ارزش من را دعوت برای سخنرانی تعیین نمی‌کند، بلکه هویتم (کسی که مسیح در او مسکن گزیده) و اینکه به کجا تعلق دارم (پادشاهی خدا). مادامی که این حقایق را در مد نظر خود قرار دهم، خودستایی در من کاری از پیش نخواهد برد.

پرورش روح

خدمت مخفیانه

تمرین این هفته انجام پنج چیز است که باری را از دوش دیگری برمی‌دارد. هر خدمت یا عملی که از بار دیگران بکاهد، قابل قبول است. مثال‌ها شامل شستن لباس‌های شخصی دیگر، پر کردن باک اتومبیل او، تمیز کردن اتاقش، کمک کردن به او در نصب کاغذ دیواری، رساندن کسی به جایی که نیاز دارد برود، یا کمک کردن به کسی برای انجام وظایفش می‌شوند.

مثال‌های دیگر عبارتند از:

- گوش دادن، واقعاً گوش دادن به حرف‌های کسی
- غذا دادن به بی‌خانمان‌ها در پناهگاه‌ها
- کمک به فرزندان در انجام تکالیف‌شان
- قرض گرفتن ماشین کسی در خلال ساعت ناهار و تمیز کردن تو و بیرون آن.
- از خدا بخواهید شما را سر راه یک نیازمند قرار دهد. مراقب این یکی باشید!

بیرون بروید و این پنج کار را انجام بدهید! با این حال یک نکته را نباید از یاد برد: *شما باید در نهان برای این کار تلاش کنید!*

ما دل‌مان می‌خواهد که کارهای خوب‌مان مورد توجه قرار بگیرند. این می‌تواند اعمال ناشی از مهربانی یا سخاوت ما را خراب کند، چون ممکن است انگیزهٔ ما پاداش گرفتن در ازای انجام عمل، باشد. تا جایی که می‌توانید سعی کنید بدون آنکه دیگران باخبر شوند، به آنها خدمت کنید. شاید مخفی کردنش کار سختی باشد- و اگر در موردش از شما پرسیدند، دروغ نگویید. فقط سعی کنید توجه کسی را به آنچه انجام می‌دهید جلب نکنید. احتمال دارد که برخی از خدماتی که انجام می‌دهید عاقبت برملا شوند. هروقت چنین اتفاقی می‌افتد، به‌سادگی بگویید: «فقط می‌خواستم کمکی کرده باشم. چیز مهمی نبود» و پی کارتان بروید.

نکتهٔ احتیاطی آخر: به مردم پول ندهید. به‌طور قطع برای این کار مکان درستی وجود دارد، اما در حال حاضر خدمات عملی شما مد نظرند که باید برای انجام‌شان از وقت و انرژی خودتان مایه بگذارید، نه از پول‌تان. خدمات عملی خود را فعلاً در سطح غیرمالی نگاه دارید. لذت مقدم دانستن نیازهای دیگران بر نیازهای خود را تجربه و زنجیر اسارت خودستایی را در قلب‌تان پاره کنید.

فصل نهم

چگونه فارغ از آزمندی زندگی کنیم

وقتی کلاس پنجم بودم، یک آگهی در مورد شگفت‌انگیزترین کفش ورزشی دیدم. نامش آدیداس امریکانا[1] و رنگش هم سفید و قرمز با نوارهای آبی بود. همه چیز این کفش ورزشی جالب بود. در تبلیغات دیده بودم که ورزشکاران محبوبم آن را به پا کرده‌اند و با حرکت آهسته در فضای بیکران در حال پریدن هستند.

با وجودی که نمی‌دانستم چرا، ولی فقط می‌خواستم آن کفش‌ها را داشته باشم. در خودم یک نیاز شدید عاطفی برای داشتن آنها احساس می‌کردم. متأسفانه والدینم قدرت خریدن آن کفش‌های ورزشی را نداشتند، و از طرف دیگر من در حال رشد بودم و چند ماه دیگر نمی‌توانستم آنها را به پا کنم. به آنها گفتم که در خانه بیشتر کار خواهم کرد و آنها هم گفتند که اگر پس از مدتی هنوز همان اشتیاق اولیه را نشان دادم، آن را در نظر خواهند گرفت. من هیچ‌وقت اشتیاقم را برای کفش آدیداس از دست ندادم. بعد از چند هفته با پدرم به فروشگاه ورزشی

---

1. Adidas Americana

رفتم و کفش را خریدم. کفش را به خانه بردم و به آن عشـــق می‌ورزیدم. با اینکه برای بازی بســـکتبال آن را می‌پوشیدم، اما کاملاً مراقب بودم که تمیز نگه‌اش دارم.

برای چند هفته هر شـــب کفش آدیداس را تمیز می‌کردم و در جعبهٔ اصلی و لابلای توده‌ای از کاغذ می‌گذاشـــتم. با وجـــودی که آن کفش چندان هم راحت یا ســـبک نبود، ولی من همچون گنجی از آن مراقبت می‌کـــردم. فکر نمی‌کنم که این کفش من را از قبل بهتر یا ســـریع‌تر کرده بود اما برای چندین ماه به عشق ورزیدن و مراقبت کردن از آن ادامه دادم. بعد از مدتی که کفش کثیف شد و از ریخت افتاد، دیگر شب‌ها آن را در جعبه نمی‌گذاشتم. آن را در کمد و پهلوی دیگر کفش‌هایم- که از تقدس کمتری برخوردار بودند- می‌گذاشتم.

عاقبت، ســـوراخ‌های روی کفـــش بزرگ و بزرگتر شـــدند و دیگر انگشت‌های پاهایم از آنها بیرون می‌زدند، بنابراین کفش را دور انداختم. هنوز آن روزی را به خاطر دارم که کفش آدیداس را دور انداختم. چطور چیزی آن‌قدر ارزشمند به شیئی بی‌ارزش تبدیل شد؟ به همهٔ اوقاتی فکر کردم که صـــرف مراقبت از آن کرده بودم و اینکـــه از لحاظ عاطفی چه سرمایه‌گذاری‌ای روی آن کرده بودم. و حالا کفش در سطل آشغال و در کنار پاکت خالی شـــیر آرمیده بود. این سقوط ارزش کمی عجیب به‌نظر می‌رسید، ولی من دیگر دوست نداشتم آن کفش را دوباره به‌دست بیاورم.

روایت نادرست: اشیاء با خود شادی می‌آورند

چرا من آن‌قدر خواهان آن کفش بودم؟ چه چیزی به من انگیزه می‌داد که حتماً صاحب آن بشـــوم؟ در آن زمان پاســـخ را نمی‌دانستم، اما حالا نظر دیگری دارم. من خودِ کفش را می‌خواســـتم، بلکه بیشـــتر خواهان حســـی بودم که مالکیتِ آن کفش به من می‌داد. برآورد کرده‌اند که «۹۰٪ خریدهاهی مصرفی ما ناخودآگانه است.» ما کالاها را به‌خاطر کاراییشان نمی‌خریم، بلکه آنها را به‌خاطـــر تصویری که از ما ارائه می‌دهند و آنچه فکر می‌کنیم برای ما خواهند کرد، می‌خریم.

روایت نادرستی که انگیزهٔ مادی‌گرایی ما است، چیزی شبیه به این است: --------- *[جای خالی را با مبلغی پر کنید]* به من احساس امنیت، قدرت، موفقیت و شادمانی می‌دهد.

توجه داشته باشید که در اینجا چند چیز وعده داده شده است: امنیت، قدرت، موفقیت و شادمانی. شاید اعتراض کنید: دست بردار جیم! کاغذ توالتی که هفتهٔ پیش خریدم چه ربطی به امینت، قدرت، موفقیت یا شادمانی دارد؟» شاید نداشته باشد. وقتی پای ضروریات زندگی (جوراب، شیر، شامپو) در میان باشد، شاید این روایت نادرست کاربرد چندانی نداشته باشد. اما از طرف دیگر، چه دستمال توالتی خریدید؟ از چه فروشگاهی؟ به چه قیمتی؟ آیا تخفیف مناسبی گرفتید؟ و چه شامپویی استفاده می‌کنید؟ همانی که در تبلیغش مردان برای تماشای موهای براق، مواج و زیبایِ زنی که آن مارک را استفاده کرده، جمع شده‌اند؟ و آیا آن خوشبوکننده‌ای را خریدید که در تبلیغش زنان دنبال مردی افتاده‌اند که آن خوشبوکننده را استفاده کرده؟

اکثر ما چیزی را نه صرفاً برای گذاران زندگی، بلکه به‌خاطر وعده‌ای که همراه خود می‌آورد، می‌خریم. ما دزدگیر منزل و صابون ضدباکتری می‌خریم چون تبلیغات ما را متقاعد کرده‌اند که بدون آنها در خطر بزرگی قرار داریم. لباس‌های طراحی‌شده، ملافه و فلان اتومبیل را می‌خریم چون آنها حس موفقیت را در ما ایجاد می‌کنند. ما باور داریم که تقریباً هر چیزی که می‌خریم ما را شادمان و موفق می‌سازد.

و از جهاتی هم حق با ما است. آن کفش ورزشی من را شاد کرده بود. هر روز که در جعبهٔ کفش را باز می‌کردم، صورتم از خوشحالی می‌درخشید. هر بار که در مورد کفش تازه‌ام فکر می‌کردم، روحم به پرواز درمی‌آمد و لبخندی در گوشهٔ لبانم نقش می‌بست. اما چرم و لاستیک و رنگ نبود که روح مرا به پرواز وامی‌داشت. عامل اصلی، آن چیزی بود که کفش‌ها مُعرفِ آن بودند، آنچه که تصور می‌رفت پوشیدن آن برایم انجام می‌دهد. آن کفش جذبه‌ای رازگونه داشت، روایتی که با دقت پرداخته شده بود و با امیال ناخودآگاه من بازی می‌کرد.

کفش را آدیداس، کارخانه‌ای معروف در زمینهٔ تولید لوازم عالی و باکیفیت و راحت ورزشی درست کرده بود. در تبلیغات با تلألویی آسمانی می‌درخشید، گویی از جهانی دیگر آمده بود. ورزشکار محبوبم در حالی که آن کفش را به پا داشت، یک سر و گردن بالاتر از حد ممکن برای انسان، می‌پرید. با صاحب شدن آن کفش من هم می‌توانستم عالی و به‌طور قطع شیک باشم، و در ضمن می‌توانستم مثل ستارهٔ محبوبم یک سر و گردن بالاتر از بقیه بپرم. هیچ نمی‌دانستم که همهٔ اینها دارد در ذهنم می‌گذرد. فقط می‌دانستم که کفش را بیش از هر چیز دیگری می‌خواهم، و برای به‌دست‌آوردنش کار کردم و انتظار کشیدم. وقتی آن را به‌دست آوردم، واقعاً احساس خوبی داشتم.

البته برای مدتی.

روایت‌های عمیقاً تأثیرگذار

ذهن ما مثل مومی که روایت‌ها همچون مهر بر آن نقش می‌گذارند. این نقش‌گذاری‌ها از سال‌های اولیهٔ زندگی آغاز می‌شوند و تا آخر عمر ادامه پیدا می‌کنند. تجربیاتِ *قدرتمند*، روایت‌های عمیق‌تری از خود در ذهن ما به‌جا می‌گذارند. تجربیات قدرتمند با رویدادهای بسیار عالی و دلپذیر یا بسیار دردناک همراهند. تجربهٔ کفش ورزشی من از جمله رویدادهای عالی و دلپذیر بود. این رویداد، روایت نادرستی را که می‌گفت چیزهای مادی می‌توانند باعث شادمانی شما شوند، تقویت کرد. من در طول زندگی‌ام با این روایت دست و پنجه نرم کرده‌ام. این روایت، که من خیلی زود آن را فراگرفتم، شیوه‌ای برای درک جهان شد. آن کفش آخرین چیزی نبود که من بر اساس روایت نادرست خریدم.

چند رویداد را در زندگی‌تان مشخص کنید که شالودهٔ روایت‌های شما را در حیطهٔ پول و ثروت تشکیل می‌دهند.

شیوهٔ خرید کردن و برخورد ما با پول و دارایی مادی را می‌توان از روی تجربیات اولیهٔ (اغلب دوران کودکی) ما در ارتباط با ثروت مادی

ردیابی کرد. سوز اورمن[1] کارشناس برجستهٔ مالی می‌گوید که وقتی بچه بود، محل کسب پدرش در آتش سوخت. او خوب به یاد دارد که پدرش با سرعت وارد ساختمان مشتعل شد و دخل فلزی داغ‌شدهٔ مغازه را با دست‌های عریان برداشت و بیرون دوید. او در حالی که از درد دست‌های سوخته‌اش به خود می‌پیچید، بر زمین افتاد.

سوز می‌گوید که آن لحظه زندگی او را برای همیشه تغییر داد. او کوچک‌تر از آن بود که کل ماجرا را تجزیه و تحلیل کند، اما یک روایت در ذهنش پدیدار شد: پول خیلی ارزشمند است، آن‌قدر که ارزش به خطر انداختن جان را دارد؛ آن‌قدر که برای نجاتش تن به آتش بزنی. از این‌رو هرگز نباید در مورد پول بی‌دقت باشی. او معتقد است که آن لحظه از او یک «پول‌جمع‌کن» و مدیر مالی سختکوش ساخت. «از آن زمان به بعد، پول درآوردن- آن‌هم پول زیاد- نه تنها به انگیزهٔ حرفه‌ای من، بلکه به اولویت احساسی من هم تبدیل شد.»

روایت سوز اورمن برخاسته از رویدادی دردناک بود؛ و روایت من ناشی از رویدادی مثبت. وقتی که آن کفش را خریدم، سیل دوپامین[2] (هورمون لذت) به مغزم سرازیر شد. احساس خوبی داشتم. و آن کفش برای چند هفته مرا شاد کرد. روایت عمیقاً تثبیت شد: خریدن یک چیز خوب واقعاً کیف دارد! اگرچه این احساس رفته‌رفته رنگ باخت، ولی روایت باقی ماند. آن دیگر جزئی از تن و روانم شده بود.

اکثر روایت‌های ما ناخودآگاه شکل می‌گیرند. رویدادهای تکان‌دهنده یا لحظه‌های حساس، نظیر دیدن دست‌های سوختهٔ پدر با صندوق داغ فروشگاه، روایت‌های نیرومندی در مورد ارزش پول و چیزهای مادی در ما به‌وجود می‌آورند. جوهرهٔ این روایت نادرست- چه ما جمع‌کننده باشیم چه خرج‌کننده- شبیه موارد دیگری است که پیش‌تر از نظر گذراندیم: «تو تنها هستی- خواه مثل مال‌اندوزان جمع کنی، خواه مثل ولخرجان خرج کنی.» و آنچه روایت را تقویت می‌کند، ترس است،

---

1. Suze Orman; 2. Dopamine

اینکه ما بدون مال و منال، بی‌ارزشیم، یا برای حفظ آینده باید تا می‌توانیم پول جمع کنیم.

شناختن آزمندی

درست همان‌گونه که خودستایی توصیف‌کنندهٔ نیاز به تأثیر گذاردن بر مردم است، *آزمندی* هم توصیف‌کنندهٔ شرارت دیگری است که عیسی در موعظهٔ بالای کوه بدان اشاره می‌کند. آزمندی میلی شدید به پول یا دارایی مادی است که کمی با حرص و طمع فرق می‌کند. ما ممکن است در مورد خیلی چیزها حریص باشیم: توجه، خوراک، لذت. حرص، مشتاق چیزی است فراتر از نیاز. آزمندی توصیف‌کنندهٔ حرص به پول و دارایی است. شگفت اینکه، هم خسیس و هم مسرف در دام آزمندی اسیرند. با اینکه نقطهٔ مقابل هم به‌نظر می‌رسند، اما هر دو یک باور مشترک دارند: پول (چه خرج کنی چه جمع کنی) چیزی است که انسان را خوشبخت می‌کند.

آزمندی هم مانند شهوت[1] و خودستایی سیری‌ناپذیر است. وقتی در وجود ما ریشه بدواند، مدام بیشتر می‌خواهیم. از قرار معلوم جان دی. راکفلر[2] ثروتمندترین مرد روی زمین، به گزارشگری گفته بود که واقعاً نه خوشحال است و نه راضی. گزارشگر از او پرسیده بود که خوشحال شدن برایش چقدر خرج برمی‌دارد، و راکفلر این جملهٔ معروف را گفته بود: «فقط یک کم بیشتر.» این حرف عین حقیقت است چون ترس‌های ما همیشه از پول‌مان پیشی می‌گیرند. و به یاد داشته باشید که روایت نادرست بر پایهٔ یک ترس قدیمی شکل گرفته است: من کاملاً تنها هستم. ما بیرون از پادشاهی خدا به‌حال خود رها شده‌ایم، و باید به منابع خودمان اتکا کنیم.

وقتی احساس تنهایی و ترس می‌کنیم، آزمندی در گوش‌مان چنین نجوا می‌کند: «پول تو را خوشبخت و ایمن خواهد ساخت. بر دیگران

---

1. Epithumia; 2. John D. Rockefeller

تأثیر خواهی گذاشت. به تو قدرت خواهد داد.» باز مثل همیشه، این حرف تا اندازه‌ای درست است. در بانک پول داشتن به انسان احساس امنیت می‌بخشد. پول کافی داشتن برای پرداخت صورتحساب‌ها و لذت بردن از زندگی (تعطیلات، نیازهای مادی کافی) به ما حس راحتی می‌دهد. و داشتن یک _____ [جفت کفش، ماشین، خانه، غذای] واقعاً عالی، حس لذت به ارمغان می‌آورد.

پس روایت «پول مرا خوشبخت خواهد کرد» تا اندازه‌ای درست است. همهٔ ما می‌دانیم که وقتی چیز واقعاً خاص می‌خریم یا کسی به ما هدیه می‌دهد، حال خوشی پیدا می‌کنیم. من از وقتی از مردم می‌پرسم که برای کریسمس چه هدیه‌ای می‌پسندند، ناگهان گل از گل‌شان می‌شکفد، گویی به یاد یک هدیهٔ فوق‌العاده می‌افتند؛ شادمانی در چهره‌شان کاملاً مشهود است. مثلاً اولین ماشین‌مان را می‌خریم، چطور؟ آزادی! تفریح! چیزهای مادی با خود حس خوشبختی و شادمانی به همراه می‌آوردند.

اما دیری نمی‌پاید که آن حس خوشحالی اولیه را از دست خواهیم داد. اسباب‌بازی از گوشهٔ اتاق سر درمی‌آورد، ماشین‌مان حالا دیگر به‌خوبی آن ماشینی نیست که حسرتش را داریم، و خانه فقط مکانی است برای زندگی کردن- که تازه به خوبی و قشنگیِ خانهٔ همسایه هم نیست، و همین به طمع منجر می‌شود. خیلی از خریدهای امروز را می‌شود فردا در سطل زباله جستجو کرد. ما مشتریانِ دروغی هستیم که می‌گوید پول و دارایی، ما را ایمن و شاد خواهد ساخت؛ اما در نهایت ما را مأیوس خواهد ساخت. بیرون از پادشاهی خدا، پول و دارایی تنها منابعی هستند که می‌توانیم برای برآورده ساختن نیازهامان به آنها رجوع کنیم. اما خوشبختانه، لزومی ندارد که ما بیرون از قلمرو پادشاهی خدا زندگی کنیم.

روایت‌های عیسی: گنج‌ها، چشمان و اربابان

اقتصاد پادشاهی خدا در تضاد با اقتصاد دنیوی است. عیسی برای توصیف اقتصاد پادشاهی خدا از سه استعاره- دو گنج، دو چشم و دو

ارباب- استفاده می‌کند، که با روایت‌های نادرستی که ما در دنیا می‌بینیم، مغایرت دارند.

۱. دو نوع گنج

«بر زمین گنج میندوزید، جایی که بید و زنگ، زیان می‌رساند و دزدان نقب می‌زنند و سرقت می‌کنند. بلکه گنج خود را در آسمان بیندوزید، آنجا که بید و زنگ زیان نمی‌رساند و دزدان نقب نمی‌زنند و سرقت نمی‌کنند. زیرا هر جا گنج توست، دل تو نیز آنجا خواهد بود.» (متی ۶:۱۹-۲۱)

عیسی به ما تعلیم می‌دهد که دو نوع گنج وجود دارد: *زمینی و آسمانی*. گنج‌های زمینی شامل چیزهایی از قبیل پول و دارایی‌های مادی می‌شوند. هر چیزی که دزد بتواند بدزدد، یا بید و زنگ به آن آسیب برساند، گنج زمینی محسوب می‌شود. این گنج‌ها موقتی هستند. کفش آدیداس من گنج زمینی بود. بید آن را نخورد، ولی عاقبت پاره شد و از ریخت افتاد. گنج‌های آسمانی به کارهایی مربوط می‌شوند که خدا انجام می‌دهد. و ما می‌دانیم که خدا به مردم کمک می‌کند. از این‌رو بهترین راه برای اندوختن گنج در آسمان این است که بر اساس متی ۶:۳۳ زندگی کنیم: «بلکه نخست در پی پادشاهی خدا و عدالت او باشید، آنگاه همهٔ اینها نیز به شما عطا خواهد شد.» نخست طلبیدن پادشاهی خدا، ما را به سمت دوست داشتن (و به تبع آن کمک کردن به) دیگران سوق خواهد داد.

«گنج» دقیقاً چیست؟ دالاس ویلارد چنین توضیح می‌دهد: «آنچه سعی در نگهداری، امنیت و حفاظتش داریم، آشکارکنندهٔ گنج ماست.» انسان چنان خلق شده که گنج بیندوزد. عیسی به ما نمی‌گوید که گنج نیندوزیم، بلکه می‌گوید که چه نوع گنجی بیندوزیم. ما نباید یک ماشین را همچون گنج نگهداریم، چون ماشین نمی‌تواند تا ابد پایدار بماند، و نیز نمی‌تواند متقابلاً ما را دوست داشته باشد. گنج‌اندوزی در مورد همسر یا دوست یک سرمایه‌گذاری بسیار خوب است. زیرا آنها از نظر روحانی

موجوداتی جاودانی هستند که می‌تواند متقابلاً ما را دوست بدارند و می‌توانند مایهٔ برکت جهان شوند.

ما می‌توانیم زمان، منابع و انرژی عاطفی خود را روی گنج‌های زمینی سرمایه‌گذاری کنیم، یا می‌توانیم گنج‌هایمان را در آسمان بیندوزیم. به گمانم، اکثر ما از هر دو اندکی می‌اندوزیم. عیسی به ما کمک می‌کند تا در گزینش اولویت‌ها با قاطعیت عمل کنیم. ما هر روزه بر اساس روایت‌های پیرامون‌مان، با گزینه‌های بسیاری روبه‌رو هستیم. وقتی روایت عیسی را - که دارایی فارغ از اسارت را مجاز می‌داند - برمی‌گزینیم، می‌توانیم از منابع ارزشمندی که در اختیارمان گذاشته شده، بهتر استفاده کنیم.

گنج‌های آسمانی را نمی‌توان با اعمال ثواب به‌دست آورد، «بلکه راه به‌دست آوردن آنها تعلق داشتن به پادشاهی آسمان و زندگی کردن مطابق اولویت‌های آن است.» بعضی‌ها سخنان عیسی را بد برداشت کرده‌اند و تصور می‌کنند عیسی ما را به افزودنِ اعمال نیکو برای به‌دست آوردن خانه‌ای زیبا در آسمان تشویق می‌کند. این از حقیقت به‌دور است. اعمال نیکو هیچ استحقاقی برای ما کسب نمی‌کنند، جز اینکه باعث نزدیکی بیشتر ما به خدا می‌شوند و ما کمک می‌کنند شخصیت مسیح را در بر کنیم.

۲. دو نوع چشم

«چشم، چراغ بدن است. اگر چشمت سالم باشد، تمام وجودت روشن خواهد بود. اما اگر چشمت فاسد باشد، تمام وجودت را ظلمت فرا خواهد گرفت. پس اگر نوری که در توست ظلمت باشد، چه ظلمت عظیمی خواهد بود!» (متی ۶:۲۲-۲۳)

عیسی در این عبارت عیسی از اصطلاحات رایج فرهنگی استفاده می‌کند، که امروزه برای ما مفهوم چندانی ندارند. در زمان عیسی «چشم فاسد» به شخص خسیس، بخیل، و حسود دلالت می‌کرد. فردی که چشم

سالم داشت، انسان سـخاوتمندی بود. اگر عیسی اکنون زندگی می‌کرد، شاید این اسـتعاره را به‌کار می‌برد: «اگر مشـت‌تان بسته باشد، روح‌تان پژمرده خواهد شـد؛ اگر گشاده‌دسـت باشـید، روح‌تان زنده و شاداب خواهد شـد.» نکتهٔ مورد نظر عیسی این اسـت که شاگردانش از طریق اقتصاد پادشـاهی خدا می‌توانند با پول و دارایی‌شان سخاوتمند باشند. سخاوتمندی نشان می‌دهد که شخص در پادشاهی خدا زندگی می‌کند.

۳. دو نوع ارباب

> «هیچ‌کـس دو ارباب را خدمت نتواند کـرد، زیرا یا از یکی نفرت خواهد داشـت و به دیگری مهر خواهد ورزید، و یا سرسپردهٔ یکی خواهد بود و دیگری را خوار خواهد شمرد. نمی‌توانیـد هم بندهٔ خدا باشـید، هم بنـدهٔ ممونا [پول].» (متی ۶:۲۴)

در مثال آخر، عیسـی به یک حقیقت منطقی- اما نه آشـکار- اشاره می‌کند که ما نمی‌توانیم همزمان، هم به‌دنبال گنج‌های زمینی خود باشیم و هم در پیِ پادشاهی خدا. *ممونا* بر ثروت یا روح ثروت دلالت می‌کند. عیسی می‌گوید که ممونا یک خدای رقیب است. محققان هیچ اثری دال بر اینکه در فرهنـگ یهود واژهٔ *ممونا* به طریق منفی به‌کار رفته باشـد، نیافته‌اند. از این‌رو، سخنان عیسی بایستی موجب شگفتی شنوندگان شده باشد، زیرا بر این باور بودند که ثروت نشانه‌ای از برکت خدا است. چرا عیسی تا این حد متهور بود که ثروت را یک خدا بنامد؟

توضیح دهید که قبلاً این عبارت را چگونه می‌فهمیدید؟

پول و ثروت از بسیاری جهات صفاتی خداگونه دارند. اول، پول بیشتر از ما عمر می‌کند، و به‌نوعی، حالتی ابدی دارد. دوم، دامنهٔ نفوذ گسترده‌ای دارد- یعنـی همه به آن احترام می‌گذارند. شـاید مـردم از ثروتمندان خوش‌شـان نیاید، اما اکثراً به پول‌شـان احترام می‌گذارند: «پول حرف

می‌زند، مردم گوش می‌دهند.» سـوم، ثروت وانمود می‌کند که می‌تواند هرآنچه را که از خدا می‌خواهیم- امنیت، آسایش و خوشبختی- فراهم کند. به همین دلیل است که ما مستعد «خدمت کردن» به پول هستیم. اما پول، ثروت و دارایی مادی موضوع اصلی نیستند؛ آنچه اهمیت دارد، دل ماست. انسان می‌تواند بسیار فقیر باشد و به ممونا خدمت کند؛ می‌تواند ثروتمند باشد و دلی درخور پادشاهی خدا داشته باشد. موضوع بیرونی (پول یا بی‌پولی) اهمیتی ندارد. آنچه واقعاً مهم اسـت، وضعیت درونی (اینکه دلبستهٔ کجاییم) است. عیسی خدا و ممونا را در برابر هم قرار می‌دهد، زیرا هر دوی آنها برای به‌دست آوردن دل ما با هم در رقابتند.

هرگز نمی‌تـوان هم خدا و هم ممونا را خدمت کرد، چون دسـتور کار آن دو مخالف یکدیگر اسـت. خدا از مـا می‌خواهد که ممونا را رد کرده او را دوسـت بداریم و به او اعتماد کنیم، راهی که منتهی به آرامش و خوشـبختی است. ممونا از ما می‌خواهد که خدا را رد کرده با بی‌قیدی به‌دنبال یافتن خوشـبختی از طریق ثروت باشـیم. مـا به‌طور همزمان نمی‌توانیم هم به شرق برویم و هم به غرب؛ همچنین نمی‌توانیم همزمان بــه بالا و پایین نگاه کنیم. به همین ترتیب، نمی‌توانیم به‌طور همزمان هم خدا را خدمت کنیم و هم ممونا را. آنها مخالف یکدیگرند.

دو نــوع گنج (آسـمانی یا زمینی)، دو نوع چشـم (سـخاوتمند یا خسـیس) و دو ارباب (خدا یا ممونا) وجود دارند که ما می‌توانیم روی آنها سـرمایه‌گذاری کنیم. گنج‌های زمینی گذرا هستند؛ گنج‌های آسمانی ابدی. انتخاب عاقلانه، روشـن اسـت. انسان‌های خسـیس همواره در خود فرورفته‌اند و از شـادی محرومند؛ انسان‌های سخاوتمند به بیرون می‌نگرند و با فراغ بال می‌بخشـند و شـادی را تجربه می‌کنند. بخشیدن انتخاب خردمندان است. سرانجام اینکه، ممونا مدعی است که می‌تواند آرامش و خوشـبختی به ارمغان بیاورد، اما نمی‌تواند. خدا وعدهٔ آرامش و خوشـبختی می‌دهد، و همیشه به وعده‌اش عمل می‌کند. ما با کدامیک پیمان وفـاداری می‌بندیم؟ با پدر پرمحبت، بخشـنده، بی‌نهایت توانای خودمان. عیسی نمی‌خواهد ما را شرمنده کند، بلکه سرمایه‌گذاری صحیح

را به ما توصیه می‌کند. و این بدان‌خاطر است که او سرشت پادشاهی خدا را می‌شناسد.

درمان آزمندی

عیسی نحوهٔ عملکرد پادشاهی خدا را می‌فهمید. پادشاهی خدا بر اساس اصول اقتصادی معینی اداره می‌شود که با اصول پادشاهی این جهان در تضادند. روایت پادشاهی خدا این است که خدا برای من تدارک می‌بیند و خودم و اموالم را حفظ می‌کند، و از این‌رو دستم باز است تا با آزادی کامل به‌دنبال پادشاهی او بروم و منابعی را که او در اختیارم قرار داده در راه کارهای او سرمایه‌گذاری کنم. پادشاهی خدا منظر تازه‌ای به روی پول می‌گشاید. خدا برای خیریت ما در تلاش است و منابع بی‌پایانی هم در اختیار دارد. هیچ مسئلتی از جانب انسان بیرون از توانِ خدا نیست.

چگونه خدا برای نیازهای ما تدارک می‌بیند؟ مسلماً از آسمان برای ما پول نمی‌بارد یا مخفیانه در حساب بانکی‌مان پول نمی‌گذارد. خدا از طریق انسان‌ها پول و منابع را به گردش درمی‌آورد. همیشه این‌گونه است. اقتصاد پادشاهی خدا از این طریق کار می‌کند. وقتی خدا از طریق انسان‌ها پول را به‌کار می‌گیرد، آن را دوباره به آنها بازمی‌گرداند. این یکی از کلیدهای دیگر اقتصاد پادشاهی خدا است. پولی که بر اساس اصول پادشاهی خدا می‌دهیم، هرگز گم نمی‌شود. یک‌بار به مردی مسیحی که شناختی هم از او نداشتم ۳۰۰ دلار قرض دادم تا خرج تعمیر ماشینش کند. او نیازمند بود، و من هم برای کمک منابعی در اختیار داشتم. او قول داد که پول را برگرداند، اما هرگز این کار را نکرد. پس از سه سال، از دوستی پرسیدم: «آیا به‌نظر تو باید به او زنگ بزنم و از او بخواهم پولی را که به من بدهکار است، پس بدهد؟» دوستم پرسید: «جیم، آیا از نبود آن پول احساس کمبود کرده‌ای؟» در جوابش گفتم نه. این به من یاد داد که خدا از طریق ما پول را برای کمک به دیگران به جریان می‌اندازد؛ و اگر این پول عاقلانه و با تشخیص داده شود، هرگز گم نمی‌شود. من آن ۳۰۰

دلار را از دست ندادم. خیر، من آن را دادم. و خدا مراقبش بود که من آن را هرگز از دست ندهم.

وقتی روی پرسش عمیق دوستم بیشتر فکر کردم، زمانی را در خلال همان سه سال به یاد آوردم که به‌خاطر هزینه‌های پزشکی پیش‌بینی‌نشدهٔ دخترمان پول کم آورده بودیم. برای پرداخت صورتحساب‌ها به ۵۰۰ دلار احتیاج داشتیم. درست همان روزی که متوجه کمبود بودجه شدم، یک نامهٔ بی‌نام و نشان از کسی دریافت کردم که می‌گفت: «من مدام برای شما در دعا بودم، و فکر کردم شاید این به دردتان بخورد.» نامه حاوی یک چک به مبلغ ۵۰۰ دلار بود. من حتی فرصت نگران شدن هم پیدا نکرده بودم! وقتی خدا پول ما را به‌کار می‌برد، جایگزینش هم می‌کند. این یعنی اقتصاد پادشاهی خدا.

بگذارید یک‌بار دیگر تکرار کنم- زیرا در این مورد تعلیم بدی وجود دارد- این یک پروژهٔ سرمایه‌گذاری نیست. من از واعظان آخر شب شنیده‌ام که می‌گویند: «اگر شما هزار دلار برای سازمان مسیحی من بفرستید، در مقابل ده هزار دلار دریافت خواهید کرد.» بعد یک زوج شاد تعریف می‌کنند که آخرین پنس خود را به سازمان مزبور دادند و به‌طور معجزه‌آمیزی ثروتمند شدند. این بر خلاف تعالیم عیسی در زمینهٔ پول است. آنانی که بدین‌ترتیب، پول می‌دهند- در تلاش برای به‌دست آوردنِ پول بیشتر در عوض آنچه داده‌اند- گرفتار آزمندی هستند، یعنی همان چیزی که ما سعی می‌کنیم از دستش خلاص شویم. جای شرمساری است که این سازمان‌های مسیحی به نام عیسی با ترس و امیال مردم بازی می‌کنند، پول دسترنج آنان را می‌گیرند، و اغلب هم آن را برای منافع شخصی خود به‌کار می‌برند.

زمانی که اقتصاد پادشاهی خدا را بشناسید، می‌توانید تعلیم عیسی را بهتر درک کنید. گنج‌های زمینی از بین می‌روند. گنج‌های آسمانی (سرمایه‌گذاری در کار خدا) بهرهٔ جاودان به‌بار می‌آورند. آدم‌های خسیس اقتصاد پادشاهی خدا را نمی‌فهمند و از سخاوتمندانه دادن می‌ترسند، چون از گم شدن مال‌شان واهمه دارند. و ممونا هم خدای

مناسبی برای خدمت کردن نیست؛ ممونا در عوض سرمایه‌گذاری چیزی به ما برنمی‌گرداند، بلکه صرفاً از ما می‌گیرد و اسیرمان می‌سازد. خدا ما را از اسارت می‌رهاند؛ اسارت دوست داشتنِ پول بیش از انسان‌ها. شاگردان عیسی به‌جای نگرانی برای سود سرمایه، نگران «سود برای پادشاهی خدا» (دوستم ترورور[1] مردی مسیحی که در دنیای تجارت کار می‌کند، این عبارت را ابداع کرده) هستند. وقتی ما در کاری که خدا انجام می‌دهد سرمایه‌گذاری می‌کنیم، برای پیشرفت پادشاهی خدا سودی حاصل می‌شود. کفش، ماشین و بورس نمی‌توانند چنین چیزی را تضمین کنند.

با این‌حال، به‌کار بستن اقتصاد پادشاهی خدا امری چالش‌انگیز است. ممونا بازوانش را به هر طرف می‌گستراند و با زیرکی ما را به‌سوی خود می‌کشد.

دین و خرده‌فروشی، خدا و ممونا

اخیراً عصب‌شناسان مغز چند ایماندار را در لحظاتی که احساس نزدیکی با خدا را به خاطر می‌آوردند و تجربه می‌کردند- در دعا و پرستش یا خلوت‌نشینی- اسکن کردند. بعد همان افراد را در معرض شیشه‌های رنگی، بوی عود، شمایل‌ها و دیگر تصاویر مذهبی که انسان را به یادخدا می‌اندازد، قرار دادند. باز همان بخش معین از مغز[2] به هنگام احساس ارتباط با خدا، روشن شد. این بخش، «نقطهٔ خدا» نیست، بلکه فقط قسمتی از مغز ماست که وقتی احساس می‌کنیم با خدا ارتباط برقرار کرده‌ایم، فعال می‌شود.

قضیه از این هم جالب‌تر می‌شود. عصب‌شناسان به همان ترتیب گروه دیگری را آزمایش کردند، اما این‌بار آنها را در معرض دارایی‌های مادی قرار دادند. زمانی که به این افراد تصاویر محصولات برندهای «باکیفیت» را نشان دادند، *دقیقاً همان بخش از مغزشان روشن شد.*

---

1. Trevor; 2. Caudate nucleus

دانشمندان عصب‌شناس کشف کردند کسانی که اقلام خاصی را خریده بودند، همان احساساتی را تجربه کردند که افراد مؤمن به هنگام تجارب عمیق مذهبی تجربه می‌کنند.

تا چه حـد می‌توانید تأثیرات سرخوشـانۀ- مثل تجربۀ مذهبی- خرید یک چیز خاص را تجربه کنید؟

مارتین لیندستروم[1] می‌گوید:

> وقتـی مردم تصاویر مربوط به برندهـای معروف را- آی‌پاد، هارلی دیویدسـن، فراری، و غیره- دیدند، مغزشـان دقیقاً همان الگوهـای فعالیتی را ثبت کرد که به هنگام مشـاهدۀ تصاویر مذهبی نشـان داده بود. مخلـص کلام اینکه، میان شیوۀ واکنش مغز به برندهای معروف و عکس‌العمل مغز به شمایل و تصاویر مذهبی، هیچ تفاوت قابل تشخیصی وجود ندارد.

به همین‌خاطر اسـت که عیسی ممونا را یک خدای رقیب می‌خواند. همچنین آزمایش بالا توضیح می‌دهد که چرا من آن‌قدر با تب و تاب آن آدیداس امریکانا را می‌خواستم.

در فرهنگ آمریکایی معاصر به‌سـختی می‌توان از وسوسه‌های ممونا دوری کـرد. تبلیغ‌کنندگان می‌دانند که چطـور از ترس‌ها و میل‌های ما سوءاسـتفاده کنند. ما تا سـن شصت‌سالگی، بیش از دو میلیون آگهی بازرگانی می‌بینیم، که معادل تماشـای هشت سـاعت تبلیغات بی‌وقفه در روز، هفت روز هفته، *برای شـش سال پیاپی* اسـت. در حالی که تبلیغـات برای جلب امیال ما به‌کار می‌روند، بیشـتر آن‌ها از ترس‌های ما هم بهره‌بـرداری می‌کنند تا ما را وادار به خرید محصولات‌شـان کنند. لیندستروم چنین شرح می‌دهد:

---

1. Martin Lindstrom

> *عملاً به هر دسته از برندها که فکر می‌کنم، می‌بینم که مستقیم یا غیرمستقیم از ترس مردم سوءاستفاده می‌کنند. به ما دارو می‌فروشند تا افسرده نشویم، قرص‌های رژیمی و عضویت در باشگاه بدن‌سازی برای جلوگیری از چاقی، کرم‌ها و پمادهای گوناگون برای فرونشاندن ترس از سالخوردگی، و حتی نرم‌افزار کامپیوتری برای دور کردن هراس ما از نابودی سخت‌افزار آن. من پیش‌بینی می‌کنم که در آیندهٔ نزدیک تبلیغات بیشتر و بیشتر بر پایهٔ فرایندهای ذهنیِ ناشی از ترس خواهند بود، چون تبلیغ‌کنندگان می‌کوشند ما را ترسانده بباورانند که نخریدن محصولات‌شان باعث خواهد شد که ایمنی، شادی، آزادی و اقتدار کمتری احساس کنیم.*

از این جهت است که زیستن در پادشاهی خدا می‌تواند درمانی برای آزمندی و راهی برای نه گفتن به ممونا باشد. ما می‌توانیم با این ترس‌ها روبه‌رو شویم چون می‌دانیم کِه هستیم (کسانی که مسیح در آنها مسکن گزیده است) و در کجا (در پادشاهی نیرومند و باثبات خدا) زندگی می‌کنیم.

آیا شاگردان باید در فقر زندگی کنند

عیسی به رئیس جوان ثروتمند گفت که برای به ارث بردنِ حیاتِ جاویدان باید همهٔ پولش را به فقرا بدهد و از عیسی پیروی کند (لوقا ۱۸:۱۸-۲۳). خیلی‌ها منظور عیسی را چنین برداشت کرده‌اند که او از همهٔ شاگردانش انتظار دارد چنین کنند. من معتقد نیستم که خدا از ما می‌خواهد همچون گدایان در فقر زندگی کنیم. در اناجیل نمی‌بینیم که او هرگز آن فرمان را به کَسِ دیگری داده باشد. به عقیدهٔ من خدا از ما می‌خواهد که تدارکات مادی *مناسب* برای خود و خانواده‌مان فراهم کنیم. این شامل مکانی برای زیستن، خوراک، پوشاک، بیمه، و حتی پولی برای تفریح و تعطیلات می‌شود. من میان پادشاهی خدا و استفاده از پول

برای داشتن یک زندگی راحت، هیچ منافاتـی نمی‌بینم. فقر، اگر دقت کرده باشید، پدیده‌ای روحانی نیست. فقر به شرّ نزدیکتر است.

اما لازم است تدارکات مادی *مناسب* را مورد بررسی قرار دهیم. ولی پیش از این، به یک چشم‌انداز نیاز داریـم: ۹۲٪ از جمعیت جهان توان خریدن ماشیـن ندارند. اما در فرهنگ غرب ماشیـن یک پدیدهٔ لوکس و تجملاتی نیسـت، بلکه جزو تدارکات مادی مناسب به‌شمار می‌رود. داشـتن خانه، بیمهٔ درمانی، یک پس‌انداز و برنامهٔ بازنشستگی چطور؟ اگرچه اکثر ما معتقدیم که این چیزها جزو تدارکات مادی مناسب به‌شمار می‌روند، باید به یاد داشته باشیم که اکثر مردم روی زمین بدون این چیزها زندگی می‌کنند. ولی باید از خودمان سـؤالاتی نظیر این بپرسیم و سپس اصول پادشاهی خدا را برای تشخیص پاسخ‌ها به‌کار ببریم.

اما در مرحلهٔ بعدی، سؤالاتی در مورد اینکه چه چیزهایی باید داشته باشیم و چقدر باید بدهیم، سخت‌تر می‌شوند. بسیاری از ما برای اطمینان خاطـر بیش از حد نیازمان نگاه می‌داریم، در حالی که جهان در نیاز مبرم قرار دارد. هرچه مدت طولانی‌تری در پادشاهی خدا زندگی کنیم، بیشتر به نیازهای دنیا پی خواهیم برد. و در پرتو اقتصاد پادشاهی خدا خودمان را برای بخشیدن با قلبی شادمان، تواناتر خواهیم یافت.

آزادی ساده زیستن و شادمانی قناعت

راه‌حل پادشاهی خدا نه خست مالی نه بی‌توجهی، بلکه ساده زیستن اسـت. ساده زیستن یک رویکرد درونی است که انتخاب ما را در خرید تحت تأثیر قرار می‌دهد. به‌قول ریچارد فاسـتر، ساده زیسـتن «واقعیتی درونی است که به سـبک زندگی بیرونی منجر می‌شـود.» آن باید اول *واقعیتی درونی* باشـد. این مستلزم اتخاذ روایتی درست در مورد ثروت اسـت، مبنی بر اینکه ثروت تدارکی از جانب خدا، و نباید آن را پرستید. اگر از درون به این موضوع واقف نباشـیم، تلاش‌مان برای ساده زیستن به شریعت‌گرایی می‌انجامد. به مجردی که واقعیت درونی را سر جایش قرار دهیم، می‌توانیم برای سبک زندگی بیرونی خود تصمیم بگیریم.

به‌جای شریعت‌گرایی در مورد نوع ماشین یا خانه‌ای که باید بخریم، بهترین رویکرد این است که پرسش‌های زیر را در مورد خریدهای بزرگ (و برخی خریدهای کوچک) از خود بپرسیم.

- آیا واقعاً به این نیاز دارم؟
- آیا این شادمانی پادشاهی خدا را (نه صرفاً شادی موقتی) برای من به ارمغان می‌آورد؟
- چقدر از پولی را که می‌خواهم خرج آن چیز کنم می‌توانم برای سرمایه‌گذاری در گنج‌های آسمانی صرف کنم؟

این است روش پادشاهی خدا برای استفاده کردن از پول‌مان. من هیچ علاقه‌ای به ایجاد حس تقصیر در افرادی که قهوه لاته ۳/۸۶ دلاری می‌خرند، یا جگوار سوار می‌شوند یا برای تعطیلات به جزایر دریای کارائیب می‌روند، ندارم. در عوض، به کمک کردن به مردم- با هدایت روح‌القدس و در پرتو پادشاهی خدا- برای اخذ تصمیمات آگاهانه در مورد منابع‌شان علاقمندم.

پولس رسول نمی‌گوید که پول ریشهٔ همه بدی‌هاست. او گفت که عشق به پول ریشهٔ همهٔ بدی‌هاست. پول‌دوستی اغلب انسان را به دام می‌اندازد. پولس ما را چنین پند می‌دهد:

> «اما دینداری با قناعت، سودی عظیم است. چرا که به این جهان هیچ نیاورده‌ایم و از آن نیز هیچ نخواهیم برد. پس اگر خوراک و پوشاک و سرپناهی داشته باشیم، قانع خواهیم بود. اما آنان که سودای ثروتمند شدن دارند، دچار وسوسه می‌شوند و به دام امیال پوچ و زیانباری گرفتار می‌آیند که موجب تباهی و نابودی انسان می‌گردد. زیرا *پول‌دوستی* ریشه‌ای است که همه‌گونه بدی از آن به بار می‌آید، و بعضی در آرزوی ثروت، از ایمان منحرف گشته، خود را به دردهای بسیار مجروح ساخته‌اند.» (اول تیموتائوس ۶:۶-۱۰، ایرانیکها افزوده شده)

در خصوص ساده زیستن، خودتان را چگونه ارزیابی می‌کنید؟

پولس از قناعت همراه با تدارک مناسب دفاع می‌کند. ولی افزون بر آن، وسوسه می‌شویم به‌جای خدا، ممونا را خدمت کنیم.

نه قانون، بلکه روش زندگی

ما مدام وسوسه می‌شویم که قانون وضع کنیم: مسیحی باید همه چیز را به فقرا بدهد. کسانی که عیسی را دوست می‌دارند سوار اتومبیل‌های لوکس نمی‌شوند. در جایی که فقیران هستند، برای مسیحیان استفاده از جواهرات گناه است. ما دوست داریم قانون بسازیم، چون این کار برای ما امنیت ایجاد می‌کند، به ما اجازه می‌دهد تا در مورد خودمان احساس خوبی داشته باشیم و راهی هم برای داوری کردن دیگران بازمی‌کند. اگرچه عیسی به جوان ثروتمند گفت که هرچه دارد بفروشد و بهایش را به تنگدستان بدهد (لوقا ۱۸:۲۲)، اما در قسمتی دیگر زنی هست که ظرف عطر گران‌بهایی را بر پاهای عیسی می‌افشاند.

> «شاگردان چون این را دیدند به خشم آمده، گفتند: "این اسراف برای چیست؟ این عطر را می‌شد به بهایی گران فروخت و بهایش را به فقرا داد." عیسی متوجه شده، گفت: "چرا این زن را می‌رنجانید؟ او کاری نیکو در حق من کرده است."» (متی ۲۶:۸-۱۰)

ما همیشه با این وسوسه روبه‌رو هستیم که تعالیم عیسی را به قوانینی جهان‌شمول تبدیل کنیم:

- ما در هر موقعیتی، حتی وقتی که می‌بینیم کسی مورد حمله قرار گرفته، باید گونهٔ دیگرمان را بگردانیم و هرگز نباید مقابله کنیم.
- همیشه راست بگویید، حتی اگر به قیمت خراب شدن روابط‌تان تمام شود.

• هرگز نگذارید کسی دعا کردن‌تان را ببیند؛ عیسی آن را قدغن کرده است!
• هرچه دارید به دیگران بدهید و در فقر زندگی کنید، چون عیسی چنین فرمان داده است.

زندگی کردن در پادشاهی خدا مستلزم داشتن حکمت است. باید فهمید که تعالیم عیسی را نمی‌توان به‌عنوان قوانین جهان‌شمول به‌کار برد (مگر فرمان بزرگ، یعنی محبت کردن به خدا، خود و همسایه)، بلکه باید از آنها همچون بصیرت‌هایی برای زندگی کردن در پادشاهی خدا استفاده کرد. باید روش خرج کردن پول، و نحوهٔ تفکرمان را در مورد اموال بازبینی کنیم و آنها را در پرتو پادشاهی خدا بنگریم.

آیا امروز ممکن است باز هم آن کفش ورزشی را بخرم؟ شاید. اما فرایند تصمیم‌گیری باید در پرتو چشم‌انداز زندگی با خدایی که شناخته‌ام صورت بگیرد. نباید به اندازهٔ یازده‌سالگی‌ام به آن دل ببندم یا زندگی عاطفی خودم را روی آن سرمایه‌گذاری کنم. و پیش از خرید باید به چند پرسش پاسخ بدهم: آیا به آن نیاز دارم؟ آیا می‌فهمم که مرا اقناع نخواهند کرد؟ آیا بیش از اندازهٔ لازم پول خرج آنها نمی‌کنم؟ آیا برای سرمایه‌گذاری در پادشاهی خدا کم نخواهم آورد؟

امروز من برای خرج کردن پول خدا (که مباشرش هستم) روی چیزی که نیاز ندارم، رقبت کمتری دارم. اما قصد ندارم بگویم که اصلاً این کار را نخواهم کرد. خودم این را بهتر می‌دانم. من فرزند خدا هستم، در پادشاهی وافر او زندگی می‌کنم و زیر شریعت نیستم.

پرورش روح

پرهیز از اندوختن

ایام انابت[1] معمولاً زمانی است که مردم برای چند هفته دست از خیلی چیزها (قهوه، شکلات، تلویزیون) می‌کشند. برای این هفته من از شما می‌خواهم سعی کنید چیزهایی را به دیگران ببخشید. پنج چیزی را که فکر می‌کنید شخص دیگری بیش از شما بدان نیاز دارد، به او ببخشید. نه اشیای دورریختنی و از ریخت‌افتاده- بلکه چیزی که مایهٔ برکت گیرنده شود.

در صورت امکان، این چیزها را به کسانی که می‌شناسید بدهید. ولی مراقب باشید: بعضی‌ها با پذیرش هدایای ناخواسته مشکل دارند- به‌ویژه اگر آن هدایا دست‌دوم باشند! لباس‌های کهنه یا کفش‌های شیکی را که احتیاج ندارید را به دوستان ندهید. دوستان آنها را نمی‌پسندند و ممکن است احساس کنند که شما فخرفروشی می‌کنید. به مواردی مثل این فکر کنید: فرض کنید شما سه گیتار دارید و می‌دانید کسی می‌خواهد نواختن گیتار را یاد بگیرد، اما خودش ساز ندارد. یکی از آنها را به او بدهید. اگر چیز خوبی دارید که فکر می‌کنید دوست‌تان از داشتنش خوشحال می‌شود، با بخشیدن، او را برکت دهید.

یک‌سال، من این کار را در خلال ایام انابت انجام دادم، و در مدت چهل روز چهل چیز مختلف را بخشیدم. برای مثال، کتابی دست‌نخورده از یک

---

1. The Lenten season

رمان مشهور داشــتم، و می‌دانستم که یکی از دوستانم عاشق نویسنده‌اش است، اما خود آن کتاب را ندارد. پس هم توانایی دادن آن کتاب را داشتم و هم او از ته دل خوشحال شد. از طرف دیگر، یک جفت کفش خیلی شیک داشتم که آن را شاید یکی دو بار بیشتر نپوشیده بودم و احتیاجی هم به آن نداشتم. در مورد این یکی، اول خوب گرد و غبارش را گرفتم و بعد آن را به فروشگاه سربازانِ معلول بردم. می‌دانستم که حتما کسی هست که از داشتن یک جفت کفش شیک خوشحال خواهد شد، و از فکر اینکه ممکن است یک سرباز از آن بهره‌مند شود، حس مفید بودن به من دست داد.

بعضــی از مردم که این تمرین را انجــام می‌دهند، پول خیلی اندکی دارند. من دانشجویانی داشتم که بی‌اغراق هیچ چیزی نداشتند. اگر شما هم در چنینی وضعیتی هستید، ناراحت نباشید. احتمالاً چیزهای کوچکی (مانند ســی دی، کتاب، دی‌وی‌دی) دارید که می‌توانید از آنها ببخشید. دیگران مشکل خلاف آن را دارند. آنها یک انبار پر از خرت‌وپرت دارند که مورد نیازشان نیست. چالش این قبیل افراد مرتب و دسته‌بندی کردن این همه چیز و یافتن اقلام مناسب و ارزنده برای دیگران است.

اما اکثر مردم با خودِ مقولۀ رها کردنِ چیزها مشــکل دارند. برخی از ما با اموال‌مان احســاس پیوستگی شــدید می‌کنیم. شاید مشاهدۀ بیرون رفتن اموال از خانه، برای شــما دشوار باشد. اگر چنین است، به خودتان یادآوری کنید که شما در پادشاهی خدا زندگی می‌کنید و آن چیزهایی که به‌راستی خوشبخت‌تان می‌کنند، خریدنی نیستند.

هشــدار آخر: از وسوســۀ خریدن چیزهای تازه به‌جــای آنهایی که بخشیده‌اید، دوری کنید!

هدف شــما این اســت که به اندازۀ پنج چیز از هفتۀ گذشته سبک‌تر شــوید. به این فکر کنید که آن پنج چیز در دستان افراد واجد صلاحیت چقدر می‌توانند مایۀ برکت باشند. این‌گونه دعا کنید: «خدایا، به من کمک کن تا این چیزها را به دســت کسانی برسانم که به‌راستی از داشتن‌شان برکت بگیرند.» خدا بخشیدنِ شما را برکت بدهد.

فصل دهم

چگونه بدون نگرانی زندگی کنیم

دختر ما مادلین با یک اختلال کروموزومی و چندین نقص مادرزادی به دنیا آمد، و درست پس از جشن تولد دوسالگی‌اش درگذشت. در خلال دو سال عمر مادلین، من بیش از هر زمان دیگری در زندگی‌ام در نگرانی بودم. ما خوانده شده‌ایم تا به‌عنوان پدر و مادر از فرزندان‌مان مراقبت کنیم، پس طبیعی است که در مورد سلامتی آنها دغدغه داشته باشیم. من فکر می‌کنم که بیشترین میزان نگرانی در دنیا ناشی از دغدغه‌های والدین برای فرزندان‌شان است.

من و همسرم مگان خیلی نگران بودیم چون تحت فشار چیزی بودیم که در موردش هیچ کاری از دست‌مان ساخته نبود. مجبور بودیم از طریق یک لوله که مستقیماً به معدهٔ مادلین وصل بود، به او غذا بدهیم، مرتباً دمای بدنش را اندازه بگیریم و علایم حیاتی‌اش را به‌طور منظم بررسی کنیم. برای دیدن پزشکان مختلف به سفرهای هفتگی می‌رفتیم، با این امید که کسی به ما بگوید که کشف یا پیشرفتی در علم پزشکی یا روند درمان مادلین به‌وجود آمده است. اما همیشه نومید به خانه برمی‌گشتیم. سعی کردیم خوش‌بین بمانیم، اما در سکوت نگران بودیم. وقتی مادلین

مرد، مراحل گوناگون فقدان را تجربه کردیم. شاید تنها چیزی که قدری ما را آرام کرد این بود که نگرانی‌مان در مورد او خاتمه یافت.

پسرمان جیکوب نوجوان است. او مرزهای کودکی را درنوردیده و دارد مرد می‌شود. او توانسته اعتماد ما را به‌دست آورد و بدون نظارت مدام ما به جاهایی برود. به تبع آن، یک سری نگرانی تازه دیگر برای ما به‌وجود آمده است: *چه بر سر پسرمان خواهد آمد؟ آیا جایش امن است؟ اگر کسی به ماشینش بزند چه کنیم؟ اگر تصمیم اشتباه بگیرد و پیامدهای بدی دامنگیرش شود چه کنیم؟* در زندگی از این «چه کنیم‌ها» بسیار است که اگر بگذاریم در وجودمان جا خوش کنند، از پا درخواهیم آمد.

دخترمان هوپ[1] الآن نه ساله است و من برای او هم نگران هستم. نگرانم که یک‌وقت او را ندزدند. فکر کردن به این موضوع چنان هولناک است که توانم را می‌رباید. ولی ما داستان‌هایی از این دست می‌شنویم و هیچ عجیب نیست اگر آدم دیوانه‌ای بیرون مدرسهٔ او کمین کند. علاوه بر این‌ها، من به‌عنوان پدر دغدغه‌های متداول دیگری هم دارم: آیا او سلامت می‌ماند؟ آیا زندگی او به‌دور از رنج خواهد بود؟ آیا من به اندازهٔ کافی پدر خوبی هستم؟ آیا او تصمیم‌های خوبی خواهد گرفت؟

حتی بدون فرزندان هم زندگی پر از نگرانی است. من در مورد عزیزان و دوستانم هم نگرانم. برای مثال، پدر و مادر سالخورده‌ام یکی از عوامل نگرانی من هستند. و از قرار معلوم، هر چند ماه یک‌بار خبردار می‌شوم که یکی از آشنایانم به بیماری مهلکی دچار شده، یا کارش را از دست داده یا در سوگ عزیزی نشسته است. روزنامه پر است از داستان‌های دلخراش آتش‌سوزی، قتل، دزدی و آدم‌ربایی. نگرانی همواره یکی از شایع‌ترین معضلات بشر بوده است، اما من گاهی متحیر می‌مانم که آیا فرهنگ ما در زمینهٔ نگرانی بدترین فرهنگ است یا نه. ما در معرض چیزهای ترسناک بسیاری قرار داریم، و به‌نظر می‌رسد که فراغت از نگرانی امری محال است.

---

1. Hope

فرهنگ ترس

بهترین راه برای فروش روزنامه‌ها و مجلات یا بالا بردن شمار بینندگان خبر شامگاهی چیست؟ بهره‌گیری از ترس‌های مردم، و آن‌هم زیر لفافهٔ روزنامه‌نگاریِ مسئول. شما به‌خوبی از نحوهٔ عملکرد آن آگاهی دارید: «آن لکهٔ کوچک روی دست شما ممکن است هر آن تبدیل به سرطان شود- اخبار ساعت ۱۰». یا «گزارش انحصاری ما در مورد اینکه چرا نوشیدن بیش از اندازهٔ آب می‌تواند شما را روانهٔ بخش اورژانس کند.» ما مثل ماهی به قلاب می‌افتیم.

رسانه‌ها با ترس‌های ما بازی می‌کنند تا رده‌بندی و فروش خود را بالا ببرند. اسکات بیدر-سی[1] این را سندرم «ترس در خدمت سود» می‌نامد. مدیران اجرایی رسانه‌ها، تبلیغ‌کنندگان و سیاستمداران از ترس به‌عنوان حربه‌ای برای برانگیختن و به بازی گرفتن ما استفاده می‌کنند. بِری گلسنر[2] حتی از این هم شفاف‌تر موضوع را موشکافی می‌کند: «برنامهٔ خبر تلویزیون بقای خود را مرهون ترس‌های مردم می‌داند. در اخبار رادیویی-تلویزیونی محلی، که تهیه‌کنندگان با شعار "هرچه خونبارتر، پربارتر" آن را اداره می‌کنند، حکایات مواد مخدر، جنایت و فجایع بخش عمدهٔ خبرها را تشکیل می‌دهند.» سپس گلسنر می‌افزاید: «بین سال‌های ۱۹۹۰ و ۱۹۹۸، که نرخ قتل در سطح کشور ۲۰٪ کاهش یافته بود، شمار داستان‌های مرتبط با قتل در شبکه‌های خبری ۶۰۰٪ افزایش داشت.»

برای مقابله با تأثیر رسانه‌ها چه می‌توانیم بکنیم؟

ولی ما حتی اگر روزنامه نخوانیم یا خبر شامگاهی را هم تماشا نکنیم، باز به‌قدر کافی نگرانی داریم. آیا هرگز به جایی خواهیم رسید که بتوانیم آنچه را که عیسی صراحتاً فرمان داد، اجرا کنیم: «نگران نباشید» (متی ۶:۲۵).

---

1. Scott Bader-Saye; 2. Barry Glassner

تعریف نگرانی

پیش از آنکه منشأ نگرانی را بررسی کنیم، می‌خواهم مرز میان احتیاط و نگرانی را روشن سازم. بر خلاف مشابهت‌های این دو، نگرانی با محتاط یا مراقب بودن یکی نیست. ما باید مراقب خیلی چیزها باشیم: قفل بودن درها، مدیریت پول‌مان به شیوه‌ای خردمندانه و با احتیاط رانندگی کردن در جاده‌های لغزنده. اینها با نگرانی فرق دارند. نگرانی آن چیزی است که پس از برنامه‌ریزی، آمادگی و اقدام صحیح سراغ‌مان می‌آید. وقتی به دلواپسی در مورد چیزی ادامه می‌دهیم، از مرز گذشته وارد دنیای نگرانی شده‌ایم.

شما چگونه فرق میان احتیاط و مراقب، و نگرانی را تشخیص می‌دهید؟ مثالی بزنید.

نگرانی، دغدغهٔ بیش از حد، و مبتنی بر ترس نابه‌جا است. توجه، احتیاط و دقت، همگی به‌جا و حتی ضروری‌اند، اما نگرانی زمانی اتفاق می‌افتد که ورای اینها می‌رویم و از چیزهایی خارج از کنترل‌مان می‌ترسیم. نگرانی به اضطراب منجر می‌شود؛ تا کسی از قبل نگران نباشد، غیرممکن است مضطرب شود. وقتی احساس اضطراب می‌کنیم، دیگر مراقب یا محتاط نیستیم، بلکه نگرانیم.

ما لازم باید در مورد چیزهایی که ارزش دقت و توجه دارند، توجه داشته باشیم. برای مثال، ما می‌دانیم که بستن کمربند ایمنی می‌تواند جان‌مان را نجات دهد، و آن‌قدر عاقل هستیم که آن را ببندیم. شستشوی دست‌ها به‌طور مرتب، مالیدن کرم ضدآفتاب زیر تابش خورشید، و نگاه کردن به هر دو طرف، هنگام عبور از خیابان، اهمیت بسیار دارند. آموختن پرهیز از خطرات معقول و منطقی، چیزی نیست که عیسی در موعظهٔ بالای کوه بدان اشاره می‌کند. بلکه نگرانی مد نظر اوست که هم کاری بیهوده و هم خلاف زندگی در پادشاهی خدا است. وقتی ما از مرز مسئولیت می‌گذریم و وارد قلمرو اضطراب می‌شویم، در واقع،

تمرکزمان را از خدا و مشیتش برگردانده‌ایم. ما این کار را می‌کنیم چون این دروغ را پذیرفته‌ایم که نگرانی به ما کمک می‌کند.

روایت نادرست: نگرانی مانع درد است

نگرانی به رابطهٔ ما با خدا آسیب می‌زند، باعث ناآرامی جسمی می‌شود و شادی ما را از بین می‌برد. نگرانی هیچ باری از دوش ما برنمی‌دارد. پس چرا نگران می‌شویم؟ چه چیز ما را وامی‌دارد تا کاری کنیم که نه تنها به عمرمان نمی‌افزاید، بلکه میزان قابل‌ملاحظه‌ای از آن می‌کاهد؟ روایتی نادرست که می‌گوید: «اگر به اندازهٔ کافی در مورد چیزی نگران باشیم، جلوی وقوع چیزهای بد را خواهیم گرفت.»

ما قدری دغدغه داریم و به حد توان‌مان برای مراقبت در برابر مشکلات بالقوه می‌کوشیم، و در این مورد نگرانی به خود راه نمی‌دهیم. بعد مشکلی پیش می‌آید و ما به خودمان می‌گوییم: *اگر بیشتر در آن مورد دغدغه به خرج داده بودم، می‌توانستم از وقوع این مشکل جلوگیری کنم.* بنابراین، وقتی با مشکلی دیگر روبه‌رو می‌شویم، به‌جای رها کردنِ وضعیتی که قبلاً هرچه می‌توانستیم برای آن انجام داده‌ایم، شب و روز به نگرانی و کج‌خلقی ادامه می‌دهیم. بعد کاشف به‌عمل می‌آید که نگرانی ما بی‌مورد بوده است. این باید باعث شود که در آینده کمتر نگران شویم («ای بابا، چرا من سر این موضوع آن‌قدر نگران بودم؟ حیف عمری که تلف کردم!»)، اما در عوض بیشتر نگران می‌شویم. چرا؟ چون ذهن خودشیفته و خرافاتی ما رویدادها را به‌گونه‌ای دیگر تفسیر می‌کند: *این نگرانی من بود که جلوی وقوع حادثه را گرفت. دفعهٔ بعد برای جلوگیری از آسیب، حتی بیشتر نگران خواهم شد.*

آیا شما با روایتی که می‌گوید ما می‌توانیم با نگرانی تا اندازه‌ای بر زندگی خودمان کنترل به دست آوریم، ربطی پیدا می‌کنید؟

احمقانه به‌نظر می‌رسد، اما این روایت عمیقاً بر جان و روح بسیاری از انسان‌ها حک شده است. هربار که نگران می‌شویم، و به هر جهت،

اتفاق بدی می‌افتد، ما از حادثه چشم‌پوشی می‌کنیم. اینها *ضد روایت*[1] هستند، لحظاتی که روایت غالب در آنها به چالش کشیده می‌شود. ما معمولاً ضدروایت‌ها را نادیده می‌گیریم، از این‌رو روایت قدیمی در جای خود باقی می‌ماند. و هربار که نگران می‌شویم و چیز بدی اتفاق نمی‌افتد، روایت نادرست بیشتر تحکیم می‌شود. کار به جایی می‌کشد که باور می‌کنیم نگرانی راهکاری سودمند است که ما را از لطمه دور نگاه می‌دارد. اگرچه می‌گوییم که می‌خواهیم کمتر نگران باشیم، اما حتی تصور زندگی کردن بدون نگرانی را هم نمی‌توانیم بکنیم. پس وقتی با فرمان عیسی مواجه می‌شویم که می‌گوید، «به شما می‌گویم، نگران زندگی خود نباشید»، به‌نظر می‌رسد که او از ما می‌خواهد چیزی را که به ما حس کنترل می‌دهد، کنار بگذاریم. و این دقیقاً همان چیزی است که او می‌خواهد انجام دهیم!

روایت عیسی: چیزهایی که نباید به‌خاطرشان نگران بود

عیسی پس از بحث پیرامون خطرات آزمندی (متی ۶:۱۹-۲۴)، با ذکر دو مثال موضوع سخنانش را به نگرانی معطوف می‌سازد:

> «پس به شما می‌گویم، نگران زندگی خود نباشید که چه بخورید یا چه بنوشید، و نه نگران بدن خود که چه بپوشید. آیا زندگی از خوراک و بدن از پوشاک مهمتر نیست؟ پرندگان آسمان را بنگرید که نه می‌کارند و نه می‌دروند و نه در انبار ذخیره می‌کنند و پدر آسمانی شما به آنها روزی می‌دهد. آیا شما بس باارزش‌تر از آنها نیستید؟ کیست از شما که بتواند با نگرانی، ساعتی به عمر خود بیفزاید؟ و چرا برای پوشاک نگرانید؟ سوسن‌های صحرا را بنگرید که چگونه نمو می‌کنند؛ نه زحمت می‌کشند و نه می‌ریسند. به شما می‌گویم که حتی سلیمان نیز با همهٔ شکوه و جلالش

---

1. Counternarratives

همچون یکی از آنها آراسته نشد. پس اگر خدا علف صحرا را که امروز هست و فردا در تنور افکنده می‌شود، این‌چنین می‌پوشاند، آیا شما را، ای سست‌ایمانان، به مراتب بهتر نخواهد پوشانید؟ پس نگران نباشید و نگویید چه بخوریم یا چه بنوشیم و یا چه بپوشیم. زیرا اقوام دور از خدا در پی این‌گونه چیزهایند، اما پدر آسمانی شما می‌داند که بدین همه نیاز دارید.» (متی ۶:۲۵-۳۲)

عیسی به ما می‌گوید که نباید در مورد *خوراک* و *پوشاک* نگران باشیم. این دو چیز از دغدغه‌های طبیعی انسان به‌شمار می‌روند. من فکر می‌کنم که عیسی به این خاطر آنها را به‌کار می‌برد که از نیازهای اولیهٔ زندگی بشر محسوب می‌شوند.

خیلی‌ها تعلیم عیسی را چنان می‌خوانند که انگار او می‌گوید: «لازم نیست نگران داشتن خوراک و پوشاک باشید- فقط ایمان داشته باشید. خدا آنها را برای‌تان فراهم می‌سازد.» با این برداشت، چنین در ذهن ما تداعی می‌شود که محض داشتن ایمانی ساده، خدا از آسمان خوراک می‌فرستد و کمد لباس‌مان از جامه‌های گرانقیمت پر می‌شود. اما واقعیت این است که هر روزه بسیاری از مردان و زنان و کودکان باایمان به‌خاطر گرسنگی می‌میرند. عیسی نمی‌گوید کسانی که حقیقتاً فقیر و گرسنه‌اند- همچون مردمی که به این موعظه گوش می‌سپردند- ایمان ندارند و لازم است بیشتر به خدا توکل کنند. گفتنِ: «باید ایمان بیشتری داشته باشید» به مردم فلک‌زده، هم ظالمانه است و هم به‌کلی اشتباه.

پس منظور عیسی از بیان این سخنان چیست؟

عیسی در بخش‌های قبلی تعلیم خود را با عبارت «شنیده‌اید که گفته شده ...، اما من به شما می‌گویم» آغاز می‌کرد، که نشان می‌داد تعلیمش بر خلاف روایت غالب و رایج فرهنگِ زمانه است. اگرچه او از آن کج‌فهمی ذکری به میان نمی‌آورد، اما یک‌بار دیگر تعلیمش روایت رایج را واژگون می‌سازد. رابی‌ها اغلب زندگی بی‌دغدغهٔ حیوانات را با بار سنگین و همیشگی، که بر دوش بشر است و مجبورش می‌سازد با عرق

جبین نان دربیاورد، مقایسه می‌کردند. عیسی از مثال پرندگان استفاده می‌کند تا نشان دهد که آنها اگرچه نه می‌کارند نه می‌دروند، اما نیازشان برآورده می‌شود. نکتهٔ این است: نگران نباشید. دیل سی. الیسن[1] و دبلیو. دی. دیویس[2] محققان عهدجدید بر این باورند که «چرخش درون‌مایهٔ قدیمیِ حکایت، ممکن است کاملاً آگاهانه و بامنظور بیان شده باشد تا بی‌هوا شنونده را غافلگیر کند.»

این در مورد سوسن‌های صحرا هم صدق می‌کند. در کتاب‌مقدس عبری، هروقت به گل یا علف اشاره می‌شود، می‌خواهد زودگذر بودن و شکنندگیِ زندگی انسان را نشان دهد:

«آدمی جملگی علف است.
و زیبایی‌اش یکسره چون گل صحرا!
علف می‌خشکد و گل می‌پژمرد،
زیرا که دم خداوند بر آن دمیده می‌شود.
به‌راستی که مردمان علفند!» (اشعیا ۴۰:۶-۷)

بدین‌ترتیب، وقتی عیسی از گل‌های سوسن یاد می‌کند، آنان از او انتظار دارند که بگوید: «شما هم مثل همین گل‌ها و علف‌هایی هستید که امروز سبزند و فردا نیستند. عمر شما کوتاه است. بیشترین استفاده را از آن ببرید.» ولی در عوض عیسی می‌گوید: «اگر خدا برای زیبا ساختنِ چنین گل کوچکی، متحمل زحمت بسیار می‌شود، پس چقدر بیشتر از مردمانی که به صورت خود آفریده، مراقبت خواهد کرد.»

شاید خیال کنیم که عیسی به ما می‌گوید که به خدا توکل کنیم تا او بدون دخالت ما نیازهای‌مان را فراهم سازد. اما چنانکه می‌دانیم، پرندگان موجودات تنبلی نیستند. در واقع، آنها بسیار سخت‌کوشند. آنها در لانه به انتظار نمی‌نشینند تا خدا برای‌شان دانه و تمشک بیاورد. پرندگان عملاً به‌دنبال توشه می‌گردند. اما این کار را بدون نگرانی انجام می‌دهند. نکتهٔ

---

1. Dale C. Allison; 2. W. D. Davies

بحث عیسی روشن است: ارزش شما از یک پرنده به مراتب بیشتر است. در روزگار عیسی چندین پرنده را می‌شد به بهایی بسیار اندک خرید. ولی ما هرگز نمی‌توانیم روی انسان قیمت بگذاریم. نکتهٔ عیسی در همین است.

پیشتر در همین موعظه، عیسی به شاگردانش تعلیم داده بود که چنین دعا کنند: «نان روزانهٔ ما را امروز به ما عطا فرما.» اگر به خدا رو نموده، مسئلت کنیم که معاش روزانه را برای‌مان فراهم کند، باید مطمئن باشیم که این کار را خواهد کرد. استدلال عیسی از کوچک به بزرگ است: اگر خدا برای پرندگان کم‌ارزش که نه می‌کارند نه می‌دروند، مهیا می‌سازد، پس چقدر بیشتر برای شما انسان‌های ارزشمند و گران‌بها و سختکوش، فراهم می‌سازد؟

عیسی پرسشی ژرف می‌کند: اگر خدا برای کوچکترین و کم‌ارزش‌ترین مخلوقات فراهم می‌سازد، آیا فکر نمی‌کنید که می‌تواند برای ما هم، که ارزشمندترین و بااهمیت‌ترین مخلوقات هستیم، فراهم سازد؟ این پرسشی منطقی است که به ما کمک می‌کند نگران نباشیم و توکل کنیم. نگرانی، من را روی منابع محدود خودم متمرکز نگاه می‌دارد. توکل، توجه‌ام را به منابع فراوان و نامحدود خدا جلب می‌کند. به همین دلیل است که در پادشاهی خدا نگرانی جایی ندارد. نگرانی زمانی اتفاق می‌افتد که من بر تخت زندگی‌ام نشسته باشم، زمانی که در پادشاهیِ خودم زندگی کنم. اما وقتی توکل می‌کنیم، خدا بر تخت زندگی‌مان جلوس کرده و ما در پادشاهی او زیست می‌کنیم. از این‌رو راه‌حل نگرانی آن است که نخست در پی پادشاهی خدا باشیم.

نخست در پی پادشاهی خدا باشید

متی ۶:۳۳ شاه‌کلید کل موعظهٔ بالای کوه است: «نخست در پی پادشاهی خدا و انجام ارادهٔ او باشید، آنگاه همهٔ اینها نیز به شما عطا خواهد شد.» اگر ما این آیه را می‌فهمیدیم و به‌کار می‌بستیم، تک‌تک تعالیمی که قبل و بعد این آیه آمده‌اند، سر جای‌شان قرار می‌گرفتند.

این اصل- نخست در پی پادشاهی خدا بودن- علاج معضلات متداول انسانی است که ما تا کنون بدان‌ها پرداخته‌ایم (محرومیت، خشم، شهوت، دروغ‌گویی، تلافی‌جویی، غرور و آزمندی) و نیز مشکلی که در فصل یازدهم بدان خواهیم پرداخت (داوری کردن دیگران).

نخست در پی پادشاهی خدا بودن به چه معنا است؟ یعنی اینکه واقعیت و اصول پادشاهی خدا را سرلوحهٔ زندگی و توجه قرار دهیم. به این معنا نیست که سختکوش نباشیم. به این معنا نیست که نباید مراقب چیزی باشیم یا نباید در قبال زندگی و دارایی خود مباشران مسئولی باشیم. یعنی اینکه ما در بطن زندگی عادی نگاهمان پیوسته به خدا و کارهای اوست. نخست در پی پادشاهی خدا بودن به معنای روبه‌رو شدن با آزمایش‌ها و مشکلات، بدون اضطراب و با اطمینان به این واقعیت است که خدا می‌تواند و می‌خواهد در آنها عمل کند.

بسیاری از چیزها، چیزهای خوب، برای جلب وفاداری ما با هم رقابت می‌کنند. برای مثال: آیا ما باید از فقیران مراقبت کنیم؟ بله، اما نخست باید در پی پادشاهی خدا باشیم. آیا باید دعا کنیم؟ بله، اما نخست باید در پی پادشاهی خدا باشیم. آیا باید با بی‌عدالتی بجنگیم؟ بله، اما نخست باید در پی پادشاهی خدا باشیم. آیا باید به روح رفتار کنیم؟ بله، اما نخست باید در پی پادشاهی خدا باشیم. آیا باید به کلیسا برویم، کتاب‌مقدس بخوانیم و شهادت بدهیم؟ بله، اما نخست باید در پی پادشاهی خدا باشیم.

ما گاهی همهٔ توجه‌مان را روی یک علت، یک انضباط یا حتی یکی از فرمان‌های خدا متمرکز می‌کنیم، که البته همهٔ اینها از جنبه‌های ذاتیِ شاگرد عیسی بودن است. اما مهمترین چیز آن است که نخست در پی پادشاهی خدا باشیم. سپس همه چیز سر جای درست‌شان قرار خواهند گرفت. من دعا می‌کنم، مراقب فقرا هستم، با بی‌عدالتی می‌جنگم و در کلیسا هم حاضر می‌شوم، اما نه بدین‌خاطر که دغدغهٔ من دعا، فقر، عدالت یا پرستش است، بلکه چون دغدغهٔ اول من کاری است که خدا انجام می‌دهد. زمانی که خدا و پادشاهی‌اش دغدغهٔ من باشد، طبیعتاً

کارهایی انجام خواهم داد که ضروری است. به مجردی که یکی از این کارها را در رأس پادشاهی خدا قرار بدهم، حتی اگر کار خوب باشد، به بت تبدیل خواهد شد.

به همین علت است که عیسی با شفافیت و قاطعیت کامل می‌گوید: «نخست در پی پادشاهی خدا باشید.» پادشاهی خدا گرفتار مشکل نیست. افراد، کلیساها و سازمان‌های مسیحی می‌آیند و می‌روند؛ حتی خودِ زندگی ما هم فانی است. کلیساها تا زمانی پابرجا می‌مانند که با پادشاهی خدا در ارتباط باشند. زندگی ما فقط زمانی قوی و بانشاط خواهد بود که طبق اصول پادشاهی خدا زندگی کنیم. برد و باخت‌مان ما را تعریف نمی‌کنند. آنچه که ما را تعریف می‌کند، اول هویت ما است (کسی که مسیح در او مسکن گزیده است) و بعد جایی که زندگی می‌کنیم (پادشاهی خدا).

درست همان‌گونه که ممونا نمی‌گذارد به خدا خدمت کنیم، نگرانی هم نمی‌گذارد در پی پادشاهی خدا باشیم. هر دوی اینها انحصارطلبند. چنانکه الیسن و دیویس خاطرنشان ساخته‌اند: «اضطراب، حماقت است و خاصیتی ندارد جز اینکه خدا را از معادله حذف کند.» بدین‌خاطر است که عیسی این آیهٔ کلیدی را در بخش مربوط به نگرانی گنجانده است. مادامی که نگرانیم، نمی‌توانیم نخست در پی پادشاهی خدا باشیم. مادامی که نخست در پی پادشاهی خدا باشیم، نمی‌توانیم نگران باشیم.

به‌طور قطع همین تأمین شدن توسط پادشاهی خدا است که پولس را بر آن می‌دارد تا این کلمات تشویق‌آمیز را بنویسد:

> «برای هیچ چیز نگران نباشید، بلکه در هر چیز با دعا و استغاثه، همراه با شکرگزاری، درخواست‌های خود را به خدا ابراز کنید. بدین‌گونه، آرامش خدا که فراتر از تمامی عقل است، دل‌ها و ذهن‌هایتان را در مسیح عیسی محفوظ نگاه خواهد داشت.» (فیلیپیان ۴:۶-۷)

سخنان او بازتاب کلمات عیسی است: نگران نباشید. پولس به ما می‌گوید که به‌جای نگرانی باید دعا کنیم. خدا دعا را برای ما به‌عنوان یکی از ابزار مراقبت قرار داده است. ما دعوت داریم تا دلواپسی‌مان را به دعا تبدیل کنیم. وقتی چنین می‌کنیم، موضوع را به دستان خدا می‌سپاریم. این از مسئولیت ما در قبال روبه‌رو شدن با دغدغه‌هامان چیزی نمی‌کاهد، بلکه آنها را در زمینهٔ بزرگتری از پادشاهی خدا قرار می‌دهد. دعا به خدا اجازه می‌دهد تا منابع پادشاهی‌اش را برای برآورده کردن نیازهای ما به‌کار بگیرد. مطابق پند پولس، وقتی چنین می‌کنیم، چنان آرامشی می‌یابیم که فراتر از فهم و درک است.

روز به روز

آخرین اندرز عیسی در این قسمت از موعظه‌اش این است که در مورد *فردا* نگران نباشید. «پس نگران فردا مباشید، زیرا فردا نگرانی خود را خواهد داشت. مشکلات امروز برای امروز کافی است!» (متی ۶:۳۴). عیسی می‌داند که ما نگران زندگی، تدارکات آن و نیز ظاهرمان هستیم. او همچنین می‌داند که ما نگران آینده هستیم و به همین دلیل خیلی صریح و البته با چاشنی طنز عبارتی می‌گوید که احتمالاً باعث خندهٔ مخاطبانش شده است: «نگران فردا مباشید، زیرا فردا نگرانی خود را خواهد داشت. مشکلات امروز برای امروز کافی است.»

عیسی می‌گوید که پادشاهی خدا در زمان حال عمل می‌کند. ما فقط همین امروز می‌توانیم در پادشاهی خدا زندگی کنیم. نمی‌توانیم فردا در آن زندگی کنیم. پس نگرانی برای فردا سردرگمیِ بی‌فایده‌ای است. به همین ترتیب که امروز روی خدا حساب می‌کنیم، فردا هم می‌توانیم روی او حساب کنیم. اما در زمان فردا نیستیم، و هرگز هم نخواهیم بود؛ ما فقط در لحظهٔ کنونی، در امروز، زندگی می‌کنیم.

در ارتباط با مشکلات امروز، خدا به ما تعلیم می‌دهد که به‌مجرد ظهورشان، چطور یکی یکی با آنها برخورد کنیم. یکی از قسمت‌های

سریال *عاشق لوسی‌ام*[1] را یادتان می‌آید، آنجایی که لوسی در خط بسته‌بندی شکلات مشغول کار است. در اول کار همه چیز روبه‌راه است، اما بعد سرعت تسمه نقاله بیشتر می‌شود و لوسی عقب می‌افتد. با اضافه کردن مشکلات فردا به مشکلات امروز، ما فقط دردسرهامان را دوبرابر می‌کنیم، که درست مثل سرعت گرفتن تسمه نقاله است، و ناگهان حاشیه را به‌کلی از دست می‌دهیم و دیگر نمی‌توانیم تحمل کنیم. آن‌وقت مبتلا به بیماری نگرانی می‌شویم.

خدا با من کار می‌کند، و روند کار پادشاهی او هر بار یک روز است. او خردمندانه میزان تحمل من را اندازه گیری کرده و مقدر فرموده است. افزودن مشکلات فردا به مشکلات امروز عملاً غیرممکن است، اما بسیاری از ما به هر روی سعی بر این داریم. امروز همان فردایی است که دیروز نگرانش بودیم، و این هیچ چیز جز بدبختی به ما اضافه نمی‌کند.

در نهایت، نگرانی کاری بیهوده است. اکثر نگرانی‌های ما به‌خاطر عادات بدی هستند که ما در زمان زندگی بیرون از پادشاهی خدا آموخته‌ایم، یعنی زمانی که به چیزهایی مانند پول و تأیید دیگران تکیه می‌کردیم، هرچند آنها هم همیشه ما را نومید می‌ساختند. عیسی ما را تشویق می‌کند تا در برابر وسوسهٔ نگرانی ایستادگی کنیم و روی این واقعیت متمرکز شویم که در همهٔ کارهای‌مان، خدا با ما است، و رویکرد درست در قبال اکنون و آینده نیز همین است. تمرکز ما باید روی لحظه حال معطوف باشد. اما وقتی ما، به‌عنوان ساکنان پادشاهی خدا دربارهٔ آینده می‌اندیشیم، می‌توانیم با امید بیندیشیم، با اعتماد برنامه‌ریزی کنیم، و در دعا توکل داشته باشیم. ما آن‌قدر از گذشته برکات داریم که می‌توانیم اعتمادمان را بر مبنای آنها استوار سازیم.

---

۱. (I Love Lucy) یک مجموعهٔ تلویزیونی آمریکایی بود که بین سال‌های ۱۹۵۱ تا ۱۹۵۷ میلادی از شبکهٔ سی‌بی‌اس پخش می‌شد. م.

مکانی کاملاً امن

من از کسانی که دوره‌های شاگردی را می‌گذرانند، دو سؤال می‌کنم: «شما کِه هستید، و شـما کجا هستید؟» من اغلب این پرسش‌ها را تکرار می‌کنم، چون تکرار یکی از کلیدهای یادگیری است. من با این پرسش‌ها به‌دنبال این دو جواب هسـتـم: «من فرزند خدا هستم، کسی که مسیح در او مسکن گزیده است؛ من در پادشاهی تزلزل‌ناپذیر خدا زندگی می‌کنم.» وقتی این دو واقعیت ملکهٔ ذهن فرد شـود، بسـیاری از مشکلاتی که او را به‌سـتـوه آورده‌اند، تقلیل می‌یابند. این امر یقیناً در مورد نگرانی صدق می‌کند. من به پولس و سـخـتـی‌هایی که با آنها روبه‌رو بود می‌اندیشم، و اینکه چطور توجهاش بر این متمرکز بود که کیست و کجا زندگی می‌کند:

> «اما این گنجینه را در ظروفی خاکی داریم، تا آشکار باشد که این قدرت خارق‌العاده از خداسـت نه از ما. ما از هر سو در فشاریم، اما خرد نشـده‌ایم؛ متحیریم، اما نومید نیستیم؛ آزار می‌بینیم، اما وانهاده نشـده‌ایم؛ بر زمین افکنده شده‌ایم، اما از پا درنیامده‌ایم.» (دوم قرنتیان ۴:۷-۹)

گنج ما در مسـیح، خودِ ماییم، و بدن‌های فانی ما چیزی نیستند جز ظروف گلی. ما مردمانی هسـتیم که مسیح در آنان مسکن گزیده است، و به ما قدرتی داده شـده تا به‌واسطهٔ مسیح از عهدهٔ انجام همه چیز برآییم، زیرا مسیح ما را تقویت می‌بخشد.

ما در پادشـاهی تزلزل‌ناپذیر خدا زندگی می‌کنـیم، به همین‌خاطر حتـی اگر مورد آزمایش هم قرار بگیریم، عاقبت شکسـت نمی‌خوریم. به همین‌خاطر اسـت که من اطمینان دارم دنیای ما کاملاً امن است. شاید با خودتان فکر کنید *امن؟ شـوخی می‌کنی؟ این دنیا ترسناک و خطرناک است!* درست است، اگر شما بر تخت زندگی‌تان نشسته باشید، و بیرون از محدودهٔ پادشـاهی خدا زندگی کنید. در درون پادشـاهی خدا هیچ خطری ما را تهدید نمی‌کند.

هیچ خطری؟ ممکن است در یک چشم به هم زدن به سرطان مبتلا شوی، بروی زیر اتوبوس، کارت یا حتی یکی از عزیزانت را از دست بدهی! بگذارید موضوع را روشن کنم: هیچ‌یک از اینها نمی‌توانند به کسانی که در پادشاهی خدا زندگی می‌کنند، آسیبی برسانند. اگر بمیریم، به جلال خدا گام می‌گذاریم. اگر کارمان را از دست بدهیم، می‌توانیم توکل کردن به خدا را برای رسیدن به چیزی بهتر بیاموزیم. اگر یکی از عزیزان‌مان را از دست بدهیم، می‌توانیم مطمئن باشیم که به‌زودی و تا ابد از مصاحبتش برخوردار خواهیم شد. مادامی که در مشارکت با خدای خوب و زیبای‌مان و در پادشاهی باعظمتش زندگی می‌کنیم، موردی برای ترسیدن، یا حتی خودِ ترس نداریم. زیرا نه زندگی نه مرگ، قادر نخواهند بود ما را از محبت خدا جدا سازند (رومیان ۸:۳۸-۳۹). وقتی این حقیقت را دریابیم، می‌توانیم نگرانی را کنار گذاشته، زندگی تازه‌ای را با اطمینان و شادمانی آغاز کنیم.

پرورش روح

دعا

در این فصل آیه‌ای هست که در آن پولس رابطه‌ای مستقیم میان دعا و نگرانی می‌بیند:

> «برای هیچ چیز نگران نباشید، بلکه در هر چیز با دعا و استغاثه، همراه با شکرگزاری، درخواست‌های خود را به خدا ابراز کنید. بدین‌گونه، آرامش خدا که فراتر از تمامی عقل است، دل‌ها و ذهن‌هایتان را در مسیح عیسی محفوظ نگاه خواهد داشت.» (فیلیپیان ۴:۶-۷)

وقتی آنچه را که از دستمان برمی‌آید در قبال حل مشکلی انجام دادیم، موضوع را به حضور خدا می‌آوریم، و بدین‌ترتیب، جلوی غلبهٔ نگرانی را می‌گیریم. برای مثال، سی. اس. لوئیس می‌گوید، کسی که در باغچهٔ خانه‌اش علف هرز روییده، نباید دست روی دست گذارده دربارهٔ علف‌ها دعا کند، بلکه باید آنها را از ریشه درآورد. ولی وقتی ما با موقعیت‌هایی روبه‌رو می‌شویم که نمی‌توانیم با تلاش مستقیم آنها را تغییر دهیم، مثلاً وقتی یکی از عزیزانمان بیمار است یا گرفتار مشکلی مالی هستیم که رفع آن خارج از توان ماست، موضوع را به حضور خدا می‌بریم. در اینجا من چند رهنمود عملی ارائه می‌کنم تا در

فصل دهم

سپردن دلواپسی‌تان برای این هفته به خدا در دعا، به شما کمکی کرده باشم:

- هر بامداد ده تا پانزده دقیقه را کنار بگذارید.
- در مورد همهٔ چیزهایی که ممکن است به خاطرشان مضطرب شوید، فکر کنید.
- آنها را در دفتر یادداشت روزانه خود بنویسید.
- از خودتان بپرسید که برای علاج هر مسئله چه کاری از دست‌تان ساخته است.
- مواردی را که می‌توانید انجام دهید به خودتان یادآوری کنید.
- مابقی چیزها را به حضور خدا ببرید.
- درخواست خود را خطاب به خدا بنویسید، و مطلب را دقیق شرح دهید.

در دعاهای خود بسیار دقیق و باجزئیات به ذکر مطلب بپردازید. چرا؟ *اکثر دعاهای ما چنان کلی و گنگ هستند که بعداً حتی نمی‌توانیم بفهمیم که آیا خدا آنها را اجابت کرده است یا نه.* وقتی مشخصاً برای مورد به‌خصوصی دعا می‌کنید، خدا هم می‌تواند در آن مورد عمل کند. اگر خدا راه بهتری برای پاسخ دادن به دعای شما یا رفع مشکل‌تان داشته باشد، مطمئن باشید که این کار را خواهد کرد. نیاز و خواستهٔ خود را دقیقاً به حضور او ببرید. سپس منتظر بمانید و ببینید خدا چه می‌کند.

دعا از چند جهت به ما کمک می‌کند تا با نگرانی‌ها برخورد کنیم. اول، ما متوجه می‌شویم که تدارک پادشاهی خدا در هر شرایطی، چه بزرگ چه کوچک، در دسترس ما قرار دارد. دوم، ما مسائل را از زاویهٔ نگاه خدا می‌بینیم، و در این حالت، مشکلات و دغدغه‌های ما زیر نور تازه‌ای قرار می‌گیرند. من دریافته‌ام که نوشتن دعاهایم مرا وادار به اندیشیدن در مورد دغدغه‌هایم می‌کند: آیا این نگرانی‌ها ناشی از روایتی نادرستند یا به‌خاطر پیشبرد پادشاهی خدا ایجاد شده‌اند؟

به همین جهت اســت که مــن یک دفتر دعاهــای روزانه دارم. من دلواپســی‌هایم را در قالــب دعا و طبق روالی منظم می‌نویســم، و برای نگارش آنها با خدا همکاری می‌کنم. این به من کمک می‌کند تا اندازه‌ای از خودخواهی در دعاهایم کاســته شود. نوشــتن دعاهایی از این قبیل قدری دشوار است: «خدایا به من مبلغ کلانی پول بده»، یا «خدایا می‌شود دشمنان مرا به درد و رنج گرفتار کنی؟» حین نوشتن این کلمات مجبورم دســت نگه دارم و به خودم بخندم. شــاید واقعــاً آرزوی این چیزها را داشته باشم، اما هیچ‌کدام دغدغه یا نیاز مشروعی نیستند و به‌طور قطع از «نخست در پی پادشاهی خدا بودن» ناشی نشده‌اند.

دعا، در مجموع، هدیه‌ای بلاعوض است. خدا هیچ مکلف نیست که این امتیاز را به ما بدهد. خدا این موهبت را به ما می‌بخشــد تا کمک‌مان کند میزان محبت و دلواپســی او را نسبت به خودمان کشف کنیم. تا در رشـــد و بلوغ کمک‌مان کرده باشــد، و میزان این رشد و بلوغ را می‌توان از چیزهایــی که می‌خواهیم، دریافت. هرچه دل من در پادشــاهی خدا عمیق‌تر ریشــه دوانده باشــد، زندگی مبتنی بر دعای من هم بیشــتر بر سعادت دیگران متمرکز خواهد بود. این بدان معنی نیست که نباید برای نیازهای خودمــان دعا کنیم، بلکه حتی دعاهایی کــه برای خودمان هم می‌کنیم، بیش از آنکه انعکاس ارزش‌های این دنیا باشــند، بازتاب‌دهندهٔ ارزش‌های پادشاهی خدا خواهند بود.

باشــد که شــما هم وقتی دعا می‌کنید، قدرت خدا را در همان زمان تجربه کنید، و باشد که نگرانی‌هایتان با هر دعا کمتر و کمتر شوند.

فصل یازدهم

چگونه
بدون داوری کردن دیگران زندگی کنیم

یک روز من و دوستم مارک ملاقاتی داشتیم تا در مورد موضوعی که بر ذهنش سنگینی می‌کرد، صحبت کنیم.

مارک گفت: «من دوست نزدیکی دارم که ادعا می‌کند مسیحی است، اما مثل مسیحیِ واقعی زندگی نمی‌کند.»

پرسیدم: «چطور؟»

او گفت: «خب، او با دوست‌دخترش بد رفتار می‌کند. او را نادیده می‌گیرد و گاهی در حقش بدجنسی می‌کند. من خودم در چند موقعیت شاهد بوده‌ام. او اغلب، کاری را می‌کند که دلش می‌خواهد و هرگز خواست آن دختر برایش مهم نیست. آنها در رابطه‌شان خیلی جدی هستند و او به من گفت که می‌خواهد همین تابستان از دختر خواستگاری کند. این مسئله واقعاً مرا نگران کرده، و تصمیم گرفته‌ام جلوی او را بگیرم. دو راه وجود دارد و من از تو خواهش کردم بیایی تا به من بگویی کدام راه بهتر است.»

با تعجب پرسیدم: «حالا این دو راه کدام‌ها هستند؟»

«راه اول این است که دم خانه‌اش بروم و رو در رو مقابلش بایستم. من از همهٔ مواردی که دیده‌ام او با دوست‌دخترش نامهربان بوده، فهرستی تهیه کرده‌ام، و در نظر دارم فهرست را به او نشان دهم. و اما راه دوم این است که یک دوست دیگر را که شاهد رفتار او بوده همراه خودم ببرم. خاطرم هست که جایی در کتاب‌مقدس نوشته که باید یک شاهد با خودت ببری یا چیزی شبیه این. به هر حال، فکر می‌کنی کدام راه بهتر باشد؟»

گفتم: «هیچکدام.»

در جوابم گفت: «هیچکدام؟ چرا؟»

«بگذار از تو دو تا سؤال بکنم. اول، آیا تا حالا کسی با خودت چنین برخوردی کرده است؟ یا واضح‌تر بگویم، آیا تا حالا کسی تو را به روشی که می‌گویی، داوری کرده است؟»

مارک پاسخ داد: «بله. یک‌بار شخصی که با من در کلاس بررسی کتاب‌مقدس شرکت می‌کرد از جایی شنیده بود که من دوست دارم آخر هفته‌ها به کلوپ بروم. بنابراین، رو در روی من ایستاد و گفت که اصلاً نجات من از نظر او زیر سؤال است.»

بعد پرسیدم: «آیا آن راهکار عملاً به تو کمکی کرد؟»

مارک بی‌اختیار گفت: «راستش نه. فقط باعث شد احساس شرم و عصبانیت کنم. من دیگر هرگز به آن کلاس بررسی کتاب‌مقدس برنگشتم. و هیچ‌کس هم سراغی از من نگرفت تا ببیند موضوع از چه قرار بوده است.»

پرسیدم: «خب، پس وقتی کسی با تو برخوردی کرد که می‌خواهی با دوستت بکنی، رفتارش باعث رنجش خاطر و جریحه‌دار شدن احساساتت شد، درست است؟»

او گفت: «بله.» بعد برای لحظه‌ای مکث کرد و گفت: «فکر کنم منظورت را فهمیدم. تو فکر نمی‌کنی که این روش درستی باشد. درست فهمیدم؟»

گفتم: «فکر کنم خیلی خوب است که تو تا این اندازه به آن دو و ازدواج‌شان اهمیت می‌دهی. تو آدم خوش‌قلبی هستی. و به‌نظر می‌رسد که دوست تو هم واقعاً به کمک احتیاج دارد. نمی‌دانم که راهکار من نتیجه‌ای را که در نظر داری عایدت خواهد کرد یا نه. اما فکر می‌کنم برای کمک کردن به دوستت راه بهتری هم وجود دارد، راهی که با پادشاهی خدا همسوتر است. در اواخر موعظهٔ بالای کوه، عیسی روش‌های درست و غلط اصلاح مردم را تشریح می‌کند. اگر دوست داشته باشی می‌توانیم با هم به آن عبارات نگاهی بیندازیم. شاید بتوانیم راه بهتری برای انجام این مهم پیدا کنیم.»

مارک موافقت کرد. طی چند روزِ پس از آن ملاقات، ما باز هم دیدارهایی داشتیم و در مورد شیوهٔ اصلاح در پادشاهی خدا گفتگو کردیم. پیش از بررسی تعالیم عیسی، می‌خواستم دوستم اول از همه، روایت‌هایی را که موجب می‌شوند ما دیگران را داوری و محکوم کنیم، بررسی کند.

وقتی ما انگیزهٔ خودمان را درک کنیم، تازه می‌توانیم بهترین راه را برای کمک به دیگران پیدا کنیم.

آیا تا کنون کسی شما را داوری کرده است؟ داوری او تا چه اندازه برای‌تان مفید بوده؟

تفاوت میان داوری و ارزیابی کردن

من شک دارم که در میان خوانندگان این کتاب کسی پیدا شود که در طول زندگی مورد داوری یا انتقاد نامنصفانه قرار نگرفته باشد. اکثر ما می‌دانیم که چه حس بدی دارد و به‌ندرت پیش می‌آید که عملاً به‌جز رنجش و خشم ثمرهٔ دیگری به بار آورده باشد. پیش از آنکه موضوع داوری کردن دیگران را مورد کندوکاو قرار دهیم، می‌خواهم میان *داوری* و *ارزیابیِ* عملکرد یا رفتار یک شخص تمایز قایل شوم.

ارزیابیِ رفتار دیگران جزو ضروریات زندگی اســت. والدین خوب به رفتار فرزندان‌شــان توجه نشــان می‌دهند و در قبال اصلاح رفتار آنها در موقع لزوم، احســاس مســئولیت می‌کنند. من در مقام استاد دانشگاه ناگزیرم برگه‌ها و مقاله‌های دانشــجویان را تصحیــح کنم و نمره بدهم، حضور و غیاب آنها را ثبت کنم، و عملکرد آنها را که منجر به نمرهٔ نهایی می‌شــود، بسنجم. ارزیابی، ســنجش و حتی امتیاز دادن به عملکرد یک شخص با داوری کردنِ او یکی نیست.

داوری یــا قضاوت کردن یعنی *ارائهٔ ارزیابــی منفی از دیگران بدون همدلی با آنهــا*. ما با داوری دیگران، در واقع از آنهــا انتقاد می‌کنیم، اما نه به‌عنوان دوســتی غمخوار که می‌خواهد کمکی کرده باشــد. پس از اینکه رفتار یا شخصیت فرد را منتقدانه ارزیابی کردیم، به‌دنبال کار خود می‌رویم. من با انتقاد مشــکلی ندارم، اما یقیناً از داوری خوشم نمی‌آید. فرق میان داوری و ارزیابی در قلب شــخص ارزیاب است. برای مثال، فــرض کنید تام پیش دوســتش می‌رود و به وسوســه‌ای که در زندگی سراغش آمده اعتراف می‌کند و از او درخواست کمک می‌کند. دوستش به او می‌گوید که کنارش خواهد ایســتاد و حتی برایش دعا خواهد کرد. بعد از اینکه تام مشکل را با جزئیات بیشتر برای دوستش تعریف می‌کند، از دوســتش می‌پرســد: «آیا به نظر تو این در زندگی من معضل است؟» دوســتش می‌گوید: «بله، فکر می‌کنم تو با مشــکلی درگیر هســتی ولی می‌توانی بر مشکلت غلبه کنی، و من تا رفع مشکل دوشادوش تو خواهم ایستاد.» آیا دوست مزبور دارد تام را مورد داوری قرار می‌دهد؟ به لحاظ فنی بله، از این لحاظ که به تام می‌گوید که مشکلی دارد. اما این یک نمونه از داوری کردن نیست، چون او با همدلی کنار تام ایستاده است.

این نکته‌ای حساس و مهم اســت چون اکثر چیزهایی که ما نام‌شان را «ارزیابی» یا «نقد» یــا «فقط بیان حقیقت» می‌گذاریم، در واقع، داوری کردن است. اصلاح یک فرد می‌تواند عملی سالم باشد و حتی زندگی او را بهبود ببخشــد. داوری کردن دیگران به هیچ وجه چنین نیست. برای اینکه بفهمیم چگونه می‌توان با زیستن در پادشاهی خدا از داوری کردن

دیگران پرهیز کرد، اول باید بفهمیم چه چیزی داوری کردن دیگران را این‌قدر جذاب می‌کند.

روایت نادرست

برای داوری کردن دیگران دو دلیل اصلی وجود دارد: درست کردنِ مردم یا ایجاد حسی بهتر نسبت به خودمان. (این دو اغلب درهم‌آمیخته‌اند.) اگرچه ممکن است بگوییم نیت‌مان خیر است، اما با داوری کردن دیگران نشان می‌دهیم که ما بیشتر به خودمان اهمیت می‌دهیم تا به شخص مورد داوری. اگر واقعاً برای‌مان مهم بود، راهکار دیگری انتخاب می‌کردیم. بیایید با جزئیات بیشتر به قضیه نگاه کنیم و ببینیم که چرا ما این‌قدر سریع دیگران را داوری می‌کنیم.

اِعمال محکومیت.[1] وقتی می‌بینیم کسی خطاکار است، مرتکب گناهی شده یا رفتار بدی دارد، اغلب سراغ شیوه‌ای می‌رویم که برای «درست کردنِ» مردم در دنیا رواج دارد: اِعمال محکومیت. فکر می‌کنیم یک حمله لفظی آنها را درست می‌کند، و از ظاهر امر چنین برمی‌آید که روشی مؤثر است. با خودمان چنین استدلال می‌کنیم که *اگر دو کلمه حرف حساب بزنم، طرف خودش را اصلاح خواهد کرد.* این یکی از سلاح‌های قدرتمندی است که ما در زرادخانه داریم. کسانی که ما زیر داوری قرار می‌دهیم، در خود فرو می‌روند، خشمگین می‌شوند یا گریه می‌کنند. هرازگاه شخص تغییراتی جزیی در رفتارش ایجاد می‌کند، که این خود بر کارا بودن شیوهٔ مزبور صحه می‌گذارد.

وقتی می‌بینیم که روش‌مان مؤثر است، اعتمادمان به نیروی محکوم کردن به‌عنوان ابزاری برای اصلاح، بیشتر می‌شود و از این‌روست که محکوم کردن به اصلی‌ترین شیوهٔ اصلاحی در دنیا تبدیل شده است. والدین، آموزگاران، مربیان و رؤسا برای اصلاح زیردستان خود از این

1. Condemnation Engineering

روش استفاده می‌کنند. خیلی‌ها بر این باورند که این تنها راه برای کمک به ایجاد تغییر در دیگران است.

از سوی دیگر، عده‌ای ترسو، یا کسانی مانند برخی مسیحیان که نمی‌خواهند چهره‌ای منتقدانه از خود به‌جا بگذارند، چیزی نمی‌گویند. پس ما در مواجهه با رفتار منفی دیگران دو راه پیش رو داریم: حمله کنیم یا هیچ کاری نکنیم.

اگرچه داوری کردن در برخی موارد مؤثر است، اما اغلب به چهار دلیل با شکست مواجه می‌شود.

اول، از قلبی پرمحبت جاری نمی‌شود. شخص داوری‌کننده نسبت به طرف دیگر محبتی نشان نمی‌دهد. مادر ترزا سخن معروفی دارد که می‌گوید: «اگر مردم را داوری کنی، دیگر وقتی برای محبت کردن‌شان نخواهی داشت.» به همین‌خاطر است که مردم تحمل داوری را ندارند. آنان به‌طور غریزی می‌دانند که مورد محبت طرف مقابل نیستند. اگر ما رگبار کلمات اتهام‌آمیز را بر دیگران ببارانیم و بعد راه خودمان را بگیریم و برویم، و آنها را در تنهایی‌شان رها کنیم، می‌فهمند که ما هیچ محبتی نسبت به آنها نداشته‌ایم.

دوم، داوری کردن یک شخص، حتی اگر حق با ما باشد، میانبری است که یک گام ضروری را نادیده می‌گیرد. وقتی کسی مرتکب اشتباهی شده، نخستین گام در تغییر او این است که خودش متقاعد یا متوجه بشود که مشکلی وجود دارد. وقتی ما دیگران را داوری می‌کنیم، آنها را *وادار* می‌کنیم متوجه اشتباه‌شان شوند. باز، این روش گاهی مؤثر است (مثلاً در موارد حاد که دیگران در آن پادرمیانی می‌کنند). اما در اکثر تعاملات انسانی این روش با پذیرش مطلوب روبه‌رو نمی‌شود. آنانی که مورد داوری قرار گرفته‌اند، احساس می‌کنند به آنها حمله شده و واکنش طبیعی کسی که مورد حمله قرار گرفته، دفاع و حملۀ متقابل است.

سوم، داوری یعنی ویران‌سازی بدون بازسازی. ما خانه را با خاک یکسان می‌کنیم، اما به جایش چیزی نمی‌سازیم. کسانی که داوری‌شان می‌کنیم به دلایل بسیار آن‌گونه زندگی می‌کنند، و آنها هم اسیر روایت‌های غالب بسیاری هستند.

اِعمال محکومیت شکست می‌خورد چون یـک مورد کلیدی را از قلم می‌انـدازد: برای ایجاد تغییر، باید چگونه تغییر دادن را بلد باشـیم. تغییر مسـتلزم اتخاذ روایت‌های جدید، انضباط‌های روحانی، همدلی و البته یاری خدا است. فرایند تغییر طولانی و چالش‌انگیز است، و معمولاً کمک دیگران را می‌طلبد.

چهارم، داوری ما ممکن است اشتباه باشد (و اغلب نیز چنین است). در این جملهٔ قدیمی حقیقتی بزرگ نهفته اسـت: «تا با کفش کسی یک مایــل راه نرفته‌ای، در موردش قضاوت نکن.» شــناخت ما از گرفتاری دیگران محدود اسـت. ما نمی‌دانیم آنها چه احساسی دارند، در گذشته چه بر سرشـان آمده یا با چه مشکلاتی دست به گریبانند. یک‌بار زنی را بسیار حقیر و موهن شمردم، زیرا آنچه می‌گفت و می‌کرد بر خلاف نظام ارزشـی من بود. خاموش ماندم، اما درونم متلاطم بود. در سکوت زخم زبانم را مزه‌مزه کردم تا با حرف او را سـر جایش بنشانم. ولی خوشحالم که هرگز این کار را نکردم. چند سـال بعد او را بهتر شناختم و از گذشتهٔ بسـیار دردناک و ستیز کنونی‌اش با تنهایی و افسردگی باخبر شدم. وقتی داستانش را شنیدم، متوجه شدم که داوری‌ام در مورد او اشتباه بوده است.

از فیلو، فیلسـوف اسـکندرانی[1] این گفته را نقل می‌کنند که «مهربان باشـید، زیرا هرکه می‌بینید، در جدالی اسـت بزرگ.» به عقیدهٔ من این سخن درسـتی است، و با یادآوری آن کمتر میل به داوری کردن دیگران در من به‌وجود می‌آید و بیشـتر در موردشـان احساس شفقت می‌کنم. اِعمال محکومیت، محکوم به شکست است چون تأثیری مهربانانه به‌جا نمی‌گذارد، به شـخص اجازه نمی‌دهد نسبت به تغییر، احساس نیاز کند، هیچ کمکی به تغییر نمی‌کند و می‌تواند از اساس اشتباه باشد.

آیا تا به‌حال کسی را داوری کرده‌اید یا کسی شما را بر پایهٔ ارزیابی غلط داوری کرده است؟ توضیح دهید.

---

1. Philo of Alexandria

در *مورد خودمان احساس بهتری داشته باشیم*. دلیل دوم در تمایل ما به داوری کردن دیگران این است که ما با داوری کردن دیگران نسبت به خودمان احساس بهتری پیدا می‌کنیم. اگر ما نسبت به خودمان حس خوبی نداشته باشیم، یکی از راه‌های بهتر کردنِ احساس‌مان این است که شخص دیگری را بکوبیم. وقتی دیگران را داوری می‌کنیم، نسبت به آنها حس برتری به ما دست می‌دهد. این به‌خوبی توجیه می‌کند که چرا غیبت کردن خوشایند است. غیبت کردن، فرصتی ایجاد می‌کند تا به دنیایی بگریزیم که در آن بر غیبت‌شدگان برتری داریم. در این دنیا خطاهای ایشان برملا می‌شود، و وقتی روی ضعف‌ها و شکست‌هاشان انگشت می‌گذاریم، از پذیرش ضعف‌ها و شکست‌های خودمان خلاص می‌شویم. در واقع، ما با بزرگ کردن اشتباهات دیگران می‌توانیم به‌کلی فراموش کنیم که خودمان هم اشتباه می‌کنیم. غیبت واقعاً لذیذ است، و ما در جلسات غیبت مرتباً لب و لوچه‌مان را می‌لیسیم، اما در پایان درمی‌یابیم که به ضیافتِ خودخواری مهمان شده‌ایم. داوری ما خودمان را کوچک می‌کند، نه آنهایی را که مورد حمله قرار می‌دهیم.

داوری کردن دیگران ما را در جایگاه اخلاقیِ برتر قرار می‌دهد و آنهایی را که داوری می‌کنیم، پایین می‌کشد. تأثیری که از خودمان به‌جا می‌گذاریم، تصویر قدیسی عالی‌مقام است نه یک همدرد. داوری کردن به‌طور ضمنی حاکی از آن است که ما درستیم و دیگران نادرست. این به ما حس خوبی می‌بخشد. ما با تمرکز روی ناکامی‌های دیگران، موقتاً ناکامی‌های خودمان را فراموش می‌کنیم. چه این کار را مقابل کسانی که داوری‌شان می‌کنیم انجام دهیم چه پشت سرشان، نتیجه یکی است: وقتی آنها را داوری می‌کنیم، احساس بهتری داریم. به همین دلیل است که آدم‌های اهل داوری، یا بدترین احساس را در مورد خود دارند یا در اغلب، ضعف‌های خود را انکار می‌کنند. رمز آموختنِ پرهیز از داوری دیگران، زیستن در پادشاهی خدا است.

روایت عیسی: چوب محکومیت

عیسی روایت کاملاً متفاوتی از نحوهٔ کمک به دیگران در ایجاد تغییر ارائه می‌دهد. او طی هشداری سفت و سخت و مَثَلی بامزه داوری کردن بر دیگران را به‌کلی رد می‌کند:

> «داوری نکنید تا بر شما داوری نشود. زیرا به همان‌گونه که بر دیگران داوری کنید، بر شما نیز داوری خواهد شد و با همان پیمانه که وزن کنید، برای شما وزن خواهد شد. چرا پر کاهی را در چشـــم برادرت می‌بینی، اما از چوبی که در چشم خود داری غافلی؟ چگونه می‌توانی به برادرت بگویی، ”بگذار پر کاه را از چشمت به‌در آورم“ حال آنکه چوبی در چشم خود داری؟ ای ریاکار، نخســـت چوب را از چشم خود به‌درآر، آنـــگاه بهتر خواهی دید تا پر کاه را از چشـــم برادرت بیرون کنی.» (متی ۷:۱-۵)

عیسـی نخست با این عبارت شروع می‌کند: «داوری نکنید تا بر شما داوری نشود.» بعضی‌ها این معنی را از آن استنباط کرده‌اند که اگر دیگران را داوری کنیم، فیض خدا از ما گرفته خواهد شد. اما عیسی چنین چیزی نمی‌گوید. او برای نشـــان دادن نکتهٔ مورد بحث خود مثال پیمانه را به‌کار می‌برد (با همان پیمانه که وزن کنید، برای شـــما وزن خواهد شد). یعنی دیگــران را داوری نکنید، وگرنه ناگزیرید خودتان هم زیر داوری زندگی کنیـــد. در اینجا حرفی از خدا به میان نمی‌آید، بلکه دیگران هســـتند که با همان موشـــکافی ما را داوری خواهند کرد. وقتی ما کسی را داوری می‌کنیم، به احتمال زیاد همان شخص برگشته ما را به باد داوری می‌گیرد: «تو کی هستی که بر من داوری کنی؟ خودت هم قدیسی نیستی!» و البته که حق با او اســـت. فرقی نمی‌کند که داوری ما تا چه حد درست باشد، ما بی‌گناه نیستیم.

نمونه‌ای از چنین موردی بیاورید- اینکه کسی را داوری کرده‌اید یا مورد داوریِ دیگری قرار گرفته‌اید.

نکته اول عیسی روشن است: اگر کسی را داوری کردی، آماده باش تا در عوض داوری شوی. سپس عیسی تصویری خنده‌دار از داوری ارائه می‌کند، یعنی تظاهری که ما به هنگام داوری دیگران نشان می‌دهیم. زنی را تصور کنید که چوبی کلفت در چشم دارد و به مردی که خِلالی در چشمش فرو رفته پیشنهاد کمک می‌دهد. شنوندگان عیسی حتماً از تجسم طعن‌آمیز بودنِ آن وضعیت با صدای بلند خندیده‌اند.

مردم اغلب چوب را گناهکار بودنِ خودشان تفسیر می‌کنند، گویی عیسی می‌گوید: «تو کِه هستی که داوری کنی؟ تو خودت از همسایه‌ات گناهکارتری.» اما این منطقی نیست. آیا به‌راستی عیسی تعلیم می‌دهد که اگر در زندگی به طریقی از دست گناه خلاص شویم، آنگاه در موقعیتی قرار می‌گیریم که دیگری را داوری کنیم؟ اگر منظور از چوب گناهکار بودنِ خودمان است، پس راه‌حلش آن است که از گناه خلاص شویم تا بتوانیم دیگران را بهتر و مؤثرتر داوری کنیم! اما این بر خلاف مضمون تعلیم عیسی است. پس چوب در این مَثَل نماد چیست؟

چوب، گناهکار بودنِ ما نیست، بلکه عملِ *داوری* است. داوری کردنِ دیگران، کمک کردن به آنها را ناممکن می‌سازد. حتی اگر نیت خیر باشد، روش اشتباه است. راه کمک کردن به حل مشکل یک فرد، داوری کردنِ او نیست. داوری ما را کور می‌کند و نمی‌گذارد راه بهتر را برگزینیم.

خوک‌ها و مرواریدها: چرا محکوم کردن مؤثر نیست

من خوب می‌دانم که تفسیرم از متی ۷:۱-۵ و همچنین سه بخش متعاقب آن، با تفسیر خیلی‌ها فرق دارد. بعضی‌ها به من گفته‌اند: «فکر کنم با تفسیر تو موافق باشم، اما این با آنچه به من تعلیم داده‌اند فرق می‌کند. چرا تا این اندازه سوءبرداشت وجود دارد؟» برای پاسخ به این پرسش دلایل بسیاری هست، اما دلیل اصلی این است که ما نوشته‌ای باستانی را

که به زبانی دیگر است، بررسی می‌کنیم. من بر این باورم که همهٔ عباراتی که در این باب مطالعه می‌کنیم زیر عنوان "داوری کردن دیگران" جای می‌گیرند، اما سایرین آن را زیر موضوعاتی جداگانه دسته‌بندی می‌کنند. شاید من اشتباه کنم، اما از شما می‌خواهم که ذهن‌تان را نسبت به امکان وجود ارتباط میان این تعالیم باز کنید.

بسیاری بر این گمانند که متی ۶:۷ به بخش قبلی پیرامون داوری کردن، هیچ ربطی ندارد: «آنچه مقدس است، به سگان مدهید و مرواریدهای خود را پیش خوکان میندازید، مبادا آنها را پایمال کنند و برگردند و شما را بدرند.»

تقریباً همه این دو آیه را برای توصیف موقعیتی به‌کار برده‌اند که در آن کسی لیاقت ایده‌ها یا نظرات دیگری را ندارد. مردم می‌گویند: «مرواریدهایت را جلوی خوک‌ها نینداز»، که معنی‌اش این است: «حکمت و استعداد خودت را حرام آدم احمقی نکن که حرفت را نمی‌فهمد.» چندین پژوهشگر عهدجدید از این تفسیر طرفداری می‌کنند. اما به‌رغم استدلال‌های آنان، من به‌کلی با این مخالفم.

به‌زعم برخی از پژوهشگران، عیسی می‌گوید که ما نه باید زیادی سخت‌گیر باشیم نه زیادی سهل‌انگار. باید میان این دو تمایز قایل شویم. اگر حق با آنها باشد، پس متی ۶:۷ در تضاد کامل با ۱:۷–۵ قرار دارد. به‌عبارت دیگر: «دیگران را داوری نکنید. وقت‌تان را صرف کسانی نکنید که ارزشش را ندارند.» اما من تفسیر ساده‌تری را می‌پسندم.

عیسی به ما می‌گوید که نباید مروارید را به خوک بدهیم، نه به این خاطر که خوک بی‌ارزش است، بلکه چون *نمی‌تواند مروارید را هضم کند*. خوک مروارید نمی‌خورد! اگر کشاورز چند روز پیاپی جلوی خوک مروارید بریزد، خوک از فرط گرسنگی به او حمله می‌کند. درست است که خوک نمی‌تواند مروارید بخورد، اما آدم را که می‌تواند بخورد!

درست همان‌گونه که خوک نمی‌تواند مروارید را هضم کند، مردم هم نمی‌توانند داوری یا محکوم شدن را هضم کنند. اینها نیازهای مردم را برطرف نمی‌سازد؛ اینها هضم‌نشدنی است. حتی اگر داوری ما درست

باشد، رویکردمان اشتباه است. آنها همان‌طور از داوری استقبال می‌کنند که خوک از مروارید. داوری موجب رنجش آنان می‌شود. تلقی مردم از شخص داوری‌کننده، آدمی پرافاده است، نه شخصی مهربان و فهمیده. هیچ‌کس چنین آدمی را دوست ندارد یا واکنش مثبتی به او نشان نمی‌دهد.

آیا شما هم موافقید که محکومیت غیرقابل هضم است؟ چرا؟

یکی از لحظاتی که من همیشه آرزو می‌کنم که ای کاش می‌شد از اول رقم بزنم، زمانی است که با داوری کردن پسرم، احساساتش را جریحه‌دار ساختم. جیکوب سیزده‌ساله بود و عاشق بیسبال بازی کردن. سال قبل مربی‌اش به من گفته بود که او بهترین پرتاب‌کنندۀ تیم است و در دور مسابقات پایان فصل، باعث دو پیروزی در خانه شده بود. اما سال بعد به دلایل متعدد او بازی ضعیفی ارائه داد. او در میدان خطاهایی مرتکب شد. او در هر بازی دلسردکننده‌تر از بازی قبل ظاهر می‌شد. مربی او را آخرین پرتاب‌کنندۀ تیم قرار داد و این کارش تنها به اضطراب موجود افزود.

پس از یکی از بازی‌های بد تیم، من واقعاً از دست جیکوب عصبانی شدم چون او خطایی کرد. وقتی بازیکن حریف به‌دنبال توپ دوید، او همانجا سر جایش ایستاد. به‌نظر می‌رسید که او به‌کلی تسلیم شده و دست از تلاش کشیده است. در راه بازگشت به خانه سکوت حکمفرما بود. او از من خواست در جایی که همیشه برای خرید بستنی می‌ایستادیم، ماشین را نگه‌دارم، اما این بار من گفتم نه.

جیکوب پرسید: «چرا؟ چون من امشب بد بازی کردم؟»

با وجودی که او درست حدس‌زده بود، ولی من با حالتی تدافعی جواب دادم: «نه».

«پس چرا؟»

گفتم: «چون تو لیاقتش را نداری. چون به اندازۀ کافی تلاش نکردی. تو به اندازۀ کافی تمرین نمی‌کنی. گاهی فکر می‌کنم که تن‌پرور شده‌ای. زمانی را که باید صرف تمرین پرتاب توپ کنی، با بازی‌های ویدیویی تلف می‌کنی. بگذار یک چیزی به تو بگویم که شاید خوشت هم نیاید.

شـــاید تو اصلاً به درد بازی بیســـبال نمی‌خوری.» مـــن مرواریدهایم را پراکندم و بمب‌هایم را بر ســـرش ریختم، و در نتیجه، با ســـخنان تند و داوری روح او را درهم‌شکستم.

نگاهش کردم و قطره‌های اشک را دیدم که از گونه‌هایش فروچکید. ناگهـــان دلم فروریخت. اما هنوز خشـــمگین بودم، ولـــی چیزی نگفتم. به خاطر داشـــته باشید که خشم، احساســـی ثانوی است: ترس است که خشم تولید می‌کند- ترس من از اینکه بیسبال، چیزی که مایهٔ خوشحالی او و سربلندی من بود، تهدید شـــود. سعی کردم به خودم بگویم که کار درســـتی کردم و قصدم «بیدار کردن او» و «روشـــن کردن آتش» در زیر دیگش بوده است.

جیکوب نمی‌توانســـت مرواریدهای حکمت مـــن را هضم کند. آنها برای او هیچ سودی نداشتند. خوشبختانه، فردای آن روز عقلم سر جایش آمد و از او عذر خواستم. بدبختانه، بسیاری از والدین عذر نمی‌خواهند و فرزندان‌شان به‌مرور زمان تلخ‌کام می‌شوند. پولس می‌نویسد: «ای پدران، فرزندان خویش را تلخ‌کام مسازید، مبادا دلسرد شوند» (کولسیان ۳:۲۱). عجیب نیســـت که خیلـــی از فرزندان با حس بیزاری نســـبت به والدین بزرگ می‌شوند. بســـیاری از والدین آدم‌های خشک و متعصبی هستند و محدودیت‌های نامنصفانه‌ای را به فرزنـــدان تحمیل می‌کنند و چیزهایی را که برای آنها جدی اســـت به تمسخر می‌گیرند و در مورد دوستان‌شان توهین‌آمیز صحبت می‌کنند. من نباید تعجب کنم از اینکه فرزندانم دوستان و خانواده‌هایی را ترجیح می‌دهند که آنها را داوری و محکوم نمی‌کنند.

اِعمال محکومیت در خانواده‌ها فراگیر اســـت، و این به خوبی نشان می‌هد که چرا خیلی‌ها نمی‌توانند حتی چند دقیقه، جمع بزرگ خانوادگی را تحمل کنند. من به کرات این موضوع را در مراسم ازدواجی که خودم انجام‌شـــان داده‌ام، شـــاهد بوده‌ام. یکی اگر فلان و بهمان بشود نخواهد آمد، دیگری تنها به‌شـــرطی خواهد آمد که بتواند دور از فلان عضو دیگر خانواده بنشـــیند. اِعمال محکومیت درســـت مثل خوراندن مروارید به خوک است. به روابط انسانی لطمه می‌زند و این روابط را از هم می‌پاشد.

داوری نکنید؛ بخواهید و دعا کنید

تا اینجای کار، عیسی دلایل فراوانی برای داوری نکردن دیگران داده است: اول اینکه، باعث برانگیختن خشم و داوری متقابل می‌شود. دوم، محکوم کردن، همچون چوبی در چشمان ما، نمی‌گذارد به دیگران کمک کنیم. سوم آنکه، مغذی نیست، چون هضم‌ناشدنی است. اگر بتوانیم از داوری دست بکشیم، می‌توانیم به دیگران کمک کنیم. با فرض اینکه گام مهم اول را برداشته‌ایم، روش صحیح برای کمک به فرد دیگر چیست؟ پاسخ را می‌توان در آیات زیر یافت:

> «بخواهید، که به شما داده خواهد شد؛ بجویید، که خواهید یافت؛ بکوبید، که در به روی‌تان گشوده خواهد شد. زیرا هر که بخواهد، به‌دست آورد و هر که بجوید، یابد و هر که بکوبد، در به رویش گشوده شود. کدامیک از شما اگر پسرش از او نان بخواهد، سنگی به او می‌دهد؟ یا اگر ماهی بخواهد، ماری به او می‌بخشد؟ حال اگر شما با همه بدسیرتی‌تان، می‌دانید که باید به فرزندان خود هدایای نیکو بدهید، چقدر بیشتر پدر شما که در آسمان است به آنان که از او بخواهند، هدایای نیکو خواهد بخشید.» (متی ۷:۷-۱۱)

اکثر مردم این قسمت را طوری می‌خوانند که انگار با آیات قبلی هیچ ربطی ندارند، گویی عیسی به‌طور ناگهانی از روی موضوع داوری به موضوع دعا می‌پرد. اگرچه این قسمت دربارهٔ دعا است، اما من گمان نمی‌کنم که عیسی موضوع بحث را عوض کرده باشد. هنوز موضوع کمک کردن به دیگران، به قوت خود باقی است. عیسی، پس از اینکه شیوهٔ ناصحیح کمک به دیگران را شرح می‌دهد، حال می‌گوید که چگونه می‌توانیم برای دیگران منشأ فایده باشیم، که با دعا شروع می‌شود.

اول باید چوب را از چشمان خود بیرون آوریم؛ یعنی باید از داوری کردن یا اِعمال محکومیت خودداری کنیم. ما خدا نیستیم؛ داوری ما

اغلب نادرست است و هیچ کمکی به مردم نمی‌کند. باید خودمان را بیازماییم، و اگر چوبی در چشم داریم، با مدد روح‌القدس و شاید یکی از هم‌شاگردان در مسیح، کار کردن روی آن را آغاز کنیم. بعد می‌توانیم از شخصی که نیازمند تغییر دادن چیزی است بپرسیم که چه کمکی از دست ما ساخته است. البته که بهترین روش کمک به دیگری در این سه کلمه یافت می‌شود: *بخواهید، بجویید و بکوبید.* به یاد داشته باشید، که عیسی اگرچه دربارهٔ دعا کردن سخن می‌گوید، اما این سخنان در زمینهٔ کمک به دیگران بیان می‌شوند. بیایید هر واژه را به‌طور خلاصه بررسی کنیم و ببینیم برای کمک کردن از طرق عملی چه کارهایی از ما ساخته است.

بخواهید. هنگام کمک به دیگران، اولین اقدام، دعا کردن برای آنها است. وقتی برای کسی دعا می‌کنیم، قلب‌مان متوجه صحت و سعادت او می‌شود؛ غیرممکن است که این کار با احساس شفقت نسبت به او آغاز نشود. دعا همچنین کمک می‌کند موقعیت شخص دیگر را دقیق‌تر ارزیابی کنیم. من بارها برای کسی دعا کرده‌ام و روح‌القدس به ملایمت مرا در مواردی اصلاح کرده است. برای مثال، ممکن است تصور کنم که فلان شخص ضعف خاصی دارد، پس فرض می‌کنم که باید برای او دعا کنم تا بر آن ضعفش غلبه کند. اما روح‌القدس اغلب توجه مرا معطوف به دلایل زخم عمیقی می‌کند که باعث شده از از آن شخص فلان رفتار سر بزند. وقتی این را حس می‌کنم، دعایم از رفتار شخص به‌سوی زخمی که عامل آن رفتار بوده متوجه می‌شود و از روح‌القدس می‌خواهم تا نه فقط رفتار آن شخص را تغییر دهد، بلکه شفایش را هم آغاز کند.

دعا موهبتی گران‌بها از جانب خدا است که دستِ‌کم از سه جهت به ما کمک می‌کند. اولین و مهمترین آنها این است که ما از خدا دعوت می‌کنیم تا به شرایط موجود قدم بگذارد. ما تنها نیستیم، بلکه در تلاش برای کمک به دیگران با خدا همکاری می‌کنیم. دوم اینکه با احساس شفقت بیشتر و انتقاد کمتر آغاز می‌کنیم. سوم، از حکمتی برخورداریم که خدا در اختیارمان قرار داده است. در دعا خدا رهنمودها و چشم‌اندازهایی

فراهم می‌سازد که خودِ ما از آنها بی‌بهره‌ایم. تی. دبلیو. منسن[1] می‌گوید: «داوری کردنِ انسان تماماً در دستان خدا است، زیرا اوست که به اسرار دل انسان واقف است.» بارها پیش آمده که در حین دعا برای کسی، ناگهان در ذهنم نوری تازه نسبت به وضعیت او تابیده است. از همین روست که عیسی به ما می‌گوید که با خواستن آغاز کنیم.

پس از دعا برای شخص، در موقعیتی قرار می‌گیریم که بتوانیم با او در مورد وضعیتش که موجب نگرانی ما شده قدری صحبت کنیم. من دریافته‌ام که وقتی در پادشاهی خدا استوار می‌ایستم و برای مردم دعا می‌کنم، آنها به آنچه باید بگویم پذیراتر گوش می‌کنند. اما مراقب باشید که این کار باید زمانی انجام گیرد که ما زمان زیادی را صرف دعا برای ایشان کرده باشیم.

بجویید و بکوبید. پس از آن عیسی به ما می‌گوید که بجوییم و بکوبیم. هر دوی این کلمات از دو جهت بر پشتکار دلالت می‌کنند. اول اینکه ما باید در دعا پشتکار داشته باشیم. دوم اینکه لازم است با کسی که در کنارش ایستاده‌ایم، ارتباط برقرار کنیم. به خاطر داشته باشید، داوری کردنْ دیگران مثل این است که دور بایستیم و نارنجک را پرتاب کنیم. در پادشاهی خدا ما در اتحاد با شخص دیگر زندگی می‌کنیم. گرفتاری برادرم، گرفتاری من هم هست. بدین‌ترتیب، محبت‌مان را با پشتکار در دعا برای شخص و فهماندن این مطلب به او که دیگر تنها نیست، نشان می‌دهیم. این کار را می‌توان از طریق فرستان یک کارت تشویق‌آمیز الکترونیکی، یا با تلفن زدن به او انجام داد.

اکثر گرفتاری‌های ما و دوستان‌مان یک‌شبه برطرف نمی‌شوند. بر اکثر مشکلات با یک دعای تنها نمی‌توان فایق آمد، نه بدین‌خاطر که خدا توانایی کافی ندارد یا دعاهای ما به اندازهٔ کافی خوب و گیرا نیستند، بلکه چون تغییر غالباً به آهستگی انجام می‌پذیرد. عیسی به ما می‌گوید که اغلب پشتکار و ایستادگی در دعا ضروری است. دعای مصرانهٔ ما نشانهٔ

1. T. W. Manson

بی‌ایمانی نیست، بلکه نشانهٔ محبت و تعهد ماست. عیسی به ما می‌گوید که خدا نیکوست، حتی نیکوتر از پدران زمینی که از فرزندان‌شان مراقبت می‌کنند. خدا می‌خواهد به ما هدایای نیکو ببخشد، و از قرار معلوم عزم راسخ و پشتکار در دعا کلید عمل کردنِ خدا در زندگی ما یا زندگی کسانی است که برای‌مان اهمیت دارند.

آیا این تفسیر از «بخواهید، بجویید و بکوبید» برای شما قابل فهم هست؟ دلیل را توضیح دهید.

کلام آخر در باب داوری کردن دیگران

عیسی این بخش از موعظهٔ بالای کوه را با معروف‌ترین سخنانش پایان می‌دهد: «پس با مردم همان‌گونه رفتار کنید که می‌خواهید با شما رفتار کنند. این است خلاصهٔ تورات و نوشته‌های انبیا» (متی ۷:۱۲)، که ما آن را «قانون طلایی» می‌نامیم.

بیشتر مردم موعظهٔ بالای کوه را به مثابه مجموعه‌ای درهم از بهترین سخنان عیسی می‌خوانند. در صورتی که ما اهمیت نظم و ترتیب را در این موعظه بررسی کردیم، و قانون طلایی هم نمونهٔ دیگری است از نظم و ترتیبی که در تعلیم عیسی وجود دارد. قانون طلایی پایانی است باشکوه بر سخنان عیسی در باب اِعمال محکومیت، و آخرین کلام او این است که چنان با دیگران رفتار کنیم که دوست داریم با ما رفتار کنند. این صریح‌ترین حملهٔ او بر ضد داوری کردن دیگران است، چون به ما یادآور می‌شود که خودمان تا چه اندازه از داوری شدن بیزاریم.

من وقتی لازم می‌بینیم کسی را اصلاح کنم، از خودم می‌پرسم: *اگر من بودم دوست داشتم چگونه با من برخورد کنند*؟ این مرا از انجام طبیعی‌ترین راهکارم (داوری کردن) بازمی‌دارد، چون وقتی دیگران من را داوری می‌کنند، هیچ خوشم نمی‌آید. اگر ما از قانون طلایی پیروی می‌کردیم، هرگز دیگران را داوری نمی‌کردیم. جان وسلی می‌گوید: «با دیگری کاری نکنید که دوست ندارید با شما بکند؛ بدین‌سان، هرگز

همسایهٔ خود را داوری نخواهید کرد ... هرگز حتی خطای واقعیِ شخص غایب را بر زبان نخواهید آوَرد.» اگر می‌خواهیم به آنان کمک کنیم، می‌توانیم برای‌شان دعا کنیم، برای کمک کردن از آنها اجازه بگیریم و کنارشان بایستیم، ولی هرگز نباید داوری‌شان کنیم.

راهی جدید، راهکاری بهتر

من این فصل از کتاب را با داستانی دربارهٔ مارک آغاز کردم، که برای تصمیم‌گیری در مورد نحوهٔ برخورد با رفتار بد دوستش از من درخواست کمک کرده بود. من از او خواستم کتاب‌مقدسش را بیاورد و با هم به تعلیم عیسی پیرامون داوری کردن دیگران (متی ۷:۱-۶) نگاهی انداختیم. دیدیم که داوری کردن خشم طرف مقابل را برمی‌انگیزد و تقریباً همیشه در ایجاد تغییر واقعی عقیم می‌ماند (متی ۷:۷-۱۱). همچنین توضیح دادم که روش عیسی برای کمک به کسانی که فکر می‌کنیم نیازمند تغییرند، این‌گونه است (متی ۷:۱۲). مارک آماده شده بود تا به دوستش بتازد و فهرستی از تخلفاتش را برشمرده، بگذارد خودِ داوری، فرایند تغییر را در او به انجام برساند. من او را متقاعد کردم که این کار غیرمؤثر است، و به احتمال زیاد به‌طرز جبران‌ناپذیری به دوستی‌شان لطمه وارد خواهد ساخت.

او پرسید: «پس، باید چکار کنم؟»

گفتم: «یک هفته را صرف دعا برای دوستت بکن. در مورد وضعیت یا اینکه چگونه دوستت را اصلاح کنی دعا نکن. فقط برایش دعا کن، برای سلامتش، برای رابطه‌اش با خدا.»

«خوب. بعدش چی؟»

جواب دادم: «بعد، دوباره هفته بعد همدیگر را می‌بینیم، همین موقع، همین رستوران.»

پرسید: «اما پس تکلیف فهرستم چه می‌شود؟ برخوردم با او؟»

گفتم: «هنوز وقتش نیست. فعلاً فهرستت را توی کشو بگذار. فقط یک هفته برای او دعا کن؛ سپس وارد مرحلهٔ بعدی خواهیم شد.»

هفتـــهٔ بعد با هم ناهار خوردیم، و به جرأت می‌توانم بگویم که مارک خیلی عوض شـــده بود. او دیگر برآشفته نبود؛ آرام به‌نظر می‌رسید. از او پرسیدم که آیا برای دوســـتش دعا کرده یا نه، و او گفت که دعا کرده. او گفـــت: «جیم، دعا کردن برای او همه چیز را تغییر داد. من نســـبت به او احساس شـــفقت بیشتری می‌کنم، و دیگر احساس نمی‌کنم که باید به او حمله کنم. البته هنوز احساس می‌کنم که مایلم در مورد این موضوع با او حرف بزنم. حالا قدم بعدی چیست؟»

پرســـیدم: «روش عیسی را که دفعهٔ پیش در موردش صحبت کردیم، یادت هست؟»

«بله. اول خواستن است. من فکر کنم می‌دانم باید چه کار کنم.»

دو هفتهٔ دیگر هم به همین منوال با هم ملاقات کردیم، و او با هیجان برایم تعریف می‌کرد که اوضاع با دوســـتش به چطور پیش رفته اســـت. مارک داســـتانی را گفت که باعث شد یک‌بار دیگر در برابر تعلیم عیسی ســـر تعظیم فرود بیاورم. او گفت که طی مدتی که دوستش سفرهٔ دلش را برایش بازکرد و از گذشته‌اش ســـخن گفت، او کماکان به پشتیبانی از او ادامه داد. دوست مارک به او گفته بود که پدری ناسزاگو و بدخلق داشته. دوســـت مارک بدون اینکه او برای برانگیختنش تلاشی کرده باشد گفته بود که می‌ترسد الگوی پدرش در او تکرار شود. او از مارک تشکر کرده بود که به او اجازه داده سفرهٔ دلش را پیش او بگشاید و از او خواسته بود طی سفر تغییر همچنان همراهش باشد.

مارک با این جملات به گفته‌هایش پایان داد: «من از اینکه از راهکار عیســـی، نه از راهکار خودم، پیروی کردم بسیار شکرگزارم. اگر فهرستم را جلویش گذاشـــته بودم و به او حمله کرده بودم، حتی با روحیهٔ محبت مســـیحی، حتماً نتیجهٔ معکوس می‌داد. من هرگز در مورد پدرش چیزی نمی‌دانستم، و حالا خیلی بهتر او و گرفتاری‌اش را می‌فهمم.»

البته همهٔ داســـتان‌ها به ایـــن خوبی پایان نمی‌یابند. موارد بســـیاری بوده که من از راهکار عیســـی استفاده کرده‌ام و دستِ‌کم تا جایی که من می‌توانم بگویم، در ایجاد تغییر، هیچ موفقیتی هم حاصل نشـــده اســـت.

بعضی‌ها برای تغییر آمادگی ندارند. دل آنان از درون سخت شده است. با وجود این، روش عیسی برای کمک کردن به دیگران به مراتب بهترین روش است. داوری کردن دیگران وسوسه‌انگیز است، اما در درازمدت موفقیت‌آمیز نخواهد بود. راهکار بهتر، دعا کردن و ایستادن در کنار کسانی است که برای ما اهمیت دارند. در یک کلام، ما با آنها به‌گونه‌ای رفتار می‌کنیم که دوست داریم با ما رفتار کنند. هیچ معلم دیگری در طول تاریخ نتوانسته در فراست و حکمت از عیسی گوی سبقت برباید.

در مورد روش اصلاحی عیسی چه فکر می‌کنید؟ آیا این روش نسبت به داوری شانس بیشتری برای موفقیت ندارد؟ چرا؟

پیش‌تر به زمانی اشاره کردم که مرواریدهای داوری را نثار پسرم، جیکوب کرده بودم. این را هم گفتم که آرزو می‌کردم ای کاش فرصتی پیش بیاید تا همه چیز را از اول به‌گونه‌ای دیگر رقم بزنم. ما نمی‌توانیم زمان را به عقب برگردانیم، اما می‌توانیم اشتباهات گذشته را جبران کنیم. با وجودی که آن شب من به‌کلی دلسرد شده بودم، اما وقتی به خانه رسیدم دوش گرفتم، یک فنجان قهوه نوشیدم و دعا کردم. در خلال دعا روح‌القدس روش درستِ اصلاح دیگران را به یادم آورد، و من در این فکر فرو رفتم که اگر جای پسرم بودم دوست داشتم با من چگونه رفتار کنند. حتی پیش از اینکه به خواب بروم، پاسخ در ذهنم پدیدار شده بود.

به اتاق جیکوب رفتم و با هم نشستیم و حرف زدیم. من از او عذرخواهی کردم و او هم پذیرفت. بعد گفتم: «رفیق، در مورد این فصل از مسابقات چه احساسی داری؟» او گفت که تا چه اندازه نومید و مضطرب است. در این باره با هم حرف زدیم که وقتی اوضاع بد پیش برود، این احساس کاملاً طبیعی است، اما به این موضوع هم پرداختیم که برای تغییر دادن اوضاع چه می‌توانیم بکنیم، که جواب، تمرین کردنِ بسیار بود. من به او گفتم: «می‌خواهم بدانی که در هر شرایطی کنارت هستم. هر کاری از من بخواهی برایت انجام می‌دهم.» او گفت که از من می‌خواهد با او تمرین کنم، برایش توپ بیندازم تا او بزند و بدین‌ترتیب،

او بتواند روی ضرباتش بیشتر کار کند. طی یک ماه آینده زمان زیادی را زیر آفتاب سوزان تابستان صرف این قبیل تمرین‌ها کردیم. او کم‌کم از حالت رخوت بیرون آمد و اعتمادبه‌نَفْسش بالا رفت. حالا دیگر بازی مثل گذشته برایش لذت‌بخش شده بود.

من از این رویداد خیلی چیزها آموختم. اگر ما واقعاً می‌خواهیم شاهد تغییر در مردم باشیم، باید با میل و رغبت دوشادوش آنها بایستیم و با آنان تشریک مساعی کنیم، و وقت و انرژی خودمان را برای آنها فدا کنیم. من خدا را شکر می‌کنم که از امتیاز دعا کردن و دیگر منابع پادشاهی خدا برخوردارم. حتی اگر مشکل جیکوب برطرف هم نمی‌شد، باز برکت زیادی شامل حال ما شده بود. ما آموختیم که باید در سراسر عمر سخت‌کوش بود، و در ضمن رابطهٔ من و پسرم هم نزدیک‌تر شد. بنا کردن زندگی روی فرمان‌های عیسی، گرچه گاه چالش‌انگیز، اما بنا کردن بر بنیانی استوار است.

پرورش روح

یک روز فارغ از غیبت

در سراسـر دوره‌های شاگردی، ما بر اساس همین اصول ابتدایی کار کرده‌ایـم: آنچه را که می‌توانید انجام دهیـد، نه آنچه را که نمی‌توانید؛ از همان جایی که هستید شـروع کنید، نه از آنجایی که می‌خواهید باشید؛ به‌سـوی تغییر، گام‌های کوچک و عملی بردارید، نه قدم‌های محال که منجر به شکسـت می‌شـوند. با توجه به مطالب بالا، این هفته از شـما می‌خواهـم روی حیطه‌ای از زندگی‌تان کار کنید که اغلب به‌عنوان «گناه قابل قبول» با آن کنار می‌آییم: غیبت.

غیبت شـاید فراگیرترین شکل داوری باشـد. من غیبت را این‌گونه تعریف می‌کنم: (۱) بدگویی (۲) در مورد کسی که حضور ندارد. غیبت از دو رکن مذکور تشـکیل شـده است. اگر شـما چیز نیکویی بگویید («جان در کارش ترفیع گرفته؛ او کارگر سخت‌کوشی است»)، یا اگر خود شخص حضور داشته باشد («شنیدی جان ترفیع گرفته؟ جان، بهش بگو، یا اگر دلت می‌خواهد من بگویم؟»)، این دیگر غیبت نیست.

این هفته سـعی کنید از یک تا سـه روز غیبت نکنید. چشم‌پوشی از غیبت برای یک روز هم ممکن اسـت چالش‌انگیز باشد، اما تلاش کنید دستِ‌کم سه روز بدون بدگویی در مورد کسی که حضور ندارد، زندگی کنید.

جان وســلی، از شــاگردان جدیِ عیسی، گروه‌های ســه تا پنج نفره تشکیل داده بود و نامشان را دسته[1] گذاشته بود. در میان قوانینی که وسلی برای این دسته‌ها وضع کرده بود، این یکی چشم‌گیر است: «خطای کسی را پشت سرش بر زبان نیاورید، و اگر کسی چنین می‌کند، حرفش را قطع کنید.» بخش اول این قانون با تعریف من از غیبت (ذکر خطای شــخص غایب) همخوانی دارد، ولی من مشــخصاً از قسمت دومش (قطع کردنِ حرف غیبت‌کننده) خوشــم می‌آید. دوست دارم که شما قسمت دوم را هم انجام دهید. وقتی می‌بینید کســی غیبت می‌کند، میان حرفش پریده، مثلاً بگویید: «بهتر است پشت سر شخص غایب حرفی نزنیم.»

شــاید از نگاه فرد غیبت‌کننده شما حق به‌جانب به‌نظر برسید، به‌ویژه اگر بداند که خودِ شــما هم اهل غیبت کردنید. اگر احساس کردید چنین برداشتی از حرف‌تان می‌شــود، (۱) جمع غیبت‌کنندگان را ترک کنید یا (۲) از پیوستن به غیبت‌کننده بپرهیزید و زود موضوع صحبت را عوض کنید. من متوجه شده‌ام که مقاومت، مقاومت بار می‌آورد. به‌عبارت دیگر، وقتی می‌بینیم کســی از غیبت کردن می‌پرهیزد، به ما یادآور می‌شود که غیبت کار غلطی است و کمک‌مان می‌کند همانجا از غیبت بپرهیزیم. مت جانسن، یکی از دوستانم این روش را مفید می‌داند: پیش از آنکه غیبت از کنترل خارج شود، او با گفتن مطلبی مثبت دربارهٔ شخصی که به او حمله شــده، موضوع را عوض می‌کند: «خب، تام من به اندازهٔ تو اطلاع ندارم، اما به‌نظرم او واقعاً آدم گشاده‌دســتی اســت.» به‌قول مت، این کار مسیر گفتگو را تغییر می‌دهد و معمولاً جلوی غیبت را می‌گیرد.

پس از سال‌ها، اکنون ماهیت مخربِ غیبت را بهتر درک می‌کنم. گاهی اوقات ما با غیبت با اغماض برخورد می‌کنیم چون احساس نمی‌کنیم که گناه هولناکی باشد. حتی با گذاشــتن نام‌هایی از قبیل: "ارزیابی، وصف حال، یا شــریح وضعیت" روی غیبــت، آن را موجه جلوه می‌دهیم. البته برخی مواقع از شــما می‌خواهند در مورد شــخصی غایب، حقیقت را

1. Band

بگویید. برای مثال، بارها شده که از من خواسته‌اند مُعرفِ کسی باشم، و من موظفم که راستی و صداقت را رعایت کنم. وقتی از من در مورد قابل اعتماد بودن کسی می‌پرسند که بنا بر تجربهٔ من غیرقابل اعتماد است، من باید حقیقت را بگویم. این دیگر غیبت نیست.

به‌رغم این هشدار، من اعتقاد دارم که اکثر ما دقیقاً می‌دانیم چه چیزی غیبت است و چه زمانی خودمان یا کسی دیگر مشغول غیبت کردنیم. حتی وقتی سعی می‌کنم آن را زیر پوشش «روراست بودن در مورد یک شخص» پنهان سازم، ته دلم می‌دانم که می‌خواهم آن شخص را بکوبم. یکی از مهربانانه‌ترین کارهایی که می‌توانیم در حق دیگران بکنیم این است که با لب فروبستن و توکل به خدا برای کمک به حفظ سکوت‌مان، از غیبت کردن بپرهیزیم. باز تکرار می‌کنم: ما با آنچه می‌توانیم آغاز می‌کنیم، نه آنچه که نمی‌توانیم. پیشرفت در زندگی روحانی بدین‌ترتیب، عمل می‌کند. من ایمان دارم که شما می‌توانید بدون غیبت کردن زندگی کنید. و وقتی این‌گونه زندگی کنید، اطمینان دارم که خودتان خواهید دید که توانایی و ظرفیت زندگی کردن بدون غیبت را دارید.

فصل دوازدهم

روز به روز زندگی کردن در پادشاهی خدا

نشستن در برابر آتش در یک روز برفی، آرامش خاصی به انسان می‌دهد. در واقع، همین حالا که مشغول نگارش این کلمات هستم، مقابل شومینه نشسته‌ام و بیرون خانه، دانه‌های درشت برف می‌بارد. نشستن کنار آتش گرم برای من تجربه‌ای است که به غنای روحم کمک کرده است. سده‌هاست که برافروختن آتش و روشن نگاه داشتن آن به‌عنوان تمثیلی سودمند برای زندگی روحانی به کار رفته است. توماس کلی[1] استاد دانشگاه و نویسندهٔ بزرگ کویکر، در مورد «افروختن شعلهٔ مذبح درون»[2] نوشته و آن را به‌عنوان تصویری از پرورش زندگی مبتنی بر دعا به خوانندگان ارائه داده است. مادام گویون[3] و جان وسلی هم برای نشان دادن همکاری مشترک میان خدا و انسان، از تمثیل آتش بهره گرفته‌اند. آنها صحبت از این کرده‌اند که چطور باید شرایطی به‌وجود بیاوریم و تمهیداتی در نظر بگیریم و مذبح را آماده کنیم، اما فقط خداست اخگری که شعلهٔ جان ما را برمی‌افروزد.

---

1. Thomas Kelly; 2. Burning the Flame of the Inner Sanctuary; 3. Madame Guyon

از نظر من، تصویر عمارت و روشـــن نگاه داشتن آتش مثالی است کامل از آنچه که می‌تواند طراوت زندگی با خدا را حفظ کند. در گذشته، نخســـتین وظیفهٔ والدین این بود که صبح زود برخاســـته، در اجاق آتش روشن کنند. در طول روز کسی مأمور می‌شد تا هیزم روی آتش بگذارد، تا آتش تندتر شـــود. اگر کسی از آتش مراقبت نمی‌کرد، خاموش می‌شد. زندگی مبتنـــی بر دعا نیز بدین‌ترتیب، عمل می‌کند. هر روز صبحگاهان، نیم‌ساعتی را به دعای خصوصی می‌گذرانم. آتش، هر روزه بدین‌ترتیب، روشن می‌شـــود. من از طریق پرستش، شکرگزاری، یادآوری، ستایش و تســـلیم، با خدایی که خود را برای من قربانی ساخت خلوت می‌کنم، و خودم را به راهنمایی و خواستش می‌سپارم.

اما کار به همین‌جا ختم نمی‌شـــود. درست مانند آتش اجاق، باید در طول روز هیزم بر آتشـــدان بگذارم. من هر دو یا سه ساعت یک‌بار مدتی کوتاه دســـت از کار می‌کشـــم و کتاب‌مقدس می‌خوانم یا چند دقیقه‌ای را صرف خواندن کتابی روحانی، نظیر *سرمشـــق گرفتن از مسیح*[1] نوشتهٔ توامس آ کمپیـــس[2] می‌کنم. اینها هیزم‌هایی هســـتند که آتش موجود را فروزان و شـــعله‌ور نگاه می‌دارند. شبانگاهان، پیش از خواب، صفحاتی از یک کتاب مســـیحی دیگر می‌خوانم، دقایقـــی قلبم را می‌کاوم، در دعا روز را مرور می‌نمایم و بعـــد در حضور آرامش‌بخش خدا می‌خوابم. نه بـــه این‌خاطر که محبت و برکت خدا را کســـب کنم؛ یا برای خلاصی از عقوبت یا جلب توجه دیگران با پرهیزکاریَم. بلکه تا آتش را روشن نگاه دارم. من این کارها را می‌کنم چون از لحاظ روحانی ضعیفم. بدون اینها نمی‌توانم زندگی مؤثر و شاد مسیحی داشته باشیم. همچنین برای تغذیهٔ روحم به اوقات پرستش هفتگی، مشارکت و مجموعه‌ای از انضباط‌های دیگر نیازمندم. اگر اینها را نادیده بگیرم، روحم نحیف می‌شود. فقط این را می‌دانم که برای شاگردی عیسی راه دیگری وجود ندارد.

1. Imitation of Christ; 2. Thomas à Kempis

دو روایت نادرست

۱) *مهم، ایمان داشتن به عیسی است، نه داشتن رابطه‌ای پیشرونده با او.* هنوز چیزی از مسیحی‌شدنم نگذشته بود که تحت تعلیم و تربیت ریچارد فاستر، معلم و نویسندهٔ برجستهٔ پرورش روحانی مسیحی، قرار گرفتم. ریچارد به من آموخت که چگونه دعای خصوصی، مطالعهٔ آثار عبادی، کتاب‌مقدس و غیره را دنبال کنم. او این روش را با زندگی خودش به‌عنوان الگو و نیز معرفی استادان برجسته در گذشته، به من آموخت. من از الگوی آنان پیروی کردم و دمیدن حیات و قوت روح‌القدس را در وجودم تجربه کردم. من یک زندگی بسیار واقعی و صمیمانه با خدا سامان دادم. در آن دوره هنوز نوایمان بودم، از این‌رو تصور می‌کردم که همهٔ مسیحیان چنین زندگی‌ای دارند.

من اشتباه می‌کردم.

بعدها آموختم که سالکانِ در مسیح و پادشاهی خدا، استثنا هستند، نه قاعده. برخی برآورد کرده‌اند که تنها ۱۰٪ از مسیحیان فعالانه و بر مبنای برنامهٔ روزانه، رابطهٔ خود را با خدا سامان می‌دهند. چرا؟ دلایل زیادی وجود دارد. بسیاری از مسیحیان آموخته‌اند که داشتن رابطه با عیسی چندان هم مهم نیست. چیزهایی از قبیل دعای شخصی، مطالعهٔ کتاب‌مقدس، خلوت‌گزینی، خواندن آثار مسیحی و خدمت کردن به دیگران به‌ندرت آموزش داده می‌شوند، و از این‌رو، فقط در زمرهٔ ممارست‌های مسیحیان غیور و ممتاز محسوب می‌شوند.

۲) *تنها راه سلوک مسیحی، رعایت همهٔ احکام است.* این روایت نیز در بروز مشکل سهم دارد. در برخی از محافل مسیحی پیام غالب این است که زندگی مسیحی یعنی رعایت همهٔ قوانین درست. همه چیز بر رعایت احکام خاص متمرکز است. اما جان ما تشنهٔ چیزی عمیق‌تر از فهرست امر و نهی‌ها است.

هیچ‌یک از دو روایت بالا درست نیستند. اولی انضباط روحانی را غیرضروری می‌بیند. دومی آنها را اجباری می‌انگارد. هر دو یک عنصر

کلیدی را از قلم انداخته‌اند: رابطه. آنچه به‌راستی اهمیت دارد رابطه با عیسی، و شاگردیِ او است. طبیعتاً داشتن رابطه با عیسی شامل انضباطی است که به پرورش آن رابطه (بر خلاف روایت اول) منجر می‌شوند. ولی مهم، خودِ رابطه است، نه آداب یا انضباط‌ها (بر خلاف روایت دوم). تمرین‌های روحانی آدابی حکیمانه‌اند که زندگی ما را با خدا ارتقا و بهبود می‌بخشند، اما خودشان نشان لیاقت روحانیِ تعیین‌کنندهٔ احساس خدا نسبت به ما نیستند. شاگردان عیسی می‌آموزند که چگونه با عیسی باشند تا شبیه او شوند، و این کار با آموختنِ سلوک در او انجام می‌پذیرد.

روایت عیسی: در من بمانید و میوه بیاورید

راز داشتن زندگی بانشاط مسیحی، سلوک در عیسی است. برای کامل و شاد بودن هیچ راه دیگری جز زندگی در اتکای کامل به عیسی وجود ندارد. او تمثیل تاک و شاخه‌ها را برای توصیف چگونگی رابطه و زندگی شاگردانش با او به‌کار برد:

> «من تاک هستم و شما شاخه‌های آن. کسی که در من می‌ماند و من در او، میوه بسیار می‌آورد؛ زیرا جدا از من، هیچ نمی‌توانید کرد.
> اگر کسی در من نماند، همچون شاخه‌ای است که دورش می‌اندازند و خشک می‌شود. شاخه‌های خشکیده را گرد می‌آورند و در آتش افکنده، می‌سوزانند.
> اگر در من بمانید و کلام من در شما بماند، هر آنچه می‌خواهید، درخواست کنید که برآورده خواهد شد.
> جلال پدر من در این است که شما میوه بسیار آورید؛ و این‌گونه شاگرد من خواهید شد.» (یوحنا ۱۵:۵-۸)

تمثیل تاک و شاخه‌ها بیان‌کنندهٔ ضرورت مرتبط ماندن با عیسی است. شاخهٔ بریده از تاک، در واقع، رشتهٔ حیاتش بریده شده، نمی‌تواند

ثمر بیاورد؛ ثمری که از آغاز برایش در نظر گرفته شده بود. به همین ترتیب، مسیحیِ جدا از عیسی پیوندی با حیات و قدرت او ندارد، و نمی‌تواند ثمرهٔ روح (محبت، شادی، آرامش، صبر، مهربانی، نیکویی، وفاداری، فروتنی و خویشتنداری) به بار آورد.

اکثر ما زندگی شادمان را دوست داریم. اکثر کسانی که من می‌شناسم، دوست دارند که به‌عنوان آدم‌های خوب از ایشان یاد شود. کسی را نمی‌شناسم که از آرامش بیزار باشد. عیسی می‌گوید که اگر در او سلوک کنیم، اینها عملاً جزو زندگی و شخصیت ما خواهند شد. اما جدا از او هیچ نمی‌توانیم بکنیم؛ چنانکه شاخهٔ بریده نمی‌تواند ثمر بیاورد، ما هم نمی‌توانیم ثمری به بار آوَریم.

ما چگونه در عیسی سلوک می‌کنیم؟ سلوک در عیسی چگونه است؟ در کتاب *خدای خوب و زیبا* موضوع را چنین شرح دادم: «سلوک (ماندن) یعنی آرام گرفتن در عیسی و اتکا به او، که بیرون از ما و در صدد داوری ما نیست، بلکه در درون ماست و به ما قوت می‌بخشد. هرچه عمیق‌تر به هویت خود در مسیح و حضور و قدرتش که در ماست واقف باشیم، بیشتر در او سلوک خواهیم کرد.» پس سلوک با انجام یک سری فعالیت‌های ظاهری میسر نمی‌شود. من نمی‌توانم صرفاً با برخی کارها، از قبیل گل فرستادن یا نامه نوشتن، رابطه‌ام را با همسرم عمیق‌تر کنم. این کارها خوبند اگر قصد من ابراز عشق باشد. اما تعمیق رابطه مستلزم چیزهای دیگر- از قبیل وقت گذراندن با او، گوش دادن به حرف‌هایش و مراقبت کردن از او- است.

ما چگونه در مسیح سلوک می‌کنیم؟ تجربهٔ شما در این رابطه چیست؟

سلوک در مسیح مستلزم صرف وقت با عیسی است. از نظر من، این زمانی اتفاق می‌افتد که من ذهن و قلبم را متمرکز حضور او در کنارم کنم. مزمور ۸:۱۶ می‌گوید: «خداوند را همواره پیش روی خود می‌دارم. چون بر جانب راست من است، جنبش نخواهم خورد.» پولس در کولسیان ۳:۱-۲ می‌گوید: «پس چون با مسیح برخیزانیده شده‌اید، به

آنچه در بالاست دل ببندید، آنجا که مسیح به دست راست خدا نشسته است. به آنچه در بالاست بیندیشید، نه به آنچه بر زمین است.» مشکل من این است که ذهنم خیلی مغشوش است. دقیقاً به همین‌خاطر است که باید راه‌هایی برای متمرکز ساختن ذهنم به آنچه در بالاست، یعنی جایی که مسیح هست پیدا کنم.

تمرکز باید روی رابطه باشد، نه قوانین. زندگی مسیحی ما زمانی به دردسر جدی می‌افتد که روی رعایت قوانین متمرکز شویم. ما باید روی هویت خودمان در مسیح متمرکز بمانیم و اجازه دهیم که آن، رفتار ما را تعیین کند. وقتی من این واقعیت را بدانم که مسیح در من مسکن گزیده است و در این واقعیت تعمق کنم، شوقم برای گسترش رابطه با او بیشتر می‌شود. اما برای ساختن این رابطه باید کاری کرد. از این‌رو است که من تمرین‌های (نه قوانین) بسیاری انجام می‌دهم که به بسط رابطه‌ام با خدا کمک می‌کنند. جان ما تشنهٔ رابطه است و تمرین‌های روحانی به این رابطه خوراک می‌رسانند.

چهار تصویر، یک نکته

اکنون ما به بخش پایانی موعظهٔ بالای کوه- بزرگترین موعظه، توسط برجسته‌ترین شخصیت تاریخ، خطاب به جهان- رسیده‌ایم. عیسی در فراخواندن مخاطبان به شاگردی، از چهار مثال بهره می‌گیرد که اساساً حاوی یک نکتهٔ مشترکند: شکل دادن زندگی حول محور عیسی و تعالیمش تنها راه برای دستیابی به زندگی خوب است.

۱) *برای داشتن زندگی خوب و زیبا فقط یک راه وجود دارد.*

> «از در تنگ داخل شوید، زیرا فراخ است آن در و عریض است آن راه که به هلاکت منتهی می‌شود و داخل‌شوندگان به آن بسیارند. اما تنگ است آن در و سخت است آن راه که به حیات منتهی می‌شود، و یابندگان آن کم‌اند.» (متی ۷:۱۳-۱۴)

اولین تصویری که عیسی به‌کار می‌برد، تصویر دو دروازه است که به دو جاده منتهی می‌شوند- یکی پهن و دیگری تنگ. دروازهٔ پهن به جادهٔ عریض منتهی می‌شـــود، و در تنگ به جادهٔ تنگ. پیش گرفتن راه عریض به هلاکت می‌انجامد؛ اما راهی که از در تنگ می‌گذرد به حیات جاویدان ختم می‌گردد.

عیسی واضحاً می‌گوید که راه تنگ (پیروی از تعالیم او) کاری است پرچالش، اما ایـــن را هم می‌افزاید که این راه بـــه حیات جاودان منتهی می‌شود. در این مورد بهای شاگردی و دشوارِیِ پیروی از عیسی، سخنان بسیار گفته شـــده است. اگرچه اینها همه درســـتند، اما پیروی نکردن از او بسی دشـــوارتر است. چرا ما هرگز از بهای شـــاگردی نکردن چیزی نمی‌گوییم؟ بهای شاگردی عیسی را نکردن، به قول دالاس ویلارد، بسیار گران‌تر است:

> «*شاگردی نکردن به بهای فقدان آرامش پایدار تمام می‌شود. کســـی که شاگردی عیســـی را نمی‌کند، از زندگی سرشار از محبـــت، ایمان به اینکـــه همه چیز در عنایـــت خدا و برای خیریت در کار است، امیدی که در دلسردکننده‌ترین شرایط استوار می‌ایستد، و قدرت برای انجام کار درست و مقاومت در برابر نیروی شـــریر، محروم است. در یک کلام، شاگردی نکردن به بهای محرومیت از فراوانی حیاتی که عیسی فرمود آمده تا به ما هدیه دهد (یوحنا ۱۰:۱۰) تمام می‌شود. با وجود این، یوغ صلیب‌گونهٔ مســـیح وســـیلهٔ رهایی و قدرت است برای کسانی که زیر آن با او زندگی می‌کنند.*»

چرا برخی به این نتیجه می‌رســـند که برای مسیحی بودن، انجام دادن فرمان‌های عیسی الزامی نیست؟

من فکر می‌کنم که به‌جای متمرکز شـــدن بر بهای شـــاگردی، باید بر ورشکســـتگیِ ناشی از عدم شـــاگردی تأکید کنیم. عیسی می‌دانست که

خیلی‌ها به مفاد موعظهٔ او عمل نخواهند کرد و راه به‌ظاهر آسان‌تر را برخواهند گزید؛ راه خودمحوری. اگرچه این راه آسان می‌نماید و قطعاً پرطرفدار است، اما راهی است منتهی به تباهی.

۲) از درون به بیرون. عیسی پس از تعلیمش دربارهٔ راه‌های تنگ و عریض، یک تضاد دیگر نیز مطرح می‌کند- شخصیت درونی در برابر نمودِ بیرونی.

> «از پیامبران دروغین برحذر باشید. آنان در لباس گوسفندان نزد شما می‌آیند، اما در باطن گرگان درنده‌اند. آنها را از میوه‌هایشان خواهید شناخت. آیا انگور را از بوتهٔ خار و انجیر را از علف هرز می‌چینند؟ به همین‌سان، هر درخت نیکو میوهٔ نیکو می‌دهد، اما درخت بد میوهٔ بد. درخت نیکو نمی‌تواند میوهٔ بد بدهد، و درخت بد نیز نمی‌تواند میوهٔ نیکو آورد. هر درختی که میوهٔ خوب ندهد، بریده و در آتش افکنده می‌شود. بنابراین، آنان را از میوه‌هایشان خواهید شناخت.» (متی ۷:۱۵-۲۰)

یوحنای زرین دهان، یکی از پدران کلیسا عبارت بالا را با بیان این نکته تفسیر می‌کند که پیامبران دروغین «نه بدعت‌گزاران، بلکه کسانی هستند که زندگی فاسد دارند، با وجود این، نقاب پرهیزکاری بر چهره می‌زنند.» او در ادامه می‌گوید که ما نباید «به نقاب، بلکه باید به ثمرات رفتار آنان بنگریم که صبورانه راه تنگ را می‌پویند.»

این تفسیر درستی است، و در همان روح و فضای موعظهٔ بالای کوه قرار دارد. مهم، درون، یعنی دل ماست و عیسی هم یک‌سره به همین نکته اشاره می‌کند. ما ممکن است هیچ‌وقت قتل نکنیم، ولی امکان دارد در دل خشم بسیار انباشته کنیم. عیسی به ما یادآوری می‌کند که شاگردانش فقط به داشتن ظاهر خوب اکتفا نمی‌کنند، بلکه به‌واسطهٔ رابطه‌شان با عیسی و پادشاهی خدا، دل‌شان را هم متحول می‌سازند. وقتی چنین رابطه‌ای را گسترش بدهیم، در مسیح می‌مانیم و طبیعتاً میوه‌های نیکو هم می‌آوریم.

بدون ماندن در مسیح راهی برای میوه آوردن وجود ندارد. این کلمات به منِ معلم، نویسنده و خادم یادآوری می‌کنند که شخصیت درونی من مهم‌تر از حرف‌هایی است که می‌زنم.

۳) ***برای ورود به پادشاهی خدا تنها یک راه وجود دارد.*** پس از آن، عیسی به ما می‌گوید که تنها راه وارد شدن به پادشاهی خدا آن است که «ارادهٔ پدرش را که در آسمان است انجام دهیم»:

> نه هرکه مرا "سرورم، سرورم" خطاب کند به پادشاهی آسمان راه یابد، بلکه تنها آن که ارادهٔ پدر مرا که در آسمان است، به‌جا آورد. در آن روز بسیاری مرا خواهند گفت: "سرور ما، سرور ما، آیا به نام تو نبوت نکردیم؟ آیا به نام تو دیوها را بیرون نراندیم؟ آیا به نام تو معجزات بسیار انجام ندادیم" اما به آنها به صراحت خواهم گفت: "هرگز شما را نشناخته‌ام. از من دور شوید، ای بدکاران!"» (متی ۷:۲۱-۲۳)

در اینجا ممکن است روی عبارت «آن که ارادهٔ پدر مرا که در آسمان است، به‌جا آورد» متمرکز شویم و این قسمت را همچون فراخوانی برای اطاعت از ارادهٔ خدا تعبیر کنیم. اطاعت از ارادهٔ خدا اهمیت محوری دارد، اما چنانکه قبلاً هم اشاره کردم، برای خیلی‌ها این کار برابر است با رعایت قوانین.

بهترین روش برای تفسیر این قسمت آن است که روی چهار واژهٔ هرگز *شما را نشناخته‌ام* تمرکز کنیم. یک‌بار دیگر بحث بر سر رابطه- یا عدم رابطه- است. عیسی روی محوریت رابطه داشتن با خودش انگشت می‌گذارد، نه صرفاً انجام کارهای نیکو. و به مثال‌هایی که به‌کار می‌برد توجه کنید: نبوت کردن، بیرون راندن دیوها و انجام دادن معجزات. او صرفاً از حضور یافتن در کلیسا یا خواندن کتاب‌مقدس سخن نمی‌گوید. عیسی مثال‌هایی می‌زند که ما را بدین فرض وامی‌دارند که شخص مورد نظر، مسیحی راستین است. اما عیسی نشان می‌دهد که محال است بتوان این کارهای فوق‌العاده را انجام داد و از داشتن رابطه با او فارغ بود. به‌زعم عیسی، رابطه است که اهمیت دارد.

۴) ***برای ساختن زندگی خوب تنها یک راه وجود دارد.*** اکنون ما به انتهای یک بررسی دقیق از این موعظه و تعابیر ضمنیِ آن برای زندگی‌مان رسیده‌ایم. همچنین به نقطه‌ای که از آن آغاز کرده بودیم، بازمی‌گردیم. در فصل آغازین این کتاب به اندرز عیسی نگاهی انداختیم که می‌گوید بهتر است زندگی‌مان را روی «صخره» بنا کنیم.

> «پس هر که این سخنان مرا بشنود و به آنها عمل کند، همچون مرد دانایی است که خانه خود را بر سنگ بنا کرد. چون باران بارید و سیل‌ها روان شد و بادها وزید و بر آن خانه زور آورد، خراب نشد زیرا بنیادش بر سنگ بود. اما هر که این سخنان مرا بشنود و به آنها عمل نکند، همچون مرد نادانی است که خانه خود را بر شن بنا کرد. چون باران بارید و سیل‌ها روان شد و بادها وزید و بر آن خانه زور آورد، ویران شد، و ویرانی‌اش عظیم بود!» (متی ۷:۲۴-۲۷)

در روزگار عیسی، هر کسی با این مثال آشنا بود. پیِ خانه تکیه‌گاهی است که کل خانه را در برابر توفان سرپا نگاه می‌دارد.

اما عیسی در اینجا در مورد شیوهٔ درست خانه‌سازی سخن نمی‌گوید. او در حال پایان دادن به موعظه‌اش با مثالی است بسیار چشمگیر در مورد شاگرد بودن یا نبودن. عیسی می‌گوید: «برای زندگی کردن دو راه وجود دارد- یا شاگرد من هستید یا نیستید. شاگرد من بودن به معنای داشتن رابطه‌ای پیشرونده و هر روزه با من است. آنانی که از اصول پادشاهی خدا پیروی می‌کنند، نیرومند و آسیب‌ناپذیر خواهند بود. هنگامی که توفان آزمایش‌ها از راه برسد، می‌تواند در برابرش بایستید.» طی سه سال گذشته من با گروهی همراهی کرده‌ام که سرگرم «جا افتادن» در پادشاهی خدا بوده‌اند. ما هفته‌ها موعظهٔ بالای کوه را بررسی می‌کنیم و برای پیاده کردنش در زندگی‌مان می‌کوشیم. آنانی را که نفرین‌مان می‌کنند برکت می‌دهیم، در روش‌های فرو نشاندن خشم خبره شده‌ایم و فعالانه در پی

پادشاهی خدا در زندگی‌مان هستیم. من شاهد اتفاقات بزرگ بسیاری در زندگی خودم بوده‌ام، ولی چیـزی که برای من بارز بوده، نحوهٔ آموختن برخورد با ناملایمات است.

یک مثال بزنید که نشان دهد انجام ندادن آنچه که عیسی تعلیم می‌دهد (راستگویی، زندگی کردن بدون خشم، نگران نشدن) منجر به لطمه‌ای در زندگی خودتان یا کس دیگری که می‌شناسید، شده باشد.

یکی از اعضای گروه ما که پزشک است، به اشتباه، به جرم درمان غلط تحـت پیگرد قانونی قرار گرفت. او هر روز متحمل وکلایی می‌شـد که سعی در ترور شخصیت او داشتند. با وجود جراحات قلبی و اشک‌های فراوان، او محکم ایسـتاد و با قلبی که متعلق به پادشاهی خداست، رفتار کرد. او حسابی کوفته شد، اما می‌گوید: «اگر این اتفاق سال‌ها پیش افتاده بود، هرگز نمی‌توانسـتم تحملش کنم. تا پیش از آشنایی با شیوهٔ زندگی در پادشـاهی خدا، این ناملایمات می‌توانسـتند مرا از پـا درآورند.» او چون شـاگرد عیسی نگاه خود را به آینده‌ای خوب دوخته است چون در مشارکت با پدر آسـمانی خوب و زیبا و در پادشاهی‌ای به‌سر می‌برد که نه هرگز گرفتار دردسر اسـت و نه هرگز در دردسر گرفتار خواهد ماند. توفانی در زندگی او به پا شـد، اما شـالودهٔ محکم، خانهٔ او را سرپا نگه داشت.

شـما آتش را چگونه فروزان نگاه می‌دارید؟ سوخت زندگی روحانی شما را چه فعالیت‌هایی تأمین می‌کنند؟

دل و ذهن‌مان را بر آنچه در بالاست ببندیم

تنها راه برای پرورش رابطهٔ من با عیسـی آن است که دل و ذهنم را به آنچه در بالا اسـت، یعنی به پادشاهی خدا ببندم. سنگ بنای شاگردی عیسی، داشتن زندگی صمیمانه و نزدیک با او در زندگی عادی و روزمره اسـت. اگر بتوانیم بیاموزیم که چطور یک روز عـادی را با ذهنی که به

بالا معطوف شده سپری کنیم، یکی از مهمترین تمرین‌های روحانی در زندگی مسیحی را آموخته‌ایم.

برای ساختن زندگی‌مان بر صخرهٔ تعالیم عیسی، باید به‌جای آنکه وقت ما را کنترل کند، ما کنترل وقت را در دست بگیریم. رایج‌ترین بهانه برای رشد نکردن در زندگی روحانی، نداشتن وقت است. اکثر ما به‌جای آنکه از پیش حول شاگردی عیسی برنامه‌ریزی کنیم، در چنگ برنامه‌ها و زمان‌بندی‌های خودمان زندگی می‌کنیم.

چه قسمتی از موعظهٔ بالای کوه برای شما مفیدتر است؟

پرورش روح

یک روز سلوک کامل

ابزار روحانی‌ای که برای این هفته در نظر گرفته‌ام، شاید دگرگون‌کننده‌ترین ابزار دوره‌های شاگردی باشد. آن یکی از روش‌های اصلی من برای روشن نگاه داشتن شعلهٔ سوزان بر مبنایی منظم است.

انضباط روحانی‌ای که من آن را مفید یافتم برگرفته از مادام گویون[1] (۱۶۴۸-۱۷۱۷ م.) است، که در فرانسه زندگی می‌کرد و پیرامون زندگی روحانی مطالب زیادی به رشتهٔ تحریر درآورد. مشهورترین کتاب او *"تجربه کردن عمق‌های عیسای مسیح"*[2] در زمرهٔ آثار کلاسیک است. مادام گویون در زندگی رنج بسیار کشید، اما رابطهٔ عمیقی با خدا ایجاد کرد که به او آرامش عمیقی بخشید.

مادام گویون خطاب به دخترش، و در مورد چگونگی نظم دادن به زندگی روزمره حول ایمان، رساله‌ای نوشت. او عنوان رساله را *چگونه روزمان را با پرستش سپری کنیم* گذاشت. رسالهٔ مزبور نوشته‌ای کوتاه و ساده ولی عمیق و پرمحتوا است و به خواننده می‌آموزد که چطور در طول روز قدری مکث کند تا از نو ارتباطش را با خدا برقرار سازد. در صفحات ۲۱۶ تا ۲۱۷ رساله می‌توان شرح او را از نحوهٔ انجام این

---

1. Madame Jeanne Guyon; 2. Experiencing the Depths of Jesus Christ

کار یافت. من دوست دارم که شما دستِ‌کم یک روز در هفته- و اگر امکان داشت بیشتر- از این الگو پیروی کنید. فکر می‌کنم نوشتهٔ مزبور باعث تشویق و دلگرمی شما هم خواهد شد و شاید بخواهید هر روز بدین‌ترتیب، زندگی کنید. اول، دستور کار او را از ابتدا تا انتها بخوانید و بعد من چند نکته را جهت راهنمایی به شما ارائه خواهم کرد تا بتوانید برخی از تمرین‌های مجموعهٔ شاگردی را با آن تلفیق کنید. امیدوارم متوجه بشوید که چطور این تمرین بسیاری از تمرین‌های قبلی این دوره را با هم جمع کرده است.

اندرز مادری به دخترش

اثر مادام گویون

چگونه روزمان را در پرستش سپری کنیم.

۱) سر موقع به بستر برو. اگر برنامهٔ زمانی نباشد نمی‌توانی الگویی را پایه‌گذاری کنی. برای اینکه صبح‌ها زیاد نخوابی، حتماً پیش از ساعت ده بخواب.

۲) به محض بیدار شدن، افکارت را تقدیم خداوند کن، و نوبر روزت را به او پیشکش نما. به مجردی که برمی‌خیزی، به یاد داشته باش که به نشانهٔ احترام به عظمت بی‌کران خدا، در برابرش به روی زانوان بیفتی.

۳) پس از آنکه رخت روزانه بر تن کردی، نیم‌ساعتی را به پرستش سپری کن. در آن هنگامه سکوت به این فکر کن که مسیح جان خود را چون قربانی تقدیم پدر ازلی نمود. و خویشتن را به او بسپر، تا به ارادهٔ خود با تو و در تو عمل کند. بگذار تمرین اصلی تو تسلیم محض به ارادهٔ کامل خدا باشد. به خاطر داشته باش که خدمت کردن به او فرمانروایی است.

۴) هرگز بامدادت را بدون مطالعهٔ کتابی روحانی، مانند سرمشق گرفتن از مسیح اثر توامس آ. کمپس سر نکن. زیاد نخوان، ولی همان اندکی را که می‌خوانی با ولع بخوان و روی به‌کار بستن مطالب خوانده شده تمرکز کن. آهسته بخوان.

۵) وقتی زمان پرستش به پایان می‌رسد، مراقب باش افکار روحانی در ذهنت محو نشوند، بلکه آنچه را که همچون هدیه‌ای گران‌بها دریافت کرده‌ای حفظ کن و نگذار غبار غفلت بر آن بنشیند. اگر طی روز از آتشی که در دعا افروخته شده، غافل شوی خیلی زود رو به خاموشی می‌رود. سوخت این آتش، یادآوری مکرر از طریق دعاهای محبت‌آمیز، شکرگزاری و تقدیم وجود خود به خدا است. در طول روز ذهن خود را متوجه درونت نما، زیرا خدا را آنجا خواهی یافت؛ خدایی که مرکز جان و روح توست.

۶) علاوه بر اوقات دعا، که دست از کار می‌کشی، هرجا وقت آزاد یافتی باید کتاب‌مقدس بخوانی. خواند کتاب‌مقدس در زندگی مسیحی هدایتت می‌کند. اغلب آن را بخوان. این را مبنای مطالعهٔ اصلی خود قرار ده. بگذار این نان روزانه‌ات باشد. در آنجا است که اوامر مسیح را می‌آموزی و اینکه چگونه از رنجاندنش بپرهیزی. از این‌رو، فرزند عزیزم، تو را پند می‌دهم که حتی یک روز را نیز بدون خواندنِ متنی از کلام خدا سپری نکنی. گاه می‌توانی کتاب‌مقدس را از همان جایی که گشوده‌ای بخوانی، اما بهتر است بر قرائت روزانهٔ کلام، نظم و ترتیبی حاکم باشد و هر روز از جایی شروع کنی که دیروز ختم کرده بودی. بدین‌ترتیب، بهتر می‌توانی زیبایی و شیرینی آن را درک کنی. با فروتنی، با ذهنی باز و جستجوگر بخوان تا جانت تهذیب و تغذیه شود. به هنگام تعمق بر کلام از خود بپرس: بر پایهٔ این قسمت از کتاب‌مقدس، خدا امروز من را به چه امری فراخوانده؟

۷) می‌توانی باقی روز را صرف کار یا ملاقات دوستان کنی. اما این هدف را در ذهن داشته باش: هرگز یک روز کامل را بدون کنار گذاشتن بخشی از آن برای یادآوری و دعا سپری نکن.

۸) وقتی برای خواب آماده می‌شوی، سعی کن دلت را تفتیش نمایی، به‌خصوص افکار و گفتار و کردار آن روز را. این کار را با قلبی نادم انجام بده و تصمیمت را برای اصلاح خود در روز آینده بگیر، و از خدا هم استمداد بطلب. این به تو کمک می‌کند تا خوب بیاسایی. روز بعد، دوباره با همان روحیهٔ فروتن و با ستایش و تسلیم از خواب برخیز و همان امور را دنبال کن.

چگونه روش مادام گویون را به کار ببریم

۱) سر ساعت (مثلاً ۱۰ شب) به رختخواب بروید. به یاد داشته باشید که خوابیدن اولین تمرین ما در برنامهٔ آموزش شاگردی بود (در کتاب اول، یعنی *خدای خوب و زیبا*). ما باید خوب استراحت کنیم تا بتوانیم روز بعد بیدار، و متمرکز بر خدا باشیم. اگر خسته باشیم، نمی‌توانیم همچون پیرو مسیح زندگی تأثیرگذاری داشته باشیم. یک روز خوب از شب قبل آغاز می‌شود.

۲) به محض بیدار شدن، افکار خود را متوجه خدا کنید. یکی از تمرین‌های کلیدیِ شاگردی دل بستن به امور بالاست (کولسیان ۳:۱)، به روایت‌ها و ایده‌های درست در مورد خدا. این روشی عالی برای شروع کردن روز است- به حضور خدا بروید و دعایی تقدیمش کنید. می‌توانید بگویید: «ای خدا، این است روزی که تو ساخته‌ای، پس در آن شادی و وجد خواهم کرد. امروز با من باش، و کمک کن تا برای انجام امور امروز، به تو توکل کنم.»

۳) نیم‌ساعتی را پرستش کنید. بسته به برنامهٔ روزانه، شاید این برای بعضی چالش‌انگیز باشد. به احتمال زیاد این به معنای نیم‌ساعت زودتر بیدار شدن است- بنابراین، لازم است که «سر وقت به بستر بروید.» حتی اگر بتوانید پانزده دقیقه هم وقت پیدا کنید، آن‌هم زمانی برای یک شروع خوب به حساب می‌آید. اما طی این زمان چه باید بکنید؟ مادام گویون پیشنهاد می‌کند که روی قربانیِ مسیح،

که به‌خاطـــر ما تقدیم پدر کرد تعمق کنیم؛ ســـپس ما نیز خود را به پدر تقدیم نماییم. برای من این کار مســـتلزم چند دقیقه‌ای سکوت و ســـپس تعمق برمصائب مسیح است. پس از آن من معمولاً دعایی شـــبیه به این می‌کنم: «ای خدا، همان‌گونه که تـــو خودت را به من دادی، من هم خودم را به تو تسلیم می‌کنم.» گاهی هم دعای معروف جان وسلی را بر زبان می‌آورم، که به «دعای عهد»[1] شهرت دارد.

من دیگر نه مال خود، که از آنِ تو هستم.
مرا بر آنچه دوست داری بگمار،
مرا با هرکه دوست داری همنشین ساز؛
مرا برای انجام دادن بگمار، مرا برای رنج کشیدن بگمار؛
بگذار به‌خاطر تو یا بلند کرده شوم یا پست گردم؛
بگذار پر گردم، بگذار خالی شوم؛
بگذار همه چیز داشته باشم، بگذار هیچ نداشته باشم؛
من آزادانه و از صمیم قلب همه چیز را برای خوشـــایند تو می‌دهم و در اختیارت می‌گذارم.
و اکنون، ای خدای پرجلال و متبارک، خدای پدر، پســـر و روح‌القدس، تو از آنِ من هستی و من از آنِ تو هستم.
پس چنین باش.
و عهدی که بر زمین بستم،
در آسمان تأیید گردد.

۴) زمانی را برای خواندن یک کتـــاب روحانی کنار بگذارید. مادام گویون کتاب *سرمشـــق گرفتن از مسیح* را پیشـــنهاد می‌کند، که در عبارات کوتاه نوشته شده و پر است از مفاهیم ژرف روحانی و برای خواندن در وقت‌های کوتاه بســـیار مناسب می‌باشد. شما هر کتاب روحانی‌ای را که دوســـت دارید بخوانید. خیلی‌ها کتاب *نهایت من*

1. Covenant Prayer

برای غایت او[۱] اثر آزوالد چمبرز[۲] را می‌پسندند، که کتابی روحانی است نظیر *بالاخانه*[۳] یا *علائم راهنمایی*.[۴]

۵) طی روز در دعا به‌سوی خدا توجه کنید. من دوست دارم در لابلای کارهایم چند دقیقه (پنج تا ده دقیقه) دست از کار کشیده آرام بگیرم و افکارم را به‌سوی خدا معطوف کنم. این روشی عالی برای سپردن دلواپسی‌ها و دغدغه‌ها به اوست. هرچه در دل‌تان می‌گذرد در دعا به حضور خدا ببرید. شاید بد نباشد که روزی یک‌بار مزمور بیست‌وسوم را در دعای بخوانید. می‌توانید این کار را هنگام راه رفتن یا رانندگی انجام دهید.

۶) زمانی را برای خواندن کتاب‌مقدس اختصاص دهید. من دوست دارم کلام خدا ذهن مرا شستشو دهد. در حال حاضر مشغول مطالعهٔ اول قرنتیان هستم، و هر روزه چند آیه‌ای از این نامه می‌خوانم. من دوست دارم این مطالعه را مابین کلاس‌هایم انجام دهم. شما هم باید در طول روز زمانی را برای خواندن کلام پیدا کنید. این زمان برای بعضی‌ها می‌تواند پیش یا پس از خوردن ناهار یا در هنگام تنفس و صرف قهوه باشد.

۷) روزتان را با دقایقی برای خودکاوی و دعا به پایان برسانید. وقتی به خواب می‌روید، پیرامون روزی که سپری کرده‌اید فکر کنید. از خودتان بپرسید که آیا موردی هست که آرزو داشتید انجامش نمی‌دادید یا طوری دیگر انجامش می‌دادید. این همان معنای تفتیش یا خودکاوی است. اگر مطمئن نیستید که گناهی مرتکب شده‌اید یا نه، موضوع را به حضور خدا ببرید و از او طلب حکمت کنید. اگر متوجه خطایی شدید، آن را در رفتار بعدی اصلاح کنید و برای این کار از خدا کمک بطلبید. همهٔ رفتارهای شما منفی نیستند و در واقع

---

1. My Utmost for His Highest; 2. Oswald Chambers

۳. The Upper Room– کتابی است پرستشی و به ویراستاری ریتا کولت (Rita Collett). م.

۴. Guideposts– مجموعه کتاب‌هایی پرستشی که توسط مؤسسه‌ای با همین عنوان به چاپ می‌رسد. م.

خیلی از کارهایی که انجام می‌دهید، خوبند. پس به خاطرشان خدا را شکر کنید و از آنها شادمان باشید.

من همچنین دوست دارم که در حال برشمردن برکاتی که نصیبم شده به خواب بروم. درست مثل آن سرود قدیمی که می‌گوید: «اگر نگرانی و نمی‌توانی بخوابی، فقط به‌جای گوسفندان، برکاتت را بشمار، و در حین شمردن به خواب فرو خواهی رفت.»

۸) و اما هشدار آخر: مراقب باشید که در تلاش برای انجام موبه‌موی دستورالعمل تجویزی مادام گویون، در دام شریعت‌گرایی نیفتید. بر روح تمرین متمرکز باشید؛ آن را به قانون تبدیل نکنید. و این‌طور هم نتیجه نگیرید که حتماً باید این تمرین را هر روز انجام بدهم. به خاطر داشته باشید که ابزار روحانی راه‌هایی خردمندانه برای زیستن با خدا هستند، نه وسایلی برای جلب رضایت خدا.

این تمرین برای من منشأ برکت زیادی شده، و اگر برای شما هم چنین شد، توصیه می‌کنم که اغلب و هر وقت که می‌توانید، انجامش دهید.

پیوست

راهنمای بحث در گروه‌های کوچک

نوشتهٔ متیو جانسن

اولین تجربهٔ من از دورهٔ شاگردی زمانی بود که در کلاسی شرکت کردم که جیمز برایان اسمیت آن را اداره می‌کرد و نامش را کلاس شاگردی گذاشته بود. من دکتر اسمیت را می‌شناختم و از کیفیت زندگی و تعلیمش باخبر بودم، اما برای تأثیری که این کلاس بر زندگی و خدمتم گذاشت، آمادگی نداشتم. من به‌زودی خودم را در حال پیاده کردن همان تعالیم در کلیسای محل خدمتم یافتم، و نتایجش به همان اندازه عمیق بود.

من یکی از اجزای کلیدی تغییر را در جماعت یافتم. آن دسته از ما که در گروه‌های کوچک تعالیم مزبور را به‌کار بسته‌ایم- اعم از خواندن، تمرین کردن و سپس بحث پیرامون تجربیات‌مان- عملاً با آنها زندگی کرده‌ایم. نتیجهٔ آن، شفای روایت‌ها، شادی ارتباط نزدیک با دیگران، و تغییر زندگی در جهت شبیه شدن به عیسی بوده است. این راهنمای بحث حاصل همین تجربیات است و به دیگران کمک می‌کند گروهی مشابه، از دوستان، خانواده، جوانان، کلاس کانون شادی یا کلوپ دوستداران کتاب تشکیل دهند.

یک گروه می‌تواند شامل دو تا دوازده نفر باشد. من دریافته‌ام که تعداد مطلوب، پنج یا شش نفر است. شما با چنین گروهی می‌توانید به

آسانی پرسش‌های مندرج در راهنما را بخوانید و افکار و پاسخ‌های‌تان را با جمع در میان بگذارید. بعضی گروه‌ها به تجربه متوجه می‌شوند که با رهبری مشترک، یا شاید هدایت گردشیِ گروه- بدین‌ترتیب که هر هفته یکی از اعضا رهبری گروه را در دست می‌گیرد- کارشان بهتر پیش می‌رود. اگر تعداد اعضای گروه دوازده نفر یا بیشتر است، بهترین کار این است که برای گروه یک رهبر دایمی تعیین شود.

هر جلسه به چند قسمت تقسیم می‌شود. از این قسمت‌ها به شیوهٔ مطلوب گروه استفاده کنید. اگر خواستید می‌توانید از پرسش یا قسمتی خاص بگذرید، یا پرسش‌هایی از خودتان بدان اضافه کنید. به‌علاوه، می‌توانید به‌طور گروهی زمانی را صرف پرداختن به پرسش‌هایی کنید که در متن هر فصل آمده‌اند، و نکاتی را که به‌طور خاص مفید یا چالش‌انگیز تشخیص داده‌اید، مطرح نمایید.

بسته به تعداد اعضای گروه، می‌توانید از روی راهنمای بحث، شصت تا نود دقیقه وقت صرف کنید. ما برای هر قسمت زمان‌هایی را برآورد کرده‌ایم. اگر گروه‌تان بیش از شش نفر دارد، احتمالاً جلسه طی نود دقیقه به پایان می‌رسد.

اگر به‌عنوان رهبر گروه کوچک، بر مبنای این کتاب پیش می‌روید، می‌توانید از این راهنما همچون نقطهٔ آغاز استفاده کنید.

اگر مایلید در آن تغییراتی خلاقانه ایجاد کنید، می‌توانید به وب‌سایت www.apprenticeofjesus.org بروید و مواد درسی تکمیلی مندرج در آن را مطالعه کنید. این موضوعات تکمیلی، گزینه‌های بیشتری برای کلاس و بحث فراهم می‌کنند. رهبران از طریق این سایت می‌توانند با یکدیگر تعامل داشته باشند و منابع اضافی دیگری هم پیدا کنند.

باشد که این راهنمای ساده بتواند به‌عنوان ابزاری در دستان روح‌القدس برای هدایت شما به محبتی عمیق‌تر نسبت به زندگی خوب و زیبا، عمل کند.

فصل ۱: زندگی خوب و زیبا

دعای آغاز جلسه [۵ دقیقه]

با پنج دقیقه ســکوت و در پی آن دعایی مختصر شـروع کنید. از خدا بخواهید تا هدایت گفتگوها را در دســت بگیرد. چرا ۵ دقیقه سکوت؟ چون ما در دنیایی زندگی می‌کنیم که پر از جنجال و ســروصدا است. ممکن است در حالی که گفتگویی در جریان اســت، وارد گفتگویی دیگر شویم. در این همه مشغله مشکل بتوان صدای نجوای خدا را شنید. وقتی با دوستان جمع می‌شویم تا در سفری روحانی سهیم گردیم، مطلوب آن است که صدای خدا را در زندگی آنها بشــنویم. ما با اندکی سکوت برای شنیدن آماده می‌شویم، بنابراین یکی از گزینه‌ها این است که گردهمایی را با قدری سکوت آغاز کنیم.

پرورش روح [۱۵-۲۰ دقیقه]

اگر در گروهی هستید که شش عضو یا بیشتر دارد، آنها را به گروه‌های کوچکتر سه یا چهار نفره تقسیم کنید. اشخاص می‌توانند به دلخواه یکی از دو نامه‌شــان را با جمع در میان بگذارند. پس از آنکه در میان گذاشتن نامه‌ها با گروه به اتمام رسید، این پرسش‌ها را مطرح کنید.

۱) هنگامی که دیگران نامه‌های خود را با گروه در میان گذاشتند، چه چیزی با قلب شما صحبت کرد؟

۲) موقع نگارش نامهٔ خودتان به چه بصیرت‌هایی نایل شدید؟

۳) از طریـــق آن تمریـــن چــه چیزی در مـــورد خدا یــا خودتان آموختید؟

پرداختن به مطالب فصل [۲۵-۴۵ دقیقه]

تمرکز اولیهٔ این فصل بر آن است که اکثریت مردم خواهان خوشبختی هســتند، اما همهٔ روایت‌ها به خوشــبختی منتهی نمی‌شوند. روایت‌های عیسی بهترین راهنما برای زندگی خوب و زیبا می‌باشند.

[*توجه داشته باشید*: پیش از شروع جلسه، پرسش‌های زیر را مرور کنید. به هر پرسشی که می‌خواهید به‌طور خاص مورد بحث قرار گیرد، توجه ویژه نمایید. بسته به تعداد اعضای گروه و میزان مکالمات، شاید فرصت کافی برای بحث در مورد همهٔ این پرسش‌ها نداشته باشید.]

۱) در این فصل ما به داستان بن گوش می‌کنیم، مردی که زندگی جاه‌طلبانه، خودخواهانه و حتی گناه‌آلود داشت، اما پیش از آنکه عمرش به پایان برسد رستگاری و شادی را تجربه کرد. چه کسانی را می‌شناسید که در سنین پیری با ثمرهٔ روایت‌های خودشان (خوب یا بد) زندگی کرده‌اند؟ از آنها چه پندهای حکیمانه‌ای می‌توانید بگیرید؟

۲) در این فصل نگارنده در مورد دست یافتن به سعادتمندی به چند روایت نادرست اشاره می‌کند. پاراگراف‌های مزبور را مرور کنید و پیرامون روایتی که می‌بینید بیش از همه در دنیا رواج دارد بحث کنید. در صورت تمایل، روایت نادرستی را که بر زندگی خودتان حاکم است، با گروه در میان بگذارید.

۳) «گناه همیشه زشت است، و پرهیزکاری حقیقی همیشه زیباست. گناه به ویرانی منجر می‌شود، و پرهیزکاری به قوت بیشتر. به همین دلیل است که همه، حتی خداناباوران[1] عیسی را دوست دارند. عیسی فضیلت ناب بود. او زندگی خوب و زیبا داشت، و شاگردانش را می‌خواند تا همان زندگی را داشته باشند.» با واژگان خود توصیف کنید که "زندگی پرهیزکارانهٔ عیسی" به چه معنا است.

۴) «روایت‌ها ... سعی دارند ما را راهنمایی کنند، جهت را نشانمان بدهند، و بگویند که اکنون باید به کدام راه بپیچیم.» آیا می‌توانید زمانی را به خاطر آورید که فهمیدید یکی از روایت‌هایتان اشتباه بوده است؟ برای تغییر دادن آن روایت چه کردید؟ اکنون زندگی شما چقدر عوض شده است؟ روایت‌های شما با روایت‌های عیسی چقدر فرق دارند؟

---

1. Atheists

۵) نگارنده خاطرنشان می‌سازد که ما نباید بپرسیم: «من برای پیروی از عیسی ناگزیر به رها کردن چه چیزهایی هستم، بلکه پرسش این است که با عدم پیروی از عیسی، چه چیزهایی را هرگز تجربه نخواهم کرد؟» پاسخ شما به پرسش دوم چیست؟ آن را با گروه در میان بگذارید.

پرداختن به کلام [۱۰-۱۵ دقیقه]

از یک داوطلب بخواهید متی ۲۴:۷-۲۷ را با صدای رسا بخواند. سپس از راهنمای بحث زیر استفاده کنید:

۱) به‌عنوان یک گروه، منابع گوناگونی را که بنیان زندگی شما را ساخته‌اند و به شما آموخته‌اند چگونه سعادتمند شوید نام ببرید.

۲) بنیان شما در برابر توفان‌های زندگی چگونه ایستادگی می‌کند؟

۳) در برابر تعالیم عیسی چه مقاوتی نشان می‌دهید؟ آیا این تعالیم را دشوار، محدودکننده یا کهنه و منسوخ می‌بینید؟

۴) به‌صورت گروهی دعا کنید و مسیح را دعوت کنید تا یگانه بنیان شما باشد.

جمع‌بندی [۵ دقیقه]

جلسه را با این جمع‌بندی کنید که از یکی از اعضا بخواهید عبارات زیر از فصل یکم با صدای رسا بخواند.

هر روزه، عیسی به تک‌تک ما می‌گوید: «بیا، از من پیروی کن.» اگر پاسخ مثبت بدهیم، می‌توانیم مطمئن باشیم که یک روز خوب و زیبا در انتظار ما است. و زمانی که رشته این روزها را به هم متصل کرده، ماه‌ها و سال‌ها و دهه‌ها را شکل دهیم، زندگی خوب و زیبا را تجربه خواهیم کرد. و آن زندگی مقدر است که تا ابد بازتاب دعای خیر و محبت‌آمیزی برای همگان باشد.

در حالی که این کلمات در گوش‌تان زنگ می‌زند، جلسه را خاتمه دهید! آمین

پیوست

هفتهٔ بعد

در فصل دوم، پیام اولیهٔ عیسی را در مورد پادشاهی خدا بررسی خواهیم کرد. تمرین پرورش روح برای هفته آینده، بازی کردن است!

فصل ۲: انجیلی که خیلی‌ها آن را نشنیده‌اند

دعای آغاز جلسه [۵ دقیقه]

با پنج دقیقه سکوت و در پی آن دعایی مختصر برای اینکه خدا هدایت بحث را در دست بگیرد، جلسه را شروع کنید.

پرورش روح [۱۰-۱۵ دقیقه]

اعضای گروه را به گروه‌های کوچک سه یا چهار نفره تقسیم کنید. دقایقی پیرامون آنچه که از دو تمرین پرورش روح آموخته‌اید، صحبت کنید. برای کمک به گروه، در ابتدا افکار خود را در مورد این پرسش‌ها با آنها در میان بگذارید.

۱) این هفته چه بازی‌ای کردید؟

۲) هنگام انجام دادن این تمرین چه چیزی شما را غافلگیر کرد؟ چه چیزی شما را به چالش کشید؟

۳) از طریق این تمرین چه چیزی در مورد خدا یا خودتان آموختید؟

پرداختن به مطالب فصل [۲۵- ۴۵ دقیقه]

تعلیم محوری عیسی، و خبر خوش او ملموس بودنِ پادشاهی خدا است.

۴) پیش از خواندن این فصل، اگر کسی از شما می‌پرسید: «انجیلی که عیسی موعظه کرد، چه بود؟» چه جوابی به او می‌دادید؟ پاسخ شما با پاسخ نگارنده چقدر تفاوت دارد؟

۵) نگارنده عبارت «توبه کنید زیرا پادشاهی آسمان نزدیک است» را چنین تفسیر می‌کند: « طرز فکرتان را عوض کنید- از هم‌اکنون زندگی صمیمانه و متقابل با خدا (پادشاهی خدا) در انتظار شماست.» این تفسیر با تفسیر شما تا چه اندازه تفاوت دارد؟ شما به تفسیر نگارنده، هم در سطح عقلی و هم در سطح عاطفی، چه واکنشی نشان می‌دهید؟

۶) چرا فکر می‌کنید که پیام پادشاهی خدا در بسیاری از کلیساها گم شده است؟

۷) اگر با دوستی سرگرم گفتگو بودید که می‌گفت: «به‌نظرم پادشاهی خدا فقط وعده‌ای مربوط به آینده است، نه یک واقعیت کنونی»، برای کمک به او چه می‌کردید تا بتواند پادشاهی خدا را هم وعده‌ای مربوط به آینده و هم یک واقعیت کنونی ببیند؟ (برای کمک به سراغ پاراگرافی بروید که با جمله « تردیدی وجود ندارد که پادشاهی خدا به‌طور کامل مستقر نشده است» آغاز می‌شود.)

۸) نگارنده می‌گوید که پادشاهی خدا «اقتدار و قدرت» دارد. می‌توانید زمانی را به یاد بیاورید که حس کرده‌اید به نیرویی خوب و بامحبت، بیرون از وجود خودتان وصل شده‌اید؟ چه اتفاقی افتاد؟ چه حسی داشت؟ اگرچه ممکن است داستان شما عجیب یا غیرمعمول به‌نظر برسد، اما اگر مایلید این تجربه را با دیگر اعضای گروه در میان بگذارید.

پرداختن به کلام [۱۵ دقیقه]

از یک داوطلب بخواهید لوقا ۱۷:۲۱-۲۲ را با صدای بلند بخواند. اگر اعضای گروه ترجمه‌های مختلف از کتاب‌مقدس را همراه دارند، می‌توانید آنها را هم بشنوید. روی این پرسش‌ها تأمل کنید:

۱) این عبارت چگونه تعلیم این فصل را تأیید می‌کند؟

۲) تعریف نگارنده از پادشاهی خدا را بررسی کنید. با تعریفی که در ذهن دارید، در این باره به بحث بپردازید که منظور عیسی از گفتن «پادشاهی خدا در میان شما است» چیست.

۳) پنج دقیقه چشمان بسته در سکوت تأمل کنید. نفس‌های عمیق بکشید و بر این واقعیت تعمق کنید که پادشاهی خدا درست همین حالا در میان شماست. بعد از گذشتن پنج دقیقه احساس خود را در مورد این حقیقت زیبا با یکدیگر در میان بگذارید.

جمع‌بندی [۵ دقیقه]

از میان گروه یک داوطلب پیدا کنید تا نقل‌قول زیر را از فصل دوم بخواند.

طرز فکرتان را عوض کنید- از هم‌اکنون زندگی صمیمانه و متقابل با خدا (پادشاهی خدا) در انتظار شماست.

هفتهٔ بعد

در فصل بعد فراگیر بودن پادشاهی خدا را بررسی خواهیم کرد. تمرین پرورش روح برای هفته آینده، میهمان‌نوازی است. پس، از همان اوایل هفته برای میهمان‌نوازی برنامه‌ریزی کنید.

فصل ۳: دعوت بزرگ

دعای آغاز جلسه [۵ دقیقه]

با پنج دقیقه سکوت و در پی آن دعایی کوتاه جلسه را شروع کنید.

پرورش روح [۱۰-۱۵ دقیقه]

اعضای گروه را به گروه‌های کوچک سه یا چهار نفره تقسیم کنید و زمانی را صرف بحث پیرامون آنچه که از دو تمرین پرورش روح آموخته‌اید، کنید. برای اینکه به فرایند پرورش روح خود کمک کرده باشید، پرسش‌های زیر را با گروه در میان بگذارید.

۱) آیا این هفته توانستید پیشنهادهای ارائه شده در مورد میهمان‌نوازی را به‌کار ببرید؟ اگر توانستید، کدام‌ها را؟
۲) در مورد حضور خدا در زندگی کسانی که با شما فرق دارند، چه چیزهایی آموختید؟
۳) از طریق این تمرین چه چیزی در مورد خدا یا خودتان یاد گرفتید؟

پرداختن به مطالب فصل [۲۵-۴۵ دقیقه]

خوشا به حال‌ها نسخه‌ای برای برکت یافتن نیستند، بلکه توصیفی از انسان‌های به‌شمار می‌روند که به پادشاهی خدا دعوت شده‌اند.
۱) نگارنده فصل را با داستانی زیبا از کوین و شهادت دادنش آغاز می‌کند. واکنش شما به داستان شهادت دادن کوین چه بود؟
۲) چند دقیقه‌ای را صرف مرور بخش «روایت عیسی: خوشا به حال‌ها فراخوان‌هایی برای شامل شدن هستند» کنید. تفسیر نگارنده را با آنچه قبلاً در مورد خوشا به حال‌ها به شما آموخته‌اند، مقایسه کنید.
۳) نگارنده در بحث پیرامون لوقا ۶:۲۰-۲۶ می‌گوید: «هشدار تند عیسی از محبت ناشی می‌شود. او می‌داند که ما می‌کوشیم از طریق ثروت و سیر کردن شکم به آرامش دست بیابیم. و اینکه ما لذت‌جویی را با شادمانی اشتباه می‌گیریم. وقتی همه چیز در پادشاهی این دنیا بر وفق مراد است، این وسوسه به جان‌مان می‌افتد که دیگر نیازی به پادشاهی خدا نداریم.» آیا می‌توانید زمان‌هایی را به یاد بیاورید که موفقیت‌ها باعث دوری شما از خدا، و یا مشکلات باعث نزدیکی شما به خدا، شده باشند؟ اگر مایلید، آنها را با گروه در میان بگذارید.
۴) در اواخر فصل، نگارنده می‌نویسد: «وقتی سخنان کوین را در کلیسا شنیدم، در واقع داشتم با چشمانم یکی از «خوشا به حال‌های" زنده را مشاهده می‌کردم. با معیارهای پادشاهی این جهان وضعیت

او ناخوشایند به‌نظر می‌رسید. طبق ارزش‌های جامعه، او چیزی نداشت که به‌خاطرش تلاش کند. او به حاشیه رانده شده، محروم و نادیده گرفته شده است. هیچ‌کس نمی‌خواهد در موقعیت او باشد. و با این‌حال در پادشاهی خدا مقدم او را گرامی می‌دارند، به او احترام می‌گذارند و برایش ارزش قایل هستند. و به همین دلیل بود که لبخند می‌زد.» آیا شما کسی را می‌شناسید که نمونهٔ یک «خوشا به حال زنده» باشد؟ اگر می‌شناسید، این شخص را برای اعضای گروه‌تان توصیف کنید.

پرداختن به کلام [۱۵ دقیقه]

از یکی از اعضای گروه بخواهید لوقا ۶:‏۲۰-۲۶ را با صدای بلند بخواند.

۱) شاید ما هر روزه مردم را انسان‌هایی بیرون یا درون حیطهٔ پادشاهی خدا نبینیم، اما اغلب آنها را به دلیل توانایی‌ها و شرایط‌شان برکت‌یافته یا نفرین‌شده می‌شماریم. چند دقیقه‌ای در گروه‌تان دو فهرست تهیه کنید: یکی فهرست کسانی است که از دید دنیا برکت یافته‌اند و دیگری فهرست آنانی که از دید دنیا نفرین شده‌اند.

۲) پس از آنکه فهرست‌ها را نوشتید، به این نکته توجه کنید که چگونه پیام عیسی، مبنی بر فراگیربودنِ دعوت خدا، زندگی انسان‌های هر دو فهرست را تحت تأثیر قرار می‌دهد. تا حد ممکن دقیق باشید.

۳) در این مورد بحث کنید که ما پیروان عیسی چگونه می‌توانیم پیام دعوت را که از هر دو گروه به عمل آمده، با زندگی‌مان اعلام کنیم.

۴) این بخش را با خواندن لوقا ۶:‏۲۰-۲۶ با صدای رسا، خاتمه دهید.

جمع‌بندی [۵ دقیقه]

از میان گروه یک داوطلب پیدا کنید تا نقل‌قول زیر را بخواند.

با این اعتماد از اینجا می‌رویم که با کشف هویت‌مان به‌عنوان کسانی که مسیح در وجودشان مسکن گزیده، قوت خواهیم یافت تا نمونه‌ای زنده از خوشا به حال‌ها باشیم: برکتی پویا و گویا برای دنیا.

هفتهٔ بعد

در فصل چهارم بررسی خواهیم کرد که چطور زندگی در پادشاهی خدا علاج خشم است. تمرین پرورش روح برای هفتهٔ آینده، نگاه داشتن شبات است. بنابراین، باید فصل مزبور را همان اوایل هفته بخوانید و تغییرات لازم را در تقویم کاری خود به‌وجود آورید.

فصل ۴: چگونه بدون خشم زندگی کنیم

دعای آغاز جلسه [۵ دقیقه]

با پنج دقیقه سکوت و در پی آن دعایی کوتاه جلسه را شروع کنید. دعا کنید که پادشاهی خدا بر گروه شما آشکار شود.

پرورش روح [۱۰-۱۵ دقیقه]

اگر در گروه‌های شش نفره یا بیشتر هستید، آنها را به گروه‌های سه یا چهار نفره تقسیم کنید. از پرسش‌های زیر برای تحلیل تجربهٔ خودتان از تمرین پرورش روح "نگاه داشتن شبات" استفاده کنید.

۱) آیا در هفته‌ای که گذشت توانستید شبات را نگاه دارید؟ اگر توانستید، تعریف کنید که چه کردید و در موردش چه حسی دارید. به خاطر داشته باشید که یک گام کوچک هم قابل قبول است!

۲) آیا توانستید ارتباطی میان شبات و خشم پیدا کنید؟ اگر توانستید، چگونه آنها به شما ربط پیدا می‌کنند؟

۳) از طریق این تمرین چه چیزی در مورد خدا یـا خودتان آموختید؟

پرداختن به مطالب فصل [۲۵-۴۵ دقیقه]

موضوع اصلی این فصل این است که آمیزه‌ای از انتظارات نابرآورده و ترس موجب بروز خشم می‌شوند.

۱) این فصل با گزارش صادقانهٔ نویسنده از خشمگین شدنش طی یک سفر آغاز می‌شود. با چه جنبه‌هایی از این داستان می‌توانید ارتباط برقرار کنید؟

۲) نگارنده چند مورد از «روایت‌های آمرانهٔ نادرست» معرفی می‌کند. کدامیک از این روایت‌های نادرست در زندگی شما رواج بیشتری دارند؟ این چگونه شما را به‌سوی خشم سوق می‌دهد؟

۳) «روایت عیسی این است که خدا اجازه نمی‌دهد که چیزی بر ما واقع شود که او نتواند علاجش کند و آن را برای خیریت ما به‌کار بَرَد. در پادشاهی آسمان خدا همیشه نزدیک است. ما هیچگاه تنها نیستیم و هرگز نباید از چیزی بترسیم. وقتی من با این واقعیت که عمیقاً در قلب و فکرم حک شده زندگی کنم، خشم نمی‌تواند در من رخنه کند.» آیا در زندگی خود شواهدی دارید، دال بر اینکه از وقتی فهمیده‌اید خدا نزدیک ماست و برای خیریت ما عمل می‌کند، از خشم‌تان کاسته شده باشد؟ اگر چنین است و مشکلی در بیان مطلب ندارید، تجربهٔ خود را برای گروه تعریف کنید.

۴) در این فصل ما این تعریف را برای خشم برحق می‌خوانیم: «خشم برحق شامل خشم‌گرفتن بر چیزهایی می‌شود که خدا را خشمگین می‌سازد، و راه علاج آن نیز این است که اشتباه تصحیح شود .» نمونه‌هایی از خشم برحق در دنیای امروز ارائه دهید.

پرداختن به کلام [۱۵ دقیقه]

از یکی از اعضای گروه بخواهید غلاطیان ۵:۱۶-۱۷ را با صدای بلند بخواند.

از یک داوطلب دیگر بخواهید این عبارت از فصل مزبور را بازخوانی کند:

بسیاری از مردم تصور می‌کنند که جسم به بدن اشاره دارد. اما «جسم» در اینجا بدن مادی نیست، بلکه منظور زندگی کردن بر اساس تدابیر خود (نَفْس) است، و این در مخالفت با (یا دستِ‌کم نادیده گرفتن) خدا و تدابیر او قرار دارد. یوحنای زرین‌دهان، از واعظان کلیسای اولیه، می‌نویسد: «منظور از جسم، نه تن است نه جوهر تن، بلکه میل نَفْسانی است.» در درون ما طبیعتی وجود دارد که مستعد منحرف شدن از خدا است، و وقتی ما منحرف و سرگردان می‌شویم، در واقع «در جسم رفتار می‌کنیم». آنانی که در جسم زندگی (یا رفتار) می‌کنند برای حل مشکلات به ظرفیت‌های خودشان متکی هستند.

۱) نمونه‌هایی از زندگی خودتان را ذکر کنید که در آن برای انجام آنچه مد نظر خدا است، به‌جای اتکا به منابع خودتان به روح‌القدس تکیه کرده‌اید.

۲) چگونه به جسم رفتار کردن بر خلاف رفتار کردن به روح، بر درک شما از پیروی عیسی تأثیر می‌گذارد؟

جمع‌بندی [۵ دقیقه]

برای جمع‌بندی از یکی از اعضای گروه بخواهید این کلمات را با صدای بلند بخواند.

ممکن است که ما نگاه‌مان را از خدا برگیریم، اما خدا هرگز چشم از ما برنمی‌دارد. خدا به ما میدان می‌دهد تا دست به آزمون و خطا بزنیم، رشد کنیم و بالغ شویم؛ خدا هرگز مداخله نمی‌کند. اما نه بدین معنا که او با ما نیست، ما را نمی‌بیند، یا با اعمال ما از نزدیک آشنا نیست. عیسی چنین وعده داد: «هرگز تو را رها نکنم و هرگز تو را ترک نخواهم نمود.»

هفتهٔ بعد

در فصل پنجم خواهیم دید که علاج شهوت، زندگی کردن در پادشاهی خدا است. تمرین پرورش روح، یک روزهٔ چهل‌وهشت‌ساعتهٔ

رسانه‌ای است. بار دیگر، باید از همین اوایل هفته برنامه‌ریزی‌های لازم را برای انجام این تمرین به عمل آورید.

فصل ۵: چگونه به‌دور از شهوت زندگی کنیم

دعای آغاز جلسه [۵ دقیقه]

با پنج دقیقه سکوت و در پی آن دعایی کوتاه جلسه را شروع کنید. پس از آن در دعا از روح خدا دعوت کنید تا از طریق این مطالب و بحث‌ها در دل‌های شما عمل کند.

پرورش روح [۱۰-۱۵ دقیقه]

اگر در گروه‌های شش نفره یا بیشتر هستید، آنها را به گروه‌های سه یا چهار نفره تقسیم کنید. برای تحلیل تجربه‌تان از روزهٔ رسانه‌ای، از پرسش‌های زیر بهره بگیرید:
۱) آیا این هفته توانستید روزهٔ رسانه‌ای بگیرید؟ اگر توانستید تعریف کنید چه کردید و چه احساسی در ارتباط با آن دارید.
۲) میان روزهٔ رسانه‌ای و شهوت چه ارتباطی توانستید پیدا کنید؟
۳) از طریق آن تمرین چه چیزی در مورد خدا یا خودتان یاد گرفتید؟

پرداختن به مطالب فصل [۲۵-۴۵ دقیقه]

موضوع اصلی این فصل آن است که شهوت (اپیسومیا) محصول یک تصویر یا چهرهٔ دروغین می‌باشد. ما در تلاش برای پر کردن نیاز خود به صمیمیت، آن چهره یا تصویر را مجسم می‌کنیم. خلأیی که تنها می‌تواند با یکی شدن با خدا در پادشاهی‌اش پر شود.
۱) در کلیسا چه پیام‌هایی پیرامون مسائل جنسی شنیده‌اید؟ سکوت در قبال موضوع مسائل جنسی تلویحاً حاوی چه پیامی است؟

۲) در این فصل نگارنده /*پیسومیا* و زنا را به هم ربط می‌دهد، و یادآور می‌شود که در هر دو مورد: «ارزش قایل شدن برای دیگری به‌عنوان یک موجود مقدس کنار گذاشته می‌شود.» آیا با این مقایسه میان شهوت و زنا موافقید یا مخالف؟ اگر مایلید، توضیح دهید.
۳) نگارنده در این فصل پیرامون "/*پیسومیا* برای زنان" بحث می‌کند. شما از چه جهاتی با دیدگاه نگارنده موافق یا مخالفید؟
۴) در اواخر فصل، نگارنده پیرامون اینکه زیستن در پادشاهی خدا چگونه می‌تواند علاج شهوت باشد، نکاتی ذکر می‌کند:

- «در پادشاهی خدا ما می‌دانیم کِه هستیم و از آنِ چه کسی می‌باشیم. نیاز به احساس محبوب بودن، مهم بودن، و مقدس و خاص بودن، در یکی شدن ما با مسیح برآورده می‌شود.»
- «وقتی من دل در امور معنوی (پادشاهی خدا) می‌بندم، کشف می‌کنم که جزو چیزی تکان‌دهنده و هیجان‌انگیز- توطئهٔ الاهی- هستم و به هر طرف که رو می‌کنم، خدا را در کار می‌بینم. حالا من آن نمایش را که دنبالش بودم، پیدا کرده‌ام. اکنون من جایی دارم تا نیرویم را به‌سوی آن جهت دهم.»
- « در نهایت، چون من می‌دانم که هستم و در امنیت به‌سر می‌برم (خدا خوب است و امیال من هم خوبند)، آزادم تا دیگران را به روشی جدید ببینم. من دیگر آنها را اشیایی برای بهره کشی نمی‌بینم، بلکه آنها را اشخاصی واقعی می‌بینم که خدا از ته دل دوست‌شان دارد.»

آیا تجربهٔ خود شما و کشمکش‌هایتان با شهوت، نکات یادشده توسط نگارنده را تأیید می‌کنند، یا با آنها در تضادند؟
۵) واکنش شما به مثلث نزدیکی فیزیکی مناسب چیست؟

پرداختن به کلام [۱۵ دقیقه]

از یکی از اعضای گروه بخواهید کولسیان ۳:۱-۱۱ را با صدای رسا بخواند. این متن را با نکاتی که قبلاً در پرسش ۴ مطرح شده بود، مقایسه

کنید. چه ارتباط متقابلی می‌بینید؟ نویسندهٔ نامه به کولسیان بر این فرایند تغییر، چه مطالبی می‌افزاید؟

جمع‌بندی

برای جمع‌بندی از یکی از اعضای گـــروه بخواهید این کلمات را با صدای رسا بخواند.

فرایند تغییر ذهن (متانویا) به‌مثابه افزودن به فهرست امر و نهی‌ها نیست، بلکه شناخت فزاینده‌ای است مبنی بر اینکه شما هیچ‌یک از مواهب را خود به‌دست نیاورده‌اید- نه زندگی، نه بدن، نه فیض نه نجات. این فرایند آموختن زندگی مبتنی بر شکرگزاری است. (لورن وینتر، *رابطهٔ جنسی واقعی*)

هفتهٔ بعد

در فصل ششـــم بررســـی خواهیم کرد که چطور علاج دروغگویی زیســـتن در پادشاهی خدا است. تمرین پرورش روح برای این هفته یک روز زندگی در سکوت است.

فصل ۶: چگونه بدون دروغ گفتن زندگی کنیم

دعای آغاز جلسه [۵ دقیقه]

با پنج دقیقه ســـکوت و در پی آن دعایی کوتاه جلسه را شروع کنید. سپس از پادشـــاهی خدا دعوت کنید تا خود را بر ژرف‌ترین زوایای دل شما مکشوف سازد.

پرورش روح [۱۰-۲۰ دقیقه]

اگر در گروه‌های شش نفره یا بیشتر حضور دارید، آنها را به گروه‌های سه یا چهار نفره تقســـیم کنید. برای کمک به تحلیل یک روز سکوت و امتناع از دروغ، از پرسش‌های زیر بهره بگیرید:

۱) این هفته کدامیک از دو تمرین مذکور را توانستید انجام بدهید؟ تعریف کنید که چه کردید و چه احساسی داشتید.
۲) از طریـق این تمرین‌ها چه چیزی در مــورد خدا یا خودتان یاد گرفتید؟
۳) چند دقیقـه‌ای در مـورد تمرین‌هـای پــرورش روح، که در فصل‌هـای قبل آمده‌اند، تعمـق کنید. کدام تمریـن را هنوز انجام می‌دهید؟ آنها چه تأثیری بر شما داشته‌اند؟

پرداختن به مطالب فصل [۳۰-۴۵ دقیقه]

موضوع اصلی این فصل آن اسـت که ما وقتـی دروغ می‌گوییم که ارتباط‌مان با پادشاهی خدا قطع می‌شـود و در مورد حفاظت، هویت و مراقبت خودمان دچار تردید می‌شویم. اما در پادشاهی خدا می‌توانیم از دروغ‌گویی خلاص شویم.

۱) نگارنده فهرستی خردمندانه از دروغ‌هایی که ما اغلب بر زبان می‌آوریم، ارائه می‌کند:

- بله، من آن کتاب را خوانده‌ام (یا آن فیلم را دیده‌ام).
- بله، حتماً به‌زودی دور هم جمع خواهیم شد.
- او در جلسه است.
- او در خانه نیست.
- نه، آن لباس اصلاً تو را چاق نشان نمی‌دهد.

به‌عنــوان یک گروه فکرتان را روی هم بگذارید و دروغ‌های دیگری را که بی‌ضرر به‌نظر می‌رسند، به این فهرست اضافه کنید.

۲) برای دروغ‌گویی دو انگیزه وجود دارد: «به‌دســت آوردن آنچه می‌خواهیــم» و «اجتناب از آنچه نمی‌خواهیــم.» اگر مایلید، با گروه بحث کنید که کدامیک از این انگیزه‌ها برای شما متداول‌تر است. آیا انگیزه‌های دیگری هم می‌توانید به آنها اضافه کنید؟

۳) در بحث پیرامون روایت عیسـی در مورد دروغ‌گویی، نگارنده «شــریعت قدیم» را در برابر تعلیم عیسـی می‌گذارد. او می‌نویسد:

«معیار پارسایی در روزگار عیسی روشن بود: شما (تا زمانی که دستت رو نشده باشد) می‌توانی دروغ بگویی، اما اگر "با ادای سوگند" دروغ بگویی، مجرمی. عیسی، مانند همیشه چیزی والاتر را هدف قرار می‌دهد، شخصی جدید با شخصیتی جدید. او می‌گوید: "آنانی که در پادشاهی خدا زندگی می‌کنند، با قید سوگند یا بی‌سوگند، باید حقیقت را بگویند."» میزان مقاومت یک شخص را در برابر دروغگویی در نمودار خطی زیر با علامت X نشان بدهید. سپس برای نشان دادن جایگاه خودتان از دایره استفاده کنید. جایگاه امتیازها را توضیح بدهید.

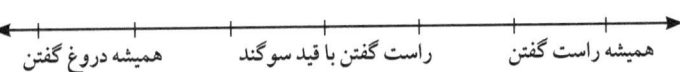

همیشه راست گفتن ــ راست گفتن با قید سوگند ــ همیشه دروغ گفتن

۴) از چند داوطلب بخواهید تا به نوبت و با صدای رسا پنج پاراگراف اول بخش «چگونه زیستن در پادشاهی خدا می‌تواند دروغگویی را درمان کند» را بخوانند. به طرقی که پادشاهی خدا ما را از قید دروغگویی آزاد می‌کند، توجه کنید. به‌عنوان یک گروه بحث کنید که چطور تجربیات شما از پادشاهی خدا از میزان دروغگویی در زندگی‌تان کاسته است.

پرداختن به کلام [۱۰-۱۵ دقیقه]

از یکی از اعضای گروه بخواهید کولسیان ۹:۳-۱۰ را با صدای رسا بخواند. در این عبارت، پولس به «انسان جدید» اشاره می‌کند، که می‌توان او را کسی دید که مسیح در او مسکن گزیده است و در پادشاهی خدا اقامت دارد. «انسان قدیم» که پولس از ما دعوت می‌کند او را از تن به‌در آوریم، از خدا و منابع خدا جدا است. وقتی انسان جدید را در بر می‌کنیم، دروغگویی ضرورت و جذابیت کمتری پیدا می‌کند، چون ما هویت دیگری داریم و در جای دیگری سلوک کرده‌ایم.

۱) چگونه زندگی کردن در پادشاهی خدا و سلوک مسیح در وجود انسان می‌تواند از ضرورت و جذابیت دروغگویی بکاهد؟
۲) تمرین‌های پرورش روح، به‌قول پولس، در از تن به‌در آوردن «انسان قدیم» و در بر کردن «انسان جدید» چه کمکی به شما کرده‌اند؟

جمع‌بندی [۵ دقیقه]

از میان اعضای گروه داوطلبی پیدا کنید تا با صدای بلند این دعا را بر زبان بیاورد:

سخنان دهانم و تفکر دلم در نظرت پذیرفته آید،
ای خداوند، که صخرهٔ من و رهاننده من هستی! (مزمور ۱۴:۱۹)

هفتهٔ بعد

در فصل هفتم خواهیم دید که چطور زندگی کردن در پادشاهی خدا به ما توانایی می‌بخشد تا نفرین‌کنندگان را برکت بدهیم. تمرین پرورش روح برای این هفته دعا کردن برای رقیبان است.

فصل ۷: چگونه برای نفرین کنندگان برکت بطلبیم

دعای آغاز جلسه [۵ دقیقه]

با پنج دقیقه سکوت و در پی آن دعایی کوتاه جلسه را شروع کنید. دعا کنید که حکمت و آرامش خدا در گروه شما عمل کند.

پرورش روح [۱۰-۲۰ دقیقه]

اگر در گروه‌های شش نفره یا بیشتر حضور دارید، آنها را به گروه‌های سه یا چهار نفره تقسیم کنید. برای کمک به تحلیل تجربهٔ دعا کردن برای رقیبان، از پرسش‌های زیر بهره بگیرید:

۱) وقتی برای موفقیت رقیبان خود دعا می‌کردید، آیا متوجه شدید که در درون و پیرامون شما چه در حال وقوع است؟
۲) از طریق این تمرین‌ها چه چیزی در مورد خدا یا خودتان یاد گرفتید؟

پرداختن به مطالب فصل [۳۰-۴۵ دقیقه]

موضوع اصلی این فصل آن است که ما در پادشاهی خدا می‌توانیم به جایی بالاتر از انتقام و عدالت برسیم، و عملاً کسانی را که به ما آسیب زده‌اند، برکت دهیم- چنان که عیسی کرد.

۱) وقتی دوست نگارنده شغل خود را به‌عنوان مربی بسکتبال از دست داد، نگارنده این حقایق را با او در میان گذاشت: «جین، فقط به خاطر داشته باش که پادشاهی خدا گرفتار مشکل نیست. و تو هم در مشکل گرفتار نمی‌مانی.» وقتی زندگی شما دستخوش نابسامانی می‌شود، این کلمات چه کمکی به شما می‌کنند؟
۲) در بخش «جوجیتسوی پادشاهی خدا» نویسنده از متی ۵:۳۸-۴۲ چهار تعلیم را بررسی می‌کند. با در نظر داشتن این آیات، در مورد پرسش‌های زیر بحث کنید.

الف- درک زمینهٔ فرهنگی زمانه عیسی چه تغییری در فهم متی ۵:۳۸-۴۲ به‌وجود می‌آورد؟

ب- نگارنده ما را بازمی‌دارد از اینکه تعالیم مزبور را به قانون تبدیل کنیم. چرا همیشه این وسوسه وجود دارد که ما از این تعالیم قانون بتراشیم.

پ- زندگی کردن در پادشاهی خدا چگونه پیروی از این تعلیم را امکان‌پذیر می‌سازد؟

۳) وقتی بخش «دشمنان‌تان را محبت کنید» را می‌خوانید، چه چیزی شما را تکان می‌دهد؟
۴) میروسلاو ولف کسی را که مسیح در او مسکن گزیده است، «انسان دولتمند» می‌خواند و می‌نویسد:

«نَفْسِ دولتمند با اطمینان به استقبال آینده می‌رود. بیش از آنچه نگه می‌دارد می‌بخشد و از کم آوردن ترسی به دل راه نمی‌دهد، زیرا به وعدهٔ خدا ایمان دارد که خدا مراقب او است. نَفْسِ دولتمند اگرچه فانی و در معرض خطر، باز می‌بخشد، چون زندگی‌اش در خدای جاودان، شکست‌ناپذیر و بی‌نهایت سخاوتمند «با مسیح پنهان» است. خداوندِ حال، گذشته و آینده.»

دو به دو و با واژگان خودتان توضیح دهید که چرا کسی که مسیح در او مسکن گزیده، «انسان دولتمندی» است.

۵) به سه داستان کسانی که جرأت کردند فوق‌العاده باشند، بازگردید. از این داستان‌ها چه حکمتی می‌آموزید؟ در چه موقعیت‌هایی لازم است چنین جرأتی از خود به خرج بدهید؟

پرداختن به کلام [۱۰ - ۱۵ دقیقه]

از داوطلبی بخواهید متی ۵:۳۸-۴۸ را با صدای رسا بخواند. عیسی ضمن بیان موقعیت‌های مشخص، روش‌های پاسخ‌دادنِ ساکنان پادشاهی خدا را هم ارائه می‌دهد. نگارنده یادآور می‌شود که «هویت پادشاهی خدا (من کسی هستم که مسیح در او مسکن گزیده است) و *آگاهی* پادشاهی خدا (من در پادشاهی خدا قوی و در امنیتم)، کلید انجام کارهایی است که عیسی ما را برای آنها خوانده است. ما با اینها می‌توانیم بیاموزیم که چطور طبیعتاً سخاتمند شویم و زندگی فوق‌العاده‌ای داشته باشیم.»

به‌عنوان یک گروه برای موقعیت‌هایی که عیسی توصیف می‌کند، سه یا چهار مثال بیاورید و بگویید که پیران مسیح چگونه باید واکنش نشان بدهند.

جمع‌بندی [۵ دقیقه]

از میان اعضای گروه داوطلبی پیدا کنید تا با صدای رسا عبارت زیر را از قول دالاس ویلارد بخواند:

ما می‌دانیم که در هر شرایطی مورد عنایتیم. می‌توانیم آسیب‌پذیر باشیم، زیرا سرانجام آسیب‌ناپذیریم. وقتی نیروی خشم و میل مفرط به

زندگی را در هم بشکنیم، درمی‌یابیم که روش مسیح در پاسخ به لطمات و تحمیل‌های شخصی همیشه راهی آسان‌تر است. این تنها راهی است که به ما امکان می‌دهد در میان صدمات، و فراتر از آن، با آرامش حرکت کنیم.

هفتهٔ بعد

در فصل هشتم خودستایی را بررسی خواهیم کرد. تمرین پرورش روح برای این هفته انجام پنج خدمت مخفیانه است. شاید بهتر باشد هرچه زودتر فصل مزبور را بخوانید تا فرصت بیشتری برای خدمت داشته باشید.

فصل ۸: چگونه فارغ از خودستایی زندگی کنیم

دعای آغاز جلسه [۵ دقیقه]

با پنج دقیقه سکوت و در پی آن دعایی کوتاه جلسه را شروع کنید. در دعا روح‌القدس را دعوت کنید تا محبت خدا را بر گروه مکشوف سازد.

پرورش روح [۱۰-۲۰ دقیقه]

اگر در گروه‌های شش نفره یا بیشتر حضور دارید، آنها را به گروه‌های سه یا چهار نفره تقسیم کنید. برای بحث در مورد تجربهٔ خدمت مخفیانهٔ خود، از پرسش‌های زیر بهره بگیرید:

۱) چالش‌انگیزترین جنبهٔ خدمت مخفیانه چه بود؟
۲) زمانی که سرگرم خدمت مخفیانه بودید، چه حسی داشتید؟ پس از اتمام خدمت چه احساسی داشتید؟
۳) از طریق این تمرین‌ها چه چیزی در مورد خدا یا خودتان یاد گرفتید؟

پرداختن به مطالب فصل [۳۰-۴۵ دقیقه]

موضوع اصلی این فصل "خودستایی" است، یعنی نیاز انسان به نیک‌شمرده‌شدن توسط دیگران؛ طبق این عقیده، نظرات دیگران است که ارزش ما را تعیین می‌کند؛ وقتی این عیب در دل ما به‌طور کامل رشد کند، خود را بیشتر علاقمند به نظرات دیگران می‌بینیم، تا اینکه واقعاً انسان خوبی باشیم یا به‌خاطر خود نیکوکاری، کارهای نیک انجام دهیم.

پیش از آغاز بحث، پرسش‌های زیر را یکبار مرور کنید. به هر پرسشی که مایلید پیرامونش بحث کنید، توجه مبذول دارید. بسته به تعداد افراد و حجم گفتگوها، ممکن است زمان کافی برای بحث در مورد همهٔ پرسش‌ها نداشته باشید.

۱) نگارنده می‌نویسد: «دنیا ارزش ما را بر مبنای ظاهر، بهره‌وری و کارایی‌مان می‌سنجد- که به‌نظر می‌رسد تنها چیزهایی هستند که به حساب می‌آیند. این روایت می‌گوید که ارزیابی دیگران ارزش ما را تعیین می‌کند.» دو به دو در مورد طرقی که اجازه می‌دهید دیگران ارزش شما را تعیین کنند، بحث کنید.

۲) آیا تا به‌حال شده که مچ خودتان را در حین انجام کار خوبی بگیرید که انگیزه‌اش ستوده‌شدن از طرف دیگران است نه به‌خاطر کمک به دیگران؟ اگر مایلید، با گروه در موردش صحبت کنید.

۳) نگارنده این بینش عالی را از تعلیم عیسی در اختیار ما قرار می‌دهد:

پول دادن به فقرا، دعا کردن، روزه گرفتن؛ هر سه از روحانی‌ترین اعمالند. پس این سخنان تند عیسی برای چیست؟ در واقع، او علیه این *فرایض* سخن نمی‌گوید. عیسی دلیل *انجام فرایض* مزبور را به باد انتقاد می‌گیرد. دغدغهٔ او *انگیزه* است نه شیوهٔ انجام فرایض. چنانکه قبلاً دیدیم، عیسی با معیار دنیا در خصوصِ درستی آغاز می‌کند (قتل نکردن، سوگند دروغ نخوردن)، سپس روکش را برمی‌دارد تا معلوم شود آیا درون درست است یا نه. در اینجا هم وضع به همین منوال است. او سه

عمل پارسایانه و مقدس را برمی‌گزیند و نشان می‌دهد که چطور وضعیت درونیِ شخص تعیین می‌کند که آن فریضه مبارک است یا مانع.

برای کشف انگیزه‌های خود، هر یک، سه مورد از تمرین‌های روحانی مورد علاقه خود را بنویسید. در ارتباط با آنها به دل‌تان رجوع کنید.

- آیا به‌واسطهٔ انجام این تمرین‌ها مشتاق تأیید و تمجید هستید؟
- بر پایهٔ مطالب این فصل، برای پاک‌سازی انگیزه‌هایتان، در مورد این تمرین‌های انضباطی، چه کارهایی می‌توانید انجام دهید؟
- چگونه می‌توانید این گفتهٔ پیوریتن‌ها را که می‌گوید: «فقط برای یک تماشاگر بازی زندگی کن»، در تمرین‌های روحانی به‌کار ببندید؟

اکر مایلید، در مورد دیدگاه‌های خود با گروه بحث کنید.

پرداختن به کلام [۱۰-۱۵ دقیقه]

نگارنده در جایی می‌نویسد: «مهم نیست که چه تعداد «جوایز» دنیوی می‌بریم، باز نمی‌توانیم سرمان را در آرامش بر بالین بگذاریم، چون هر روز فراز و نشیب‌های خودش را دارد. اما پدر پرمحبت ما- تنها کسی که اهمیت دارد- به ما می‌گوید که دوست‌مان دارد، و ما را بی‌اندازه ارزشمند می‌داند.» با بهره‌گیری از گام‌های زیر، با روح دعا، اول یوحنا ۴:۱۶-۱۷ را به مثابه روشی برای روبه‌رو شدن با محبت خدا بخوانید.

۱) از یک داوطلب بخواهید اول یوحنا ۴:۱۶-۱۷ را با صدای رسا بخواند. فقط به کلمات گوش کنید و در پی آن دقیقه‌ای را در سکوت بگذرانید.

۲) از داوطلب دوم بخواهید یک بار دیگر و به آرامی اول یوحنا ۴:۱۶-۱۷ را بخواند. در حالی که به آیات گوش می‌دهید، به هر واژه یا عبارتی که اعماق قلب‌تان را می‌لرزاند، توجه کنید. در چند دقیقه سکوت پس از قرائت آیات، آن واژه یا عبارت را تکرار کنید.

۳) از آخرین داوطلب بخواهید تا یک‌بار دیگر آن آیات را بخواند. وقتی خواندن به پایان رسید، هفت یا هشت دقیقه را در سکوت صرف گفتگو با خدا کنید. شکرگزاری کنید، دغدغه‌هایتان را با او در میان بگذارید یا فقط گوش کنید. این وقتی را که با خدا می‌گذرانید، خوب احساس کنید.

۴) با دعای یکی از اعضای گروه و یا فقط گفتن «آمین» به سکوت خاتمه بدهید.

جمع‌بندی [۵ دقیقه]

از میان اعضای گروه داوطلبی پیدا کنید تا با بر زبان آوردن این دعا که منسوب به سنت فرانسیس آسیسی است، جلسه را جمع‌بندی کند:

ای استاد آسمانی، آنچه را می‌جویم عطا فرما
تا بیش از آنکه تسلی یابم، تسلی دهم؛
بیش از آنکه درک شوم، درک کنم؛
و بیش از آنکه محبت بشوم، دیگری را محبت نمایم. آمین

هفته بعد

در فصل نهم درمی‌یابیم که چطور علاج آزمندی زندگی کردن در پادشاهی خدا است. تمرین پرورش روح برای این هفته پرهیز از آزمندی است.

فصل ۹: چگونه فارغ از آزمندی زندگی کنیم

دعای آغاز جلسه [۵ دقیقه]

با پنج دقیقه سکوت و در پی آن دعایی کوتاه جلسه را شروع کنید. در دعا روح‌القدس را دعوت کنید تا شما و گروه‌تان را به آزادی کامل هدایت فرماید.

پرورش روح [۱۰-۲۰ دقیقه]

اگر در گروه‌های شش نفره یا بیشتر حضور دارید، آنها را به گروه‌های سه یا چهار نفره تقسیم کنید. برای بحث در مورد خدمت مخفیانهٔ خود، از پرسش‌های زیر بهره بگیرید:

۱) در زمانی که سرگرم بخشیدن دارایی‌های خود به دیگران بودید، با چه چالش‌هایی روبه‌رو شدید؟
۲) پس از بخشیدن اقلام، چه حسی داشتید؟
۳) از طریـق این تمرین‌ها چه چیزی در مـورد خدا یا خودتان یاد گرفتید؟

پرداختن به مطالب فصل [۳۰-۴۵ دقیقه]

موضوع اصلی این فصل آن اسـت که همهٔ ما مباشـران پولی هستیم که به‌دسـت می‌آوریم یا دریافت می‌کنیـم، و می‌توانیم آنها را به‌صورت گنج‌های زمینی یا آسمانی سرمایه‌گذاری کنیم.

۱) در ابتدای فصل، نگارنده داسـتان خریـدن یک جفت آدیداس آمریکانـا را با خوانندگان در میان می‌گـذارد. حکایت چیزی را که شدیدا آرزویش را داشتید و سـرانجام موفق به خریدنش شدید، با گروه‌تان در میان بگذارید. زمانی که آن را صاحب شدید، چه حسی داشتید؟ عاقبت چه بر سر آن آمد؟

۲) ما داستان سوز اورمن را خواندیم که شـاهد بود پدرش دخل مغازه را از میان ساختمان در حال سوختن بیرون کشید، و این یکی از مهمترین روایت‌های او را شـکل داد. به یک یا دو نفر از اعضای گروه داسـتانی از کودکی خود بگویید که بیانگر دیدگاه شما نسبت به پول شده است.

۳) از یکـی از اعضای گروه بخواهید چکیـدهٔ متی ۱۹:۶-۲۴ را از روی کتاب بخواند:

دو نــوع گنج (آســمانی یا زمینی)، دو نوع چشــم (ســخاوتمند یا خســیس) و دو ارباب (خدا یا ممونا) وجود دارند که ما می‌توانیم روی

آنها سـرمایه‌گذاری کنیم. گنج‌های زمینی گذرا هستند؛ گنج‌های آسمانی ابدی. انتخاب عاقلانه، روشن است. انسان‌های خسیس همواره در خود فرورفته‌اند و از شادی محرومند؛ انسان‌های سخاوتمند به بیرون می‌نگرند و با فراغ بال می‌بخشند و شادی را تجربه می‌کنند. بخشیدن انتخاب خردمندان است. سرانجام اینکه، ممونا مدعی است که می‌تواند آرامش و خوشبختی به ارمغان بیاورد، اما نمی‌تواند. خدا وعدهٔ آرامش و خوشبختی می‌دهد، و همیشه به وعده‌اش عمل می‌کند. ما با کدامیک پیمان وفاداری می‌بندیم؟ با پدر پرمحبت، بخشنده، بی‌نهایت توانای خودمان. عیسی نمی‌خواهد ما را شرمنده کند، بلکه سرمایه‌گذاری صحیح را به ما توصیه می‌کند. و این بدان‌خاطر است که او سرشت پادشاهی خدا را می‌شناسد.

در مورد این نقل‌قول و خودِ متی ۶:۱۹-۲۴ چه نظر یا پرسشی دارید؟

۴) نگارنده برای به تصویر کشیدنِ اقتصاد پادشاهی خدا داستانی حکایت می‌کند، در مورد زمانی که او پولی را به آشنایی قرض داده بود. اگر اقتصاد پادشاهی خدا واقعیت دارد، چگونه می‌خواهید پس از خواندن این فصل متفاوت زندگی کنید؟ به‌عنوان یک گروه، در مورد روش‌هایی که می‌توانید اقتصاد پادشاهی خدا را به‌کار ببندید، فکر کنید. بگذارید این تمرینی خوشایند باشد و ببینید خدا چه می‌کند!

پرداختن به کلام [۱۰-۱۵ دقیقه]

اول تیموتائوس ۶:۶-۱۰ عبارتی است عالی که باید روی آن تأمل کرد. نویسندهٔ کتاب می‌گوید « پولس از قناعت همراه با تدارک مناسب دفاع می‌کند. ولی افزون بر آن، وسوسه می‌شویم به‌جای خدا، ممونا را خدمت کنیم.»

از یک داوطلب بخواهید اول تیموتائوس ۶:۶-۱۰ را با صدای رسا بخواند.

۱) چه نکته‌ای در این عبارت هست که شما را تکان می‌دهد؟
۲) کدامیک از تمرین‌های پرورش روح به شما کمک کرد تا واقعیت درونیِ قناعت و ساده‌زیستن را در خود بارور سازید؟
۳) در زندگی خودتان چه شـــاهدی دارید که نشان می‌دهد میل به ثروتمند شدن به وسوسه منتهی می‌شود؟

جمع‌بندی [۵ دقیقه]

از میان اعضـــای گروه داوطلبی پیدا کنید تا بـــا خواندن این کلمات ارزشمند، جلسه را جمع‌بندی کند:

گنج‌های آسمانی به کارهایی مربوط می‌شوند که خدا انجام می‌دهد. و مـــا می‌دانیم که خدا به مردم کمک می‌کنـــد. از این‌رو بهترین راه برای اندوختن گنج در آســـمان این است که بر اساس متی ۶:۳۳ زندگی کنیم: «بلکه نخست در پی پادشاهی خدا و عدالت او باشید، آنگاه همهٔ اینها نیز به شما عطا خواهد شد.»

هفته بعد

در فصل دهم درمی‌یابیم که چطـــور علاج نگرانی، زندگی کردن در پادشـــاهی خدا اســـت. تمرین پرورش روح برای این هفته یک شـــکل به‌خصوص از دعا است. خیلی خوب است که در طول هفته به‌طور کامل به این دعا بپردازید.

فصل ۱۰: چگونه بدون نگرانی زندگی کنیم

دعای آغاز جلسه [۵ دقیقه]

با پنج دقیقه سکوت و در پی آن دعایی کوتاه جلسه را شروع کنید. در دعا روح‌القدس را دعوت کنید تا شما و گروه‌تان را عمیق‌تر به پادشاهی خدا هدایت فرماید.

پرورش روح [۱۰-۲۰ دقیقه]

اگر در گروه‌های شش نفره یا بیشتر حضور دارید، آنها را به گروه‌های سه یا چهار نفره تقسیم کنید. تمرین پرورش روح برای این هفته دعا است. نگارنده در ارتباط با رابطهٔ میان دعا و نگرانی چنین می‌نویسد:

«خدا دعا را برای ما به‌عنوان یکی از ابزار مراقبت قرار داده است. ما دعوت داریم تا دلواپسی‌مان را به دعا تبدیل کنیم. وقتی چنین می‌کنیم، موضوع را به دستان خدا می‌سپاریم. این از مسئولیت ما در قبال روبه‌رو شدن با دغدغه‌هامان چیزی نمی‌کاهد، بلکه آنها را در زمینهٔ بزرگتری از پادشاهی خدا قرار می‌دهد. دعا به خدا اجازه می‌دهد تا منابع پادشاهی‌اش را برای برآورده کردن نیازهای ما به‌کار بگیرد. مطابق پند پولس، وقتی چنین می‌کنیم، چنان آرامشی می‌یابیم که فراتر از فهم و درک است.»

برای بحث پیرامون تجربهٔ خودتان از دعا، از پرسش‌های زیر بهره بگیرید:

۱) در مواردی که برای‌شان دعا کرده‌اید، پادشاهی خدا را از چه جهاتی در کار دیده‌اید؟
۲) آیا با دعا کردن احساس آرامش بیشتری پیدا کردید؟ اگر پاسخ مثبت است، دعا چه تأثیری بر شما گذاشت؟
۳) از طریق این تمرین‌ها چه چیزی در مورد خدا یا خودتان یاد گرفتید؟

پرداختن به مطالب فصل [۳۰-۴۵ دقیقه]

موضوع اصلی این فصل فارغ بودن از نگرانی برای کسانی است که در پادشاهی خدا زندگی می‌کنند.

۱) نگارنده میان نگرانی و احتیاط تفاوت قایل می‌شود. این تفاوت را توضیح دهید.
۲) در این فصل ما رابطهٔ میان رسانه‌ها و ترس‌هایمان را بررسی می‌کنیم. چند دقیقه روی اخبار رسانه‌ها، تأمل کنید. آنها با چه ترس‌هایی بازی می‌کنند؟ رسانه‌ها چگونه بر هشیاری شما و

پذیرابودن‌تان نسبت به پادشاهی خدا تأثیر می‌گذارند؟ این پرسش‌ها را با دو نفر دیگر از اعضای گروه هم به بحث بگذارید.

۳) بخش «روایت عیسی: چیزهایی که نباید به خاطرشان نگران بود» را مرور کنید. به‌صورت گروهی روی نکات مختلف این بخش، که آنها را چالش‌انگیز یا مفید می‌یابید، تأمل کنید.

۴) دو مفسر، یعنی دیل سی. الیسن و دبلیو. دی. دیویس می‌گویند که «اضطراب، حماقت است و خاصیتی ندارد جز اینکه خدا را از معادله حذف کند.» آیا شما با این گفته موافقید؟ توضیح دهید. چرا پادشاهی خدا و اضطراب با هم سر سازگاری ندارند؟

۵) نگارنده در بحث پیرامون متی ۳۴:۵ می‌نویسد:

۶) عیسی می‌گوید که پادشاهی خدا در زمان حال عمل می‌کند. ما فقط همین امروز می‌توانیم در پادشاهی خدا زندگی کنیم. نمی‌توانیم فردا در آن زندگی کنیم. پس نگرانی برای فردا سردرگمیِ بی‌فایده‌ای است. به همین ترتیب که امروز روی خدا حساب می‌کنیم، فردا هم می‌توانیم روی او حساب کنیم. اما در زمان فردا نیستیم، و هرگز هم نخواهیم بود؛ ما فقط در لحظهٔ کنونی، در امروز، زندگی می‌کنیم.

این با باور فرهنگی شما در ارتباط با فردا چه فرقی دارد؟

پرداختن به کلام [۱۰-۱۵ دقیقه]

نگارنده به ما می‌گوید که متی ۳۳:۶ «شاه‌کلید کل موعظهٔ بالای کوه است.» به بخش «روز به روز» بروید و نکاتی را که برای شما به‌طور خاص مفید یا چالش‌انگیزند مشخص کنید. به مجردی که همه فرصت شرکت در بحث را پیدا کردند، همراه با دعا و رعایت گام‌های زیر به متی ۳۳:۶ بپردازید.

۱) از همه بخواهید آیه را با صدای رسا و شمرده بخوانند. مابین قرائت هر نفر، یک مکث کوتاه کنید.

۲) وقتی همهٔ اعضای گروه آیه را خواندند، پنج تا ده دقیقه سکوت کرده، روی عبارت و گام‌های معینی که می‌توانید برای "نخست در پی پادشاهی خدا بودن" بردارید، تعمق نمایید.

۳) به هر یک از اعضای گروه زمانی اختصاص بدهید تا برداشت‌های خود را از زمان سکوت‌شان، با همه در میان بگذارند.

جمع‌بندی [۵ دقیقه]

از میان اعضای گروه داوطلبی پیدا کنید تا با خواندن این نقل‌قول، جلسه را خاتمه دهد:

مادامی که در مشارکت با خدای خوب و زیبای‌مان و در پادشاهی باعظمتش زندگی می‌کنیم، موردی برای ترسیدن، یا حتی خودِ ترس نداریم. زیرا نه زندگی نه مرگ، قادر نخواهند بود ما را از محبت خدا جدا سازند (رومیان ۸:۳۸-۳۹). وقتی این حقیقت را دریابیم، می‌توانیم نگرانی را کنار گذاشته، زندگی تازه‌ای را با اطمینان و شادمانی آغاز کنیم.

هفتهٔ بعد

در فصل یازدهم درمی‌یابیم که چطور علاج داوری کردن دیگران، زندگی کردن در پادشاهی خدا است. تمرین پرورش روح برای این هفته، یک شکل به‌خصوص از دعا است. خیلی خوب است که سپری کردن یک روز کامل، بدون غیبت کردن است.

فصل ۱۱ : چگونه بدون داوری کردن دیگران زندگی کنیم

دعای آغاز جلسه [۵ دقیقه]

با پنج دقیقه سکوت و در پی آن دعایی کوتاه جلسه را شروع کنید. در دعایی کوتاه از روح مسیح بخواهید تا همچنان به آموزش دادن راه‌های تازه زیستن به شما، ادامه دهد.

پرورش روح [۱۰-۲۰ دقیقه]

اگر در گروه‌های شش نفره یا بیشتر حضور دارید، آنها را به گروه‌های سه یا چهار نفره تقسیم کنید. تمرین پرورش روح برای این هفته غیبت نکردن است. برای تحلیل تجربهٔ خودتان از یک روز غیبت نکردن، از پرسش‌های زیر بهره بگیرید:

۱) وقتی نمی‌توانستید غیبت کنید، چه فشاری به شما می‌آمد؟
۲) در خلال این تمرین، دیدگاه شما نسبت به مردم چه تغییراتی کرد؟
۳) از طریق این تمرین‌ها چه چیزی در مورد خدا یا خودتان یاد گرفتید؟

پرداختن به مطالب فصل [۳۰-۴۵ دقیقه]

موضوع اصلی این فصل آن است که داوری کردنِ دیگران شیوه‌ای رایج است که ما از طریق آن می‌کوشیم دیگران را زیر کنترل خودمان بگیریم، اما این به شکست می‌انجامد. روش عیسی دعا کردن، پرسیدن، جوئیدن و ایستادن در کنار آنانی است که می‌خواهیم تغییرشان را ببینیم.

۱) نویسنده دلیل شکست داوری را چنین خلاصه می‌کند: «اِعمال محکومیت، محکوم به شکست است چون تأثیری مهربانانه به‌جا نمی‌گذارد، به شخص اجازه نمی‌دهد نسبت به تغییر، احساس نیاز کند، هیچ کمکی به تغییر نمی‌کند و می‌تواند از اساس اشتباه باشد.» چه مواردی را می‌توانید از فهرست نقایص اِعمال محکومیت بکاهید، یا به آن بیفزایید؟ چرا؟
۲) آیا در میان اعضای خانواده شما کسی هست که از اِعمال محکومیت بر ضد شما استفاده کرده باشد؟ اگر هست، نتیجهٔ کار او چه بوده؟
۳) نگارنده نسبت به «بپرسید، بجویید و بکوبید» متی ۷:۷-۱۱ رویکردی متفاوت اتخاذ می‌کند. نظر شما در مورد تفسیر او چیست؟

۴) نگارنده می‌گوید کــه داوری کردن دیگران از میل به ایجاد تغییر در دیگران یا نیاز به داشتن احساسی بهتر نسبت به خودمان، به‌عنوان محبوب خدا و تابع پادشاهی خدا، ناشی می‌شود. آیا مواقعی بوده که احســاس کنید ارتباط‌تان با پادشاهی خدا محکم‌تر شده و در نتیجه کمتــر داوری می‌کنید؟ اگر بوده، در مورد تجربــهٔ خودتان با گروه گفتگو کنید.

پرداختن به کلام [۱۰-۱۵ دقیقه]

از یک داوطلب بخواهید اول تیموتائوس ۶:۶-۱۰ را با صدای رســا بخواند. سپس این پرسش‌ها را با گروه به بحث بگذارید:

۱) فریســیان برای داوری کردن آن زن چه انگیزه‌های پیدا و پنهانی داشتند؟

۲) خودتان را در جای زنی تصور کنید که حین ارتکاب زنا دستگیر شده است. این تجربه چگونه می‌تواند شما را عوض کند؟

۳) وقتــی نوبت به رابطــهٔ ما با مردمی می‌رســد کــه می‌خواهیم تغییرشان دهیم، از این داســتان کتاب‌مقدس چه دلگرمی و درسی می‌گیریم؟

جمع‌بندی [۵ دقیقه]

نگارنــده این فصــل از کتاب را با تأمل بر وضعیت پســرش خاتمه می‌دهد. از میــان اعضای گروه داوطلبــی پیدا کنید تا بــا خواندن این پاراگراف، جلسه را خاتمه دهد:

«اگر ما واقعاً می‌خواهیم شــاهد تغییر در مردم باشــیم، باید با میل و رغبت دوشــادوش آنها بایســتیم و با آنان تشریک مساعی کنیم، و وقت و انــرژی خودمان را برای آنها فدا کنیم. من خدا را شــکر می‌کنم که از امتیاز دعا کردن و دیگر منابع پادشاهی خدا برخوردارم. حتی اگر مشکل جیکوب برطرف هم نمی‌شد، باز برکت زیادی شامل حال ما شده بود. ما آموختیم که باید در سراســر عمر سخت‌کوش بود، و در ضمن رابطهٔ من

و پسرم هم نزدیک‌تر شد. بنا کردن زندگی روی فرمان‌های عیسی، گرچه گاه چالش‌انگیز، اما بنا کردن بر بنیانی استوار است.»

هفته بعد

در فصل دوازدهم می‌بینیم که چطور زندگی کردن در پادشاهی خدا، روشی برای زندگی اســت. تمرین پرورش روح برای این هفته، سپری کردن یک روز زندگیِ مبتنی بر پرستش و عبادت است. شاید مایل باشید این تمرین را برای چنـــد روز ادامه دهید، پس هرچه زودتر این فصل را بخوانید تا برای امتحان کردن آن فرصت کافی داشته باشید.

فصل ۱۲: روز به روز زندگی کردن در پادشاهی خدا

دعای آغاز جلسه [۵ دقیقه]

با پنج دقیقه ســکوت و در پی آن دعایی کوتاه جلسه را شروع کنید. در دعایی کوتاه از مســیح دعوت کنید تا گروه را به‌سوی روش زندگی خودش راهنمایی کند.

پرورش روح [۱۰-۱۵ دقیقه]

اگر در گروه‌های شش نفره یا بیشتر حضور دارید، آنها را به گروه‌های ســه یا چهار نفره تقسیم کنید. تمرین پرورش روح برای این هفته غیبت نکردن اســت. برای تحلیل تجربهٔ خودتان از یک روز (یا بیشتر) زندگی مبتنی بر پرستش و عبادت، از پرسش‌های زیر بهره بگیرید:

۱) بــرای پیروی از پند مــادام گویون چه تغییراتــی باید در برنامهٔ روزمرهٔ خود ایجاد کنید؟

۲) چه تغییراتی دوست دارید در این قاعدهٔ روزانه به‌وجود آورید که ادامه دادنش برای‌تان امکان‌پذیر باشد؟

۳) از طریــق این تمرین‌ها چه چیزی در مــورد خدا یا خودتان یاد گرفتید؟

پرداختن به مطالب فصل [۳۰-۴۵ دقیقه]

موضوع اصلی این فصل آن اســت که اگــر انضباط‌های روحانی را تمرین نکنیم، نمی‌توانیم زندگی مؤثر و شاد مسیحی داشته باشیم.

۱) در ابتدای فصل، نگارنده مراقبت کردن از زندگی مبتنی بر پرستش و عبادت را با روشــن نگاه داشتن آتش مقایسه می‌کند. واکنش شما به این تشبیه چیست؟

۲) این فصل به دو روایت نادرســت اشاره می‌کند: ۱) «مهم، ایمان داشتن به عیسی است، نه داشتن رابطه‌ای پیشرونده با او.» و ۲) «تنها راه سلوک مسیحی، رعایت همهٔ احکام است.» این روایت‌ها چگونه سفر ایمان شما را شکل داده‌اند؟

۳) نگارنده در تشریح یوحنا ۱۵:۵-۸ می‌نویسد: «سلوک در مسیح مســتلزم صرف وقت با عیسی اســت. از نظر من، این زمانی اتفاق می‌افتــد که من ذهن و قلبم را متمرکز حضور او در کنارم کنم.» چه تمرین‌هایی به شما کمک می‌کنند تا در مسیح بمانید؟ این چه تأثیری بر زندگی شما دارد؟

۴) از چهار تصویری که عیســی در پایان موعظهٔ بــالای کوه ارائه می‌کنــد (درِ تنگ در برابــر درِ عریض، واقعیت درونــی در برابر واقعیت بیرونی، مردمانی که ادعا می‌کنند عیســی را می‌شناسند، اما نمی‌شناسند، و بنا کردن خانه بر شن در برابر بنا کردنش بر صخره)، کدامیک برای شما چالش‌انگیزتر است؟ چرا؟

۵) به‌عنوان کسی که در حال رشد است و در پادشاهی تزلزل‌ناپذیر خدا زندگی می‌کند، و مســیح در او مسکن گزیده، آیا توانسته‌اید در برابر توفان‌های زندگــی به‌گونه‌ای متفاوت تاب بیاورید؟ تفاوت را توضیح بدهید.

پرداختن به کلام [۱۰-۱۵ دقیقه]

از یک داوطلب بخواهید متی ۲۴:۷-۲۷ را با صدای رسا بخواند. سپس این پرسش‌ها را با گروه به بحث بگذارید:

۱) اگر قرار بود این آیات را برای یکی از دوستان‌تان توضیح دهید، به او چه می‌گفتید؟

۲) با فرض چیزهایی که از این کتاب آموخته‌اید، در روزهایی که پیش رو دارید برای بنا کردن خانهٔ روحانی‌تان بر بنیاد مستحکم تعالیم مسیح، چه گام‌هایی می‌توانید بردارید؟

جمع‌بندی [۵ دقیقه]

از میان اعضای گروه داوطلبی پیدا کنید تا با خواندن این پاراگراف، جلسه را به پایان ببرد:

تنها راه برای پرورش رابطهٔ من با عیسی آن است که دل و ذهنم را به آنچه در بالا است، یعنی به پادشاهی خدا ببندم. سنگ بنای شاگردی عیسی، داشتن زندگی صمیمانه و نزدیک با او در زندگی عادی و روزمره است. اگر بتوانیم بیاموزیم که چطور یک روز عادی را با ذهنی که به بالا معطوف شده سپری کنیم، یکی از مهمترین تمرین‌های روحانی در زندگی مسیحی را آموخته‌ایم.

منتظر باشید

مطالعهٔ کتاب *زندگی خوب و زیبا* در اینجا به پایان رسید، اما برای گروه‌تان گزینه‌های بسیاری وجود دارد. یکی از این گزینه‌ها آن است که از هفتهٔ آینده، کتاب بعدی از سری کتاب‌های شاگردی را تحت عنوان *اجتماع خوب و زیبا* شروع کنید. مضمون این کتاب بررسی نحوهٔ زندگی ما به‌عنوان شاگردان عیسی در زندگی روزمره است.

گزینهٔ دیگر این است که اعضای گروه فعلی هر کدام گروهی جدید تشکیل داده، از دوستان‌شان دعوت کنند تا دورهٔ *خدای خوب و زیبا* را که اولین کتاب از این سری است، با همدیگر بگذرانند. این گزینه، روشی

عالی برای تداوم «خیارشور شدن» (جا افتادن) در این روایت‌ها و هرچه عمیق‌تر دل باختن به خدا اســـت. هر گزینـــه‌ای که انتخاب کردید، زمان مشخصی را برای شروع کار گروه تعیین کنید.